문형과 함께하는 스페인어

LA CASA SPANISH

문형과 함께하는 스페인어

el español con módulos

민선재 지음

HU:iNE

* 이 책의 음원(mp3)은 한국외국어대학교 지식출판원 홈페이지(press.hufs.ac.kr)-게시판-자료실에서 다운받아 사용하시기 바랍니다.

스페인어(el español)는 1스페인(España)과 중남미의 2아르헨티나(Argentina), 3볼리비아(Bolivia), 4콜롬비아(Colombia), 5코스타리카(Costa Rica), 6쿠바(Cuba), 7칠레(Chile), 8에콰도르(Ecuador), 9엘살바도르(El Salvador), 10과테말라(Guatemala), 11온두라스(Honduras), 12멕시코(México), 13니카라과(Nicaragua), 14파나마(Panamá), 15파라과이(Paraguay), 16페루(Perú), 17도미니카공화국(República Dominicana), 18우루과이(Uruguay), 19베네수엘라(Venezuela) 그리고 20적도기니(Guinea Ecuatorial)에서 **국어**로, 21푸에르토리코(Puerto Rico) 22안도라(Andorra)에서는 **공용어**로 사용하고 있으며 필리핀(Filipinas), 오스트레일리아(Australia), 모로코(Marruecos), 트리니다드 토바고(Trinidad y Tobago), 벨리세(Belice), 아이티(Haití), 이스라엘(Israel), 서사하라(Sahara Occidental), 발칸제국(los Balcanes) 그리고 미국 남서부(el Sur de los EEUU) 일대에서 **부분적**으로 사용한다. 스페인어 사용 인구는 현재 약 4억 5천만 정도이다. 이런 규모로 볼 때 스페인어는 아주 중요한 언어라 할 수 있다. 또한 배우기가 쉽고 언어 자체가 낭만적이므로 전공은 물론 취미로 선택하기에 좋은 언어라 할 수 있다.

본 '**LA CASA SPANISH**'의 '**문형**과 함께하는 **스페인어**'는 스페인어 발음부터 시작하여 문형을 중심으로 문법을 이해하고 상황에 맞는 스페인어를 자연스럽게 구사할 수 있도록 구성하였다. 보통은 스페인어의 발음이 쉽다고 하여 발음을 소홀히 하기 쉬운데 실상 한 번 잘못 익혀진 발음은 쉽게 고쳐지지 않는다. 본 '**문형**과 함께하는 **스페인어**'에서는 음성학을 바탕으로 혼동되기 쉬운 발음을 연습할 수 있도록 자세히 수록하였다. 이를 잘 연습하면 보다 수려하게 스페인어를 구사할 수 있다. 문법을 서술적으로 공부하면 실제 상황에서 말하기가 쉽지 않다. 그러나 문형을 중심으로 공부하면서 해당 문법을 이해한다면 실제 상황에서 보다 자연스럽게 스페인어를 구사할 수 있다. 또한 문형이 가능한 상황에 맞추어 묻고 대답하는 형식으로 되어 있으므로 모든 문형을 외워둔다면 실제 상황에서 바로 활용할 수 있을 것이다. 아울러 동시 통역 훈련이 될 수 있도록 한국어와 스페인어를 교차하여 녹음을 하였다. 따라서 녹음만 들으면서도 쉽게 한국어-스페인어를 연습할 수 있다. 또한 각 동사 앞에 '**스페인어 동사 변화**와 **목록**'에 나와 있는 번호를 표기해 놓았으므로 각 동사 변화를 바로 적용시켜 동사 변화를 외울 수 있다. 스페인어에서 동사 변화를 외우는 것은 필수적인 것이다. 이는 동사가 문장의 중심이며 동사 변화가 다양하여 그때그때 외우지 않으면 스페인어의 구사에 어려움이 생기기 때문이다.

언어 학습은 쓰기, 읽기, 듣기, 말하기가 총체적으로 이루어져야 한다. 이 중에서 특히 우리나라 학습자가 어려움을 느끼는 부분은 듣기와 말하기이다. 무엇보다 자연스럽게 듣고 말하는 것이 중요하다. 그러므로 본 '**문형**과 함께하는 **스페인어**'는 자연스럽게 듣고 말할 수 있도록 구성되어 있다. 그러나 이런 자연스러움은 무엇보다 관심으로부터 나온다. 사실 우리 모두는 모든 것에 관심을 갖고 있다. 그 중에 특히 선호하는 것이 있을 뿐이다. 스페인어는 유럽에 있는 스페인과 중남미 대다수의 나라에서 국어로 사용하므로 문화적으로 다양하다고 하겠다. 이러한 문화적 다양성 중에는 중남미 토착 인디안 문명의 신비함도 깃들어 있다. 그러므로 스페인어는 우리가 충분히 관심을 가지고 배워볼 만한 언어이며, 또한 제2 외국어로도 손색이 없다.

본 '**LA CASA SPANISH**'는 '**문형**과 함께하는 **스페인어**'로 기초를 쌓고, '**상황**과 함께하는 **스페인어**'로 다양성을 갖추고, '**주제**와 함께하는 **스페인어**'로 각 분야의 전문적 표현을 습득할 수 있도록 구성되어 있다. 또한 '**스페인어 동사 변화**와 **목록**'을 잘 활용하여 스페인어를 재미있게 배우고, 자연스럽게 표현하며, 세계의 스페인어 화자들과 함께 즐겁게 소통하므로, 건강하고 행복한 지구촌을 만들어 갈 수 있기를 기대한다.

* '발음 연습'은 'Antonio Quilis, Joseph A. Fernández, Curso de Fonética y Fonología Españolas, Madrid, CSIC, 1964'를 참고하였다.

차례 | índice

발음 • 21

자모표 abecedario 22
모음 vocal 23
자음 consonante 24
음절분해 silabeo 33
강세 acento 34
억양 entonación 35
구두점 puntuación 36
대문자 사용 usos de mayúsculas 37
어순 orden de palabras 38

발음 연습 • 39

모음 연습 ejecicios de las vocales 40
자음 연습 ejecicios de las consonantes 45
강세 연습 ejecicios de los acentos 68

문형 • 71

문형 01 인칭대명사 주격/긍정문 73
문형 02 인칭대명사 주격/의문문 77
문형 03 인칭대명사 주격/부정문 81
문형 04 명사와 관사 85
문형 05 명사와 형용사 89
문형 06 국명과 형용사 95

문형 07	의문사 'qué'/직업	99
문형 08	의문사 'qué'/지시사 중성형	103
문형 09	의문사 'qué'/요일	107
문형 10	의문사 'qué'/날짜	111
문형 11	의문사 'qué'/시간	119
문형 12	의문사 'qué' + hay	123
문형 13	의문사 'qué'/인사	127
문형 14	의문사 'qué' 의견을 물음/인칭대명사 간접목적격	131
문형 15	의문사 'qué' + 원형동사	135
문형 16	전치사 'de'+의문사 'qué'/지시사	139
문형 17	전치사 'por' + 의문사 'qué'	143
문형 18	의문사 'qué' + 전치사 'a'	147
문형 19	의문사 'qué'/감탄문	151
문형 20	의문사 'cómo'/생김새	155
문형 21	의문사 'cómo'/안부	159
문형 22	의문사 'cómo'/이름	163
문형 23	의문사 'cómo'/방법/인칭대명사 직접목적격	167
문형 24	의문사 'cómo'/원형동사	171
문형 25	의문사 'cómo'/전치사 'a'	175
문형 26	의문사 'cómo'/감탄문	181
문형 27	의문사 'quién'/누구/인칭대명사 소유격 전치형	185
문형 28	의문사 'quién'/누구를/인칭대명사 소유격 후치형	189
문형 29	의문사 'quién'/누구와/진행형/인칭대명사 전치사격	193
문형 30	의문사 'quién'/전화	197
문형 31	의문사 'dónde'	201
문형 32	의문사 'dónde'/전치사 'de'	205

문형 33	의문사 'dónde'/ir a inf.	209
문형 34	의문사 'dónde'/'ser'와 'estar'	213
문형 35	의문사 'cuánto'	217
문형 36	의문사 'cuánto'/직설법 현재완료	221
문형 37	의문사 'cuánto'/감탄문	225
문형 38	의문사 'cuál'/관사의 대명사적 기능	229
문형 39	의문사 'cuál'	233
문형 40	의문사 'cuál'	237
문형 41	의문사 'cuándo'	241
문형 42	hay	245
문형 43	hay	249
문형 44	algo/nada	253
문형 45	lo	257
문형 46	lo	261
문형 47	'전치사+명사/형용사'의 부사적 용법	265
문형 48	querer	269
문형 49	querer	273
문형 50	algún/ningún	277
문형 51	'tampoco'(~도 아니다)	281
문형 52	'ser' 구문 + 원형동사	285
문형 53	형용사 우등비교	289
문형 54	형용사 열등비교	293
문형 55	형용사 동등비교	297
문형 56	'igual que'(~과 같은)/'distinto de'(~과 다른)	301
문형 57	형용사 비교최상급	305
문형 58	형용사 절대최상급	309

문형 59	진행형	313
문형 60	목적격 대명사의 어순과 직설법 불특정과거	317
문형 61	목적격 대명사의 어순과 직설법 불특정과거	321
문형 62	직설법 현재완료	325
문형 63	수동문	333
문형 64	직설법 불완료과거/과거진행형	337
문형 65	직설법 미래/복합 현재분사 구문	341
문형 66	직설법 미래완료	345
문형 67	시간의 경과를 표현하는 'hace'	349
문형 68	'tú'에 대한 긍정 명령과 부정 명령	353
문형 69	'vosotros'에 대한 긍정 명령과 부정 명령	357
문형 70	'nosotros' 청유문의 긍정적 표현과 부정적 표현	361
문형 71	'usted'과 'ustedes'에 대한 긍정 명령과 부정 명령	365
문형 72	'se' 수동문	369
문형 73	간접목적격과 함께 쓰인 'se' 수동문	373
문형 74	타동사의 재귀동사화	377
문형 75	재귀동사화된 타동사+목적어	381
문형 76	'se' 상호 구문	385
문형 77	'se' 무인칭 구문	389
문형 78	복수 3인칭으로 된 무인칭 구문	393
문형 79	관계사 'que'	397
문형 80	관계사 'quien'	401
문형 81	관계사 'cuanto'	405
문형 82	관계사 'cuyo'	409
문형 83	관계사 'donde'	413
문형 84	관계사 'cuando'	417

문형 85 관계사 'como' 421

문형 86 선행사없이 사용되는 관계사 구문 425

문형 87 절을 선행사로 받는 'lo que'/'lo cual' 429

문형 88 'cuanto más~ tanto más~' (~하면 할수록 ~하다) 433

문형 89 'si' 부사절 437

문형 90 접속법 현재 441

문형 91 종속절만 있는 접속법 구문 447

문형 92 접속법 과거 451

문형 93 접속법 시제일치 457

문형 94 부사절의 접속법 461

문형 95 'como si'+접속법 과거 465

문형 96 가정문 469

문형 97 'ojalá+접속법'의 기원문 473

문형 98 'por más/mucho+que+접속법'(아무리 ~해도) 477

문형 99 가상미래형 481

문형 100 겸손한 표현 487

문형 101 감탄문 491

문형 102 접속사 'ni A ni B'(A도 B도 아닌) 495

문형 103 접속사 'no solo A sino también B'(A뿐만 아니라 B도) 499

문형 104 접속사 'ya A ya B', 'o A o B', 'bien A bien B'(A거나 B거나) 503

문형 105 접속사 'en cuanto'(~하자마자) 507

문형 106 문장 연결 접속사 'así que', 'por tanto' 등 511

문형 107 직접화법과 간접화법 515

해답 • 519

다양한 표현

- 'nombre'(이름) 관련 다양한 표현 78
- 동사 'ser'(~이다) 관련 다양한 표현 83
- '스페인어 사용국명과 그 형용사형'(país) 관련 다양한 표현 96
- 'profesión'(직업) 관련 다양한 표현 100
- 'libro'(책) 관련 다양한 표현 104
- 'computadora'(컴퓨터) 관련 다양한 표현 105
- 'día de la semana'(요일) 관련 다양한 표현 108
- 'adverbio'(자주 쓰는 부사) 관련 다양한 표현 1 108
- 'mes'(월) 관련 다양한 표현 112
- 'número'(숫자) 관련 다양한 표현 112
- 'estación'(계절) 관련 다양한 표현 117
- 'hora'(시간) 관련 다양한 표현 120
- 'transporte'(교통) 관련 다양한 표현 121
- 'vivienda'(주거) 관련 다양한 표현 124
- 'saludos'(인사말) 관련 다양한 표현 1 128
- 동사 'parecer'(~를 닮다/~처럼 보이다) 관련 다양한 표현 133
- 동사 'pensar'(생각하다) 관련 다양한 표현 136
- 동사 'decir'(말하다) 관련 다양한 표현 137
- 'el color'(색깔) 관련 다양한 표현 140
- 동사 'ir'(가다) 관련 다양한 표현 144
- 'quizás'(글쎄) 관련 다양한 표현 145

- 전치사 'a' 관련 다양한 표현 148
- 'adjetivo'(자주 쓰는 형용사) 관련 다양한 표현 1 153
- 'cómo' 관련 다양한 표현 156
- 'adjetivo'(자주 쓰는 형용사) 관련 다양한 표현 2 156
- 'saludos'(인사말) 관련 다양한 표현 2 160
- 'gracias'(감사) 관련 다양한 표현 161
- 'vestido'(의복) 관련 다양한 표현 165
- 동사 'querer'(원하다) 관련 다양한 표현 169
- 'hortalizas y legumbres'(야채와 콩) 관련 다양한 표현 1 178
- 'comedor'(식당) 관련 다양한 표현 178
- 'hace'(날씨) 관련 다양한 표현 182
- 동사 'llover'(비가 내리다) 관련 다양한 표현 182
- 동사 'correr'(달리다) 관련 다양한 표현 183
- 'familia'(가족) 관련 다양한 표현 186
- 'educación'(교육) 관련 다양한 표현 187
- 동사 'esperar'(기다리다) 관련 다양한 표현 190
- 동사 'hablar'(말하다) 관련 다양한 표현 1 195
- 'qué' 관련 다양한 표현 199
- 'dónde' 관련 다양한 표현 202
- 'adverbio'(자주 쓰는 부사) 관련 다양한 표현 2 202
- 'geografía'(지리) 관련 다양한 표현 206
- 'cine'(영화) 관련 다양한 표현 210
- 'teatro'(연극) 관련 다양한 표현 211
- 동사 'deber'(해야 하다/빚지다) 관련 다양한 표현 215
- 'cuánto' 관련 다양한 표현 218

- 동사 'pagar'(지불하다) 관련 다양한 표현 218
- 'hortalizas y legumbres'(야채와 콩) 관련 다양한 표현 2 219
- 동사 'mirar'(눈여겨 보다) 관련 다양한 표현 227
- 'joya'(보석) 관련 다양한 표현 231
- 'bebida'(음료수) 관련 다양한 표현 234
- 동사 'creer'(믿다) 관련 다양한 표현 238
- 'religión'(종교) 관련 다양한 표현 239
- 동사 'intentar'(시도하다) 관련 다양한 표현 242
- 동사 'terminar'(끝내다) 관련 다양한 표현 242
- 'dirección'(방향) 관련 다양한 표현 246
- 'parque'(공원) 관련 다양한 표현 250
- 'mapa'(지도) 관련 다양한 표현 251
- 'algo'(어떤 것) 관련 다양한 표현 254
- 'nada'(아무것) 관련 다양한 표현 254
- 'condimiento'(양념) 관련 다양한 표현 255
- 동사 'hablar'(말하다) 관련 다양한 표현 2 258
- 'sí'(그렇다) 관련 다양한 표현 262
- 'no'(아니다) 관련 다양한 표현 263
- 'adverbio'(자주 쓰는 부사) 관련 다양한 표현 3 266
- 동사 'tener'(가지다) 관련 다양한 표현 1 267
- 'unidad'(단위) 관련 다양한 표현 270
- 동사 'beber'(마시다) 관련 다양한 표현 271
- 동사 'comer' (먹다) 관련 다양한 표현 274
- 'comida'(음식) 관련 다양한 표현 274
- 'carne'(고기) 관련 다양한 표현 275

●'pescado'(생선) 관련 다양한 표현 275
●동사 'tener'(가지다) 관련 다양한 표현 2 278
●'más' 관련 다양한 표현 282
●동사 'andar'(걷다) 관련 다양한 표현 282
●동사 'aprender'(배우다) 관련 다양한 표현 286
●동사 'llegar'(도착하다) 관련 다양한 표현 286
●'planta'(식물) 관련 다양한 표현 290
●'fruta'(과일) 관련 다양한 표현 291
●'animal'(동물) 관련 다양한 표현 1 294
●'tanto' 관련 다양한 표현 298
●'animal'(동물) 관련 다양한 표현 2 298
●'igual'(같은) 관련 다양한 표현 302
●동사 'saber'(사실을 알다) 관련 다양한 표현 302
●동사 'conocer'(사람, 지리 등을 알다) 관련 다양한 표현 303
●'adjetivo'(자주 쓰는 형용사) 관련 다양한 표현 3 307
●동사 'gustar'(마음에 들다) 관련 다양한 표현 310
●동사 'dar'(주다) 관련 다양한 표현 322
●'parque de atracciones'(놀이공원) 관련 다양한 표현 322
●'refrán'(속담) 관련 다양한 표현 1 323
●동사 'abrir'(열다) 관련 다양한 표현 334
●'abierto'(동사 'abrir'(열다)의 과거분사) 관련 다양한 표현 334
●'permiso'(양해) 관련 다양한 표현 335
●동사 'tocar'(치다) 관련 다양한 표현 339
●동사 'poner'(놓다/차리다) 관련 다양한 표현 343
●동사 'ganar'(얻다, 이기다) 관련 다양한 표현 346

● 동사 'meter'(넣다) 관련 다양한 표현 347
● 'asunto'(문제) 관련 다양한 표현 347
● 동사 'estar'(~상태이다) 관련 다양한 표현 350
● 동사 'hacer'(만들다, 시간·날씨의 표현) 관련 다양한 표현 351
● 'mejor'와 'peor' 관련 다양한 표현 359
● 동사 'salir'(나가다) 관련 다양한 표현 362
● 동사 'entrar'(들어가다) 관련 다양한 표현 362
● 동사 'poder'(조동사: ~할 수 있다) 관련 다양한 표현 366
● 'temprano'(일찍)와 'tarde'(늦은) 관련 다양한 표현 367
● 'tienda'(가게) 관련 다양한 표현 371
● 동사 'perder'(잃어버리다) 관련 다양한 표현 375
● 동사 'levantar'(일으키다) 관련 다양한 표현 378
● 'enfermedades'(병) 관련 다양한 표현 378
● 'pie'(발) 관련 다양한 표현 382
● 'cuerpo'(신체부위) 관련 다양한 표현 1 382
● 'mano'(손) 관련 다양한 표현 386
● 'deporte'(운동) 관련 다양한 표현 386
● 동사 'vivir'(살다) 관련 다양한 표현 390
● 동사 'dejar'(남기다/놓아두다) 관련 다양한 표현 394
● 'sangre'(피) 관련 다양한 표현 395
● 동사 'seguir'(따르다/계속하다) 관련 다양한 표현 398
● 동사 'tomar'(먹다/집다) 관련 다양한 표현 399
● 'llamada'(전화통화) 관련 다양한 표현 402
● 동사 'echar'(던지다, 버리다) 관련 다양한 표현 406
● 동사 'echarse'(자기 자신을 던지다) 관련 다양한 표현 407

- 동사 'sacar'(꺼내다) 관련 다양한 표현 407
- 'la voz'(목소리) 관련 다양한 표현 410
- 'verdad'(진실) 관련 다양한 표현 410
- 동사 'parar'(서다) 관련 다양한 표현 411
- 'tardar'(시간이 걸리다) 관련 다양한 표현 414
- 'cafetería'(커피숍) 관련 다양한 표현 415
- 'casarse con ~'(~와 결혼하다) 관련 다양한 표현 418
- 동사 'volver'(돌아오다)/'volverse'(~하게 되다) 관련 다양한 표현 418
- 'la vuelta'(회전) 관련 다양한 표현 419
- 'el modo'(방법) 관련 다양한 표현 422
- 'alto'(높은) 관련 다양한 표현 423
- 동사 'presentar'(소개하다)/'presentarse'(나타나다) 관련 다양한 표현 426
- 형용사 'presente'(현재의/나타난) 관련 다양한 표현 426
- 'el cuerpo'(신체) 관련 다양한 표현 2 427
- 'pena'(고통) 관련 다양한 표현 430
- 'guardar'(지키다) 관련 다양한 표현 430
- 'presentación'(소개) 관련 다양한 표현 430
- 'cuanto' 관련 다양한 표현 434
- 'tanto' 관련 다양한 표현 434
- 'cita'(약속) 관련 다양한 표현 434
- 'si'(만약에) 관련 다양한 표현 438
- 동사 'cambiar'(바꾸다) 관련 다양한 표현 438
- 'vida'(삶/생명) 관련 다양한 표현 439
- 동사 'ver'(보다) 관련 다양한 표현 444
- 동사 'saludar'(인사하다) 관련 다양한 표현 444

- 'oreja'(귀) 관련 다양한 표현 445
- 동사 'quitar'(벗기다)/'quitarse'(벗다) 관련 다양한 표현 448
- 동사 'venir'(오다) 관련 다양한 표현 448
- 동사 'tratar'(다루다) 관련 다양한 표현 454
- 'ojo'(눈) 관련 다양한 표현 1 455
- 동사 'usar'(사용하다) 관련 다양한 표현 458
- 'ojo'(눈) 관련 다양한 표현 2 458
- 'tal'(그러한/그것) 관련 다양한 표현 462
- 동사 'dirigir/dirigirse'(향하다) 관련 다양한 표현 463
- 동사 'conducir'(운전하다/이끌다) 관련 다양한 표현 466
- 동사 'declarar'(선언하다/신고하다) 관련 다양한 표현 467
- 'ley'(법) 관련 다양한 표현 467
- 'tiempo'(날씨/시간) 관련 다양한 표현 474
- 'falta'(부족) 관련 다양한 표현 475
- 'ojo'(눈) 관련 다양한 표현 3 478
- 'elegir'(선거) 관련 다양한 표현 484
- 'día'(날) 관련 다양한 표현 484
- 동사 'llevar/llevarse'(가지고 가다) 관련 다양한 표현 488
- 'sabor'(맛) 관련 다양한 표현 488
- 'ojo'(눈) 관련 다양한 표현 4 489
- 'boca'(입) 관련 다양한 표현 492
- 'refrán'(속담) 관련 다양한 표현 2 493
- 'estrella'(별) 관련 다양한 표현 497
- 'solo'나 'sino' 관련 다양한 표현 500
- 'periódico'(신문) 관련 다양한 표현 501

● 동사 'quedar/quedarse'(머물다) 관련 다양한 표현 504
● 'lado'(옆) 관련 다양한 표현 505
● 'en cuanto'(~하자마자) 관련 다양한 표현 508
● 동사 'coger'(잡다) 관련 다양한 표현 508
● 'gobierno'(정부) 관련 다양한 표현 508
● 'cara'(얼굴) 관련 다양한 표현 1 509
● 'nariz'(코) 관련 다양한 표현 512
● 'cara'(얼굴) 관련 다양한 표현 2 513
● 'exportación e importación'(무역) 관련 다양한 표현 517

el español con módulos

발음

pronunciación

발음 | pronunciación

자모표 abecedario

문자		명칭		문자		명칭	
A	a	a	아	N	n	ene	에네
B	b	be	베	Ñ	ñ	eñe	에녜
C	c	ce	θㅔ/세	O	o	o	오
Ch	ch	che	체	P	p	pe	뻬
D	d	de	데	Q	q	cu	꾸
E	e	e	에	R	r	ere, erre	에레, 에ㄹ레
F	f	efe	에훼	S	s	ese	에세
G	g	ge	헤	T	t	te	떼
H	h	hache	아체	U	u	u	우
I	i	i	이	V	v	uve	우베
J	j	jota	호따	W	w	uve doble	우베 도블레
K	k	ka	까	X	x	equis	에끼스
L	l	ele	엘레	Y	y	i griega	이 그리에가
Ll	ll	elle	엘례/에예	Z	z	zeta	θㅔ따/세따
M	m	eme	에메				

▶[θ]는 치간음을 말한다.

▶'에ㄹ레'는 'r'를 여러 번 굴려서 발음하는 것을 말한다.

▶'에훼'의 'ㅎ'은 아랫입술을 윗니로 살짝 깨물면서 발음한다.

▶'ch, ll'은 하나의 음소임에 유의하자! 최근 스페인 한림원에서는 'ch, ll'를 독립된 문자로 간주하지 않기로 했다. 그러므로 최근 사전에는 'ch, ll'란이 별도로 없고 'ch'는 'c'에서, 'll'는 'l'에

서 찾아야 한다. 그러나 이들은 하나의 음소임으로 'ch'는 'c'와 'h'가 섞인 발음이 아니라 [c]로, 'll'는 'l'을 두 번 발음하는 것이 아니라 [ʎ]로 발음한다.

- 'θㅔ/엘레/θㅔ따'는 스페인식 발음이고 '세/에예/세따'는 중남미식 발음이다.
- 적색 표시는 발음상 강세의 위치를 표시한다.
- 스페인식과 중남미식 발음이 서로 다른 경우, 자신의 필요에 따라 선택하여 일관성 있게 연습하도록 한다.

모음 vocal

- 스페인어에는 'a, e, i, o, u'의 다섯 개의 모음이 있으며 'a, e, o'는 강모음이고, 'i, u'는 약모음이다.

A [아]	mamá	[마마]	엄마
	padre	[빠드레]	아버지
E [에]	bebé	[베베]	아기
	mesa	[메사]	탁자
I [이]	niño	[니뇨]	어린이
	abril	[아브릴]	4월
O [오]	dónde	[돈데]	어디
	oso	[오소]	곰

U [우]	nube	[누베]	구름
	duda	[두다]	의심

자음 consonante

B

우리말의 'ㅂ'와 같은 발음이다.

+ a	[바]	bambú	[밤부]	대나무
+ e	[베]	bebé	[베베]	아기
+ i	[비]	bigote	[비고떼]	콧수염
+ o	[보]	boca	[보까]	입
+ u	[부]	burro	[부ㄹ로]	당나귀

C

모음 'a, o, u'가 뒤따르면 우리말의 'ㄲ'으로, 모음 'e, i'가 뒤따르면 [θ]로 발음한다. 이 [θ]를 중남미에서는 [s]로 발음한다.

+ a	[까]	casa	[까사]	집
+ o	[꼬]	consumo	[꼰수모]	소비
+ u	[꾸]	cura	[꾸라]	사제
+ e	[θㅔ /세]	cena	[θㅔ나/세나]	저녁식사
+ i	[θㅣ /시]	cine	[θㅣ네/시네]	영화관

• 중남미에서 [θ]를 [s]로 발음하는 현상을 'seseo' [세세오]라 부른다.

ch

우리말의 'ㅊ'을 입천장에 붙였다 끌어내리면서 발음하는 것과 같다.

+ a	[차]	muchacha	[무차차]	소녀
+ e	[체]	coche	[꼬체]	자동차
+ i	[치]	chico	[치꼬]	소년
+ o	[초]	chocolate	[초꼴라떼]	초콜릿
+ u	[추]	chupar	[추빠르]	빨다

D

우리말의 'ㄷ'과 같은 발음이다.

+ a	[다]	dama	[다마]	숙녀
+ e	[데]	dedo	[데도]	손가락
+ i	[디]	diciembre	[디시엠브레]	12월
+ o	[도]	doctor	[독또르]	박사
+ u	[두]	duda	[두다]	의심

F

순치음으로 아랫입술을 윗니로 가볍게 물면서 발음한다.

+ a	[화]	favor	[화보르]	호의
+ e	[훼]	feo	[훼오]	못생긴
+ i	[휘]	fin	[휜]	끝
+ o	[호]	fondo	[혼도]	바닥
+ u	[후]	fumar	[후마르]	담배피다

- 'fin'은 단음절이므로 강세가 오지 않는다. 그러나 예외도 있다. 예를 들어, 불특정관사 'un'은 단음절이나 강세를 주어 발음한다.

G

모음 'a, o, u'가 뒤따르면 우리말의 'ㄱ'으로, 모음 'e, i'가 뒤따르면 후두음 'ㅎ'로 발음한다. 그러나 'gue'[게]나 'gui'[기] 형태가 될 경우 그대로 'ㄱ'로 발음하되 [u]는 발음되지 않으며, 이때 'u'는 단지 'g'발음을 'ㄱ'발음이 되도록 하는 역할만 한다. 그러나 'u'위에 불규칙하게 '¨'표시가 찍혀 있는 경우 [u]발음이 살아난다.

+ a	[가]	gato	[가또]	고양이
+ e	[헤]	gente	[헨떼]	사람들
+ i	[히]	girasol	[히라솔]	해바라기
+ o	[고]	amigo	[아미고]	친구
+ u	[구]	agua	[아구아]	물
+ ue	[게]	guerra	[게ㄹ라]	전쟁
+ ui	[기]	guitarra	[기따ㄹ라]	기타
+ üe	[구에]	vergüenza	[베르구엔θㅏ/사]	수치심

H

어느 경우에도 발음을 하지 않는다.

+ a	[아]	hacha	[아차]	도끼
+ e	[에]	hermano	[에르마노]	오빠/형
+ i	[이]	hija	[이하]	딸
+ o	[오]	hoja	[오하]	종이
+ u	[우]	huracán	[우라깐]	태풍

- 'hi'는 마찰음으로 한 음소[ǰ]에 해당하므로 철자 'y'와 같은 발음을 한다:

  hierba [ǰérba 예르바] 풀

  그러나 'n, l' 다음에서 파찰음화가 이루어진다:

  el hielo [el ɟélo 엘젤로] 얼음

J

후두음 'ㅎ'로 발음한다. 모음 'e, i' 앞에서의 'g'와 같은 발음이다.

+ a	[하]	jamón	[하몬]	햄
+ e	[헤]	jefe	[헤훼]	부서장
+ i	[히]	jirafa	[히라화]	기린
+ o	[호]	joven	[호벤]	젊은이
+ u	[후]	jugar	[후가르]	놀다

K

주로 외래어 표기에 사용되며 'ㄲ'로 발음한다.

+ a	[까]	kaki	[까끼]	카키색
+ e	[께]	keratina	[께라띠나]	각질
+ i	[끼]	kilogramo	[낄로그라모]	킬로그램
+ o	[꼬]	koala	[꼬알라]	코알라
+ u	[꾸]	kurdo	[꾸르도]	쿠르드족

L

혀끝을 잇몸 바로 뒤에 붙여서 내는 'ㄹ'발음이다.

+ a	[라]	labio	[라비오]	입술
+ e	[레]	leche	[레체]	우유
+ i	[리]	libro	[리브로]	책
+ o	[로]	loco	[로꼬]	미친
+ u	[루]	lunes	[루네스]	월요일

Ll

혀끝을 입천장에 붙여 끌어내리면서 내는 발음 [ʎ]이다. 중남미에서는 [ǰ]로 발음한다.

+ a	[랴/야]	llave	[랴베/야베]	열쇠
+ e	[례/예]	calle	[깔례/까예]	거리
+ o	[료/요]	caballo	[까발료/까바요]	말
+ u	[류/유]	lluvia	[류비아/유비아]	비

• 중남미에서 [ʎ]를 [ǰ]로 발음하는 현상을 'yeísmo' [예이스모]라 부른다.

M

우리말의 'ㅁ'과 같은 발음이다.

+ a	[마]	madre	[마드레]	어머니
+ e	[메]	mesa	[메사]	탁자
+ i	[미]	camisa	[까미사]	셔츠
+ o	[모]	mosca	[모스까]	파리
+ u	[무]	mudo	[무도]	벙어리

N

우리말의 'ㄴ'과 같은 발음이다. 'n'뒤에 오는 자음에 동화되어 조금씩 다르게 발음되기도 한다.

+ a	[나]	nariz	[나리 θ/스]	코
+ e	[네]	nervio	[네르비오]	신경
+ i	[니]	nido	[니도]	새둥지
+ o	[노]	noche	[노체]	밤
+ u	[누]	nube	[누베]	구름
+ [p], [b], [m]		un vaso	[움바소]	한 개의/어떤 컵
+ [f]		confuso	[꽁후소]	혼란한
+ [θ]		once	[온θㅔ/세]	십일
+ [t], [d]		lento	[렌또]	느린
+ [k], [g]		hongo	[옹고]	버섯
+ [c]		un chico	[운치꼬]	한/어떤 소년
+ [ɟ]		cónyuge	[꼰쥬헤]	부부

Ñ

혀끝을 입천장에 붙여 끌어내리면서 하는 발음으로 우리말의 '냐', '뇨'와 같은 발음이다.

+ a	[냐]	mañana	[마냐나]	내일, 아침
+ e	[녜]	compañero	[꼼빠녜로]	동료
+ i	[니]	compañía	[꼼빠니아]	회사
+ o	[뇨]	sueño	[수에뇨]	꿈
+ u	[뉴]	pañuelo	[빠뉴엘로]	손수건

P

우리말의 'ㅃ'와 같은 발음이다.

+ a	[빠]	papel	[빠뻴]	종이
+ e	[뻬]	peso	[뻬소]	무게
+ i	[삐]	piano	[삐아노]	피아노
+ o	[뽀]	pulpo	[뿔뽀]	낙지
+ u	[뿌]	punto	[뿐또]	점

Q

반드시 'ue, ui'와 합쳐 'que'[께], 'qui'[끼]로 발음된다. 즉 'u'는 발음되지 않는다.

queso	[께소]	치즈
aquí	[아끼]	여기
máquina	[마끼나]	기계

R

우리말의 'ㄹ'과 같은 발음이나 단어 맨 앞에, 또는 'n, s, l' 다음에 올 경우와 철자가 'rr'로 겹쳐져 있을 때는 혀를 많이 굴려서 발음한다.

pero	[뻬로]	그러나
camarero	[까마레로]	웨이터
vender	[벤데르]	팔다
perro	[뻬ㄹ로]	개
rosa	[ㄹ로사]	장미
sonrisa	[손ㄹ리사]	미소
alrededor	[알ㄹ레데도르]	주위
Israel	[이스ㄹ라엘]	이스라엘

• 'n, s, l' 다음에 'r'는 혀를 많이 굴려서 발음해야 되기 때문에 실제로 'n, s, l'은 거의 발음되지 않아 [소ㄹ리사], [아ㄹ레데도르], [이ㄹ라엘]처럼 들린다.

S

우리말의 'ㅅ'와 같은 발음이다.

+ a	[사]	sabio	[사비오]	현인
+ e	[세]	seguro	[세구로]	안전한/확실한
+ i	[시]	casi	[까시]	거의
+ o	[소]	sobre	[소브레]	봉투/~위에
+ u	[수]	subir	[수비르]	올라가다

T

우리말의 'ㄸ'와 같은 발음이다.

+ a	[따]	tacaño	[따까뇨]	인색한
+ e	[떼]	aceite	[아θ세/세이떼]	기름
+ i	[띠]	tinta	[띤따]	잉크
+ o	[또]	tomate	[또마떼]	토마토
+ u	[뚜]	tortuga	[또르뚜가]	거북이

V

우리말의 'ㅂ'와 같은 발음이다.

+ a	[바]	vaso	[바소]	컵
+ e	[베]	verano	[베라노]	여름
+ i	[비]	avión	[아비온]	비행기
+ o	[보]	vosotros	[보소뜨로스]	너희들
+ u	[부]	vuestro	[부에스뜨로]	너희들의

- 'b'와 'v'는 구별없이 양순음으로 발음된다.
- 'vuestro'는 소유형용사로 명사 앞에 놓일 경우는 강세가 주어지지 않으며 명사 뒤에 놓일 경우는 강세가 주어진다. 이는 전치형과 후치형을 구별하기 위함이다.

W

주로 외래어 표기에 사용되며 외래어 발음을 그대로 유지한다. 강세의 위치는 외래어의 발음에 준한다.

Wáshington	[와싱똔]	워싱톤
whiski	[위스끼]	위스키
won	[원]	원 (한국화폐단위)
sándwich	[산드위치]	샌드위치

X

일반적으로 [ks]로 발음하나, 뒤에 자음이 나오는 경우 [s]로 발음되기도 한다. 지명은 간혹 'ㅎ'발음 [x]을 하기도 한다.

+ a	[끄사]	examen	[엑사멘]	시험
+ e	[끄세]	lexema	[렉세마]	어휘소
+ i	[끄시]	taxi	[딱시]	택시
+ o	[끄소]	exótico	[엑소띠꼬]	이국적인
+ u	[끄수]	exuberante	[엑수베란떼]	풍부한
자음앞		extranjero	[에스뜨랑헤로]	외국의
지명		Téxas	[떼하스]	텍사스
지명		México	[메히꼬]	멕시코

Y

우리말의 '야', '요' 발음과 비슷하나 좀 더 강하여 영어의 'yes'에 더 가깝다.

+ a	[야]	playa	[쁠라야]	해변
+ e	[예]	yegua	[예구아]	암말
+ o	[요]	ayuda	[아유다]	도움
+ u	[유]	mayo	[마요]	5월

• 'n, l' 다음에서는 파찰음화가 이루어진다: cónyuge [꼰주헤] 부부

Z

스페인에서는 [θ]로 발음하고, 중남미에서는 [s]로 발음한다.

+ a	[θㅏ/사]	zapato	[θㅏ/사빠또]	구두
+ e	[θㅔ/세]	zeta	[θㅔ/세따]	철자 z의 이름
+ i	[θㅣ/시]	zinc	[θㅇ/싱끄]	아연
+ o	[/소]	zorro	[θㅗ/소ㄹ로]	숫여우
+ u	[/수]	zumo	[θㅜ/수모]	주스

• 'zinc'는 단음절이므로 강세가 오지 않는다.

음절분해 silabeo

음절 분해는 모음을 기준으로 한다. 따라서 음절수를 계산할 때, 모음 하나를 1음절로 계산하며, 이중모음이나 삼중모음은 하나의 모음으로 간주하고, 이중자음 또한 하나의 자음으로 간주한다. 이중모음과 삼중모음은 강모음 'a, e, o'와 약모음 'i, u'가 조합을 이루어 만들어지며, 이중자음으로는 'bl, br, cl, cr, fl, fr, gl, gr, kl, kr, pl, pr, dr, tr' 등이 있다.

▶ 모음과 모음 사이에 자음이 하나만 있을 경우, 그 자음은 뒤에 오는 모음과 하나의 음절을 이룬다:

ca-sa	자(c)+모(a)-자(s)+모(a)	집
co-che	자(c)+모(o)-자(ch)+모(e)	자동차
fue-go	자(f)+모(ue)-자(g)+모(o)	불
a-gua	모(a)-자(g)+모(ua)	물
i-dio-ma	모(i)-자(d)+모(io)-자(m)+모(a)	언어

▶ 모음과 모음 사이에 자음이 두 개일 경우, 각각 앞 뒤 모음과 한 음절을 이룬다:

doc-tor	자(d)+모(o)+자(c)-자(t)+모(o)+자(r)	의사
al-to	모(a)+자(l)-자(t)+모(o)	높은
pier-na	자(p)+모(ie)+자(r)-자(n)+모(a)	다리

▶ 이중자음은 하나의 자음으로 간주한다:

pla-ya	자(pl)+모(a)-자(y)+모(a)	해변
di-ciem-bre	자(d)+모(i)-자(c)+모(ie)+자(m)-자(br)+모(e)	12월
blan-co	자(bl)+모(a)+자(n)-자(c)+모(o)	흰
cla-ro	자(cl)+모(a)-자(r)+모(o)	확실한

▶ 이중모음이라 하더라도 약모음 위에 강세 부호가 찍혀 강모음화되는 경우는 각각의 모음으로 간주한다:

tí-o	자(t)+모(í)-모(o)	아저씨
dí-a	자(d)+모(í)-모(a)	날(日)
rí-o	자(r)+모(í)-모(o)	강
dú-o	자(d)+모(ú)-모(o)	듀엣
ma-íz	자(m)+모(a)-모(í)+자(z)	옥수수

강세 acento

스페인어에서 강세는 매우 중요하다. 강세에 따라 단어의 뜻이 달라질 수 있기 때문이다. 낱말에 강세 표시가 있는 경우는 그 음절에 낱말 전체의 강세가 놓이게 되며, 낱말에 강세 표시가 없는 경우는 다음의 일반규칙에 의한다.

▶ 'n, s'를 제외한 모든 자음으로 끝나는 낱말은 맨 마지막 음절에 강세가 있다:

be-ber	[베베르]	마시다
sa-bor	[사보르]	맛
ca-nal	[까날]	채널
gi-ra-sol	[히라솔]	해바라기

▶ 모음이나 자음 'n, s'로 끝난 낱말은 끝에서 두 번째 음절에 강세가 있다:

me-sa	[메사]	탁자
ton-to	[똔또]	바보
a-ño	[아뇨]	년(年)
mar-tes	[마르떼스]	화요일

▶ 불규칙하게 강세부호가 찍혀 있는 낱말은 강세부호 표시가 있는 음절에 강세가 있다:

jar-dín	[하르딘]	정원
dón-de	[돈데]	어디
a-quí	[아끼]	여기
Mé-xi-co	[메히꼬]	멕시코

▶ 모든 특정관사, 모든 소유격 전치형, 모든 관계대명사(el cual, los cuales 예외), 모든 전치사와 그 복합형, 모든 접속사와 그 복합형, 모든 단음절 목적격(le, lo, la, se 등)에는 강세가 오지 않는다.

▶ 모든 불특정관사, 숫자(숫자 복합형은 뒤에만 오며, mil·cien·millón은 어느 위치에서도 강세 있음), 모든 지시형용사, 인칭대명사 주격, 중성지시대명사(esto·eso·aquello)를 포함한 모든 지시대명사, 모든 소유격 후치형, 모든 소유대명사에는 강세가 온다. 사람 이름이 2개가 겹쳐있는 경우는 뒤에만 강세가 온다(Juanjo, Marialuisa 등).

▶ 모든 낱말은 1개의 강세를 갖는다. 단, 부사(lentamente)는 2개의 강세를 갖는다.

억양 entonación

스페인어의 억양은 크게 다음의 3가지로 구분할 수 있다:

하강어조	tonema descendente	
평 어 조	tonema horizontal	
상승어조	tonema ascendente	

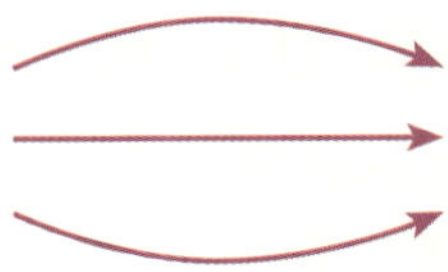

구두점 puntuación

,	coma	[꼬마]	쉼표
–	guión	[기온]	하이픈
;	punto y coma	[뿐또 이 꼬마]	세미콜론
" "	comillas	[꼬미야스]	따옴표
:	dos puntos	[도스 뿐또스]	콜론
_	raya	[ㄹ라야]	밑줄
.	punto final	[뿐또 휘날]	마침표
¨	diéresis	[디에레시스]	'u'에 붙이는 부호
...	puntos suspensivos	[뿐또스 수스뻰시보스]	말줄임표
~	tilde	[띨데]	물결부호
¿	principio de interrogación	[쁘린θ이/시삐오 데 인떼ㄹ로가θ이/시온]	앞의문부호
?	fin de interrogación	[휜 데 인떼ㄹ로가θ이/시온]	뒷의문부호
¡	principio de admiración	[쁘린θ이/시삐오 데 아드미라θ이/시온]	앞감탄부호
!	fin de admiración	[휜 데 아드미라θ이/시온]	뒷감탄부호
( )	paréntesis	[빠렌떼시스]	괄호

▶ 스페인어에서는 문장 앞뒤에 의문부호(¿ ?)와 감탄부호(¡ !)를 표기한다:

¿Es usted doctor? 당신은 의사이십니까?
에스 우스뗃 독또르

¿Qué es esto? 이것은 무엇입니까?
께 에스 에스또

¡Qué frío! 아휴, 추워!
께 후리오

¡Qué chica más guapa! 정말 예쁜 소녀다!
께 치까 마스 구아빠

대문자 사용 usos de mayúsculas

문(文)이 시작될 때	Queridos amigos~
마침표 다음에서	~ nos marchamos. Al salir ~
고유명사 신과 관계된 단어	José(남자이름) María(여자이름) El Creador(창조주) Dios(신) Santa María(성모) España(스페인)
약자	D.(don) : 남자에 대한 존칭 / Dª.(doña) : 여자에 대한 존칭 Ud./Vd.(usted): 당신 / Uds./Vds.(ustedes) : 당신들 Sr.(señor) : ~씨 / Sra.(señora) ~여사 / Srta.(señorita) : ~양
기관명	Instituto Cervantes

▶ 대문자 위에 강세가 오게 되는 경우, 강세 부호를 찍어도 좋고 안 찍어도 좋으나 일반적으로는 찍지 않는다: Capítulo / CAPITULO

어순 orden de palabras

스페인어 긍정문의 기본어순은 '주어 + 동사 + 목적어'이고, 의문문은 '¿동사 + 주어 + 목적어?'이며, 부정문은 동사 앞에 부정어 'no'를 놓는다. 그러나 스페인어에서는 다양한 동사 변화로 인하여 주로 인칭대명사 주어를 생략하며, 부사 등의 위치도 비교적 자유롭다:

Yo tengo libros. 나는 책을 가지고 있다.

요 뗑고 리브로스

↓ ↓ ↓

주어 동사 목적어

→ 인칭대명사 주어를 생략하면

Tengo libros.

→ 주어와 동사의 위치를 바꾸면

¿Tengo (yo) libros? 내가 책을 가지고 있니?

→ 동사 앞에 부정어 'no'를 넣으면

Yo no tengo libros./No tengo libros. 나는 책을 가지고 있지 않다.

발음 연습

ejercicios de pronunciación

ejercicios de las vocales[a]/[e]

caso	경우/동사 casar(결혼시키다)	queso	치즈
pasa	건포도/동사 pasar (지나가다/지내다)	pesa	추/동사 pesar (무게가 나가다)
para	전치사(-을 위하여)/ 동사 parar(정지하다)	pera	(과일)배
vaca	암소	beca	장학금
bala	총알/동사 balar (양 등이 울다)	vela	밤샘/돛/동사 velar (밤샘을 하다)

▶ 'para'가 전치사로 쓰인 경우 강세가 오지 않는다.

ejercicios de las vocales[a]/[i]

masa	집단/반죽덩이	misa	(종교)미사
taza	찻잔	tiza	분필
paso	통행/한 걸음/동사 pasar (지나가다/지내다)	piso	층/아파트/동사 pisar(밟다)
pala	삽	pila	물통/전지
pata	(동물)발	pita	용설란/동사 pitar(호루라기를 불다/기적을 울리다)

ejercicios de las vocales[a]/[o]

mazo	큰 망치	mozo	젊은/젊은 남자/남자 종업원
Paco	남자이름 Francisco의 애칭	poco	(문법:대명사)조금/ (문법:형용사)조금의/ (문법:부사)조금
palo	곤봉	polo	극(polo ártico:북극/ polo antártico:남극)/ 폴로 경기
caro	비싼	coro	합창(단)
sala	큰 방	sola	solo(오직 하나의)의 여성형

ejercicios de las vocales[a]/[u]

cana	백발	cuna	요람/동사 cunar(요람을 흔들다)
cara	얼굴	cura	치료/사제/동사 curar (치료하다)
rata	큰 쥐/암쥐	ruta	노선
bala	총알	bula	납인/ 로마 귀족 자제들이 지니던 메달
mala	malo(나쁜)의 여성형	mula	암노새(mulo:수노새)

ejercicios de las vocales[e]/[i]

bebo	동사 beber(마시다)	vivo	살아있는/생생한/동사 vivir(살다)
peso	무게/뻬소(화폐 단위)/동사 pesar(무게가 나가다/ 무게를 달다)	piso	층/아파트/동사 pisar(밟다)
memo	아둔한	mimo	그리이스·로마의 풍자극/ 응석 받아주기/ 동사 mimar(응석을 받아주다)
rezo	기도/동사 rezar(기도하다)	rizo	곱슬한/주름진/동사 rizar(주름을 잡다)
tela	옷감	tila	참피나무(tilo)

ejercicios de las vocales[e]/[o]

pelo	머리카락	polo	극(polo ártico:북극/ polo antártico:남극)/폴로 경기
mero	단순한/(물고기)메로	moro	모로인/모로인의
velo	베일/동사 velar(밤샘을하다)	bolo	작대기/큰 알약
seso	뇌	soso	싱거운
veto	거부/거부권/동사 vetar (거부하다)	voto	맹세/투표/동사 votar (투표하다)

ejercicios de las vocales[e]/[u]

mesa	탁자	musa	뮤즈(학예의 신)/시성
pero	그러나	puro	순수한
vela	밤샘/돛/동사 velar(밤샘을 하다)	bula	납인/로마 귀족 자제들이 지니던 메달
reta	동사 retar(도전하다)	ruta	노선
bella	bello(아름다운)의 여성형	bulla	소동/동사 bullir(들끓다)

▶ ‘pero’는 접속사이므로 강세가 오지 않는다.

ejercicios de las vocales[i]/[o]

pico	(새)부리/뾰족한 끝/ 동사 picar(찌르다)	poco	(문법:대명사)조금/ (문법:형용사)조금의/ (문법:부사)조금
tiro	내던짐/발사/동사 tirar (던지다)	toro	황소
hijo	아들	ojo	(신체)눈
rica	rico(부유한)의 여성형	roca	바위
tinta	잉크	tonta	tonto(바보의)의 여성형

ejercicios de las vocales[i]/[u]

nido	둥지	nudo	마디/매듭/(속력 단위)노트
miro	동사 mirar(보다)	muro	흙담
misa	(종교)미사	musa	뮤즈(학예의 신)/시성
risa	웃음	rusa	ruso(러시아의)의 여성형
pinta	무늬/겉모양/동사 pintar (색칠하다)	punta	뾰족한 끝/(편물)한 땀/동사 puntar(부호를 달다)

ejercicios de las vocales[o]/[u]

bola	공	bula	납인/ 로마 귀족 자제들이 지니던 메달
oso	곰	uso	사용/동사 usar(사용하다)
modo	방법	mudo	벙어리(의)/동사 mudar (이동하다)
rota	등나무/ roto(깨진)의 여성형	ruta	노선
poro	모공	puro	순수한

ejercicios de las consonantes[p]/[b]

par	한쌍	bar	바(간이 술집)
peso	무게/(화폐 단위)페소/ 동사 pesar (무게가 나가다/ 무게를 달다)	beso	입맞춤/동사 besar(입맞추다)
paño	직물	baño	목욕/동사 bañar(적시다)
pata	(동물)발	bata	가운
pelo	머리카락	velo	베일/동사 velar(밤샘을 하다)
poca	poco(조금의)의 여성형/ (문법:대명사)조금	boca	(신체)입/입구
parra	포도 덩굴	barra	몽둥이
pez	물고기	vez	번/때
pino	소나무	vino	포도주/동사 venir(오다)
pesa	추/동사 pesar(무게가 나가다)	besa	동사 besar(입맞추다)

ejercicios de las consonantes[p]/[f]

pavor	공포	favor	호의
pez	물고기	fez	터키 모자
pino	소나무	fino	정교한
pía	pío(신앙심이 돈독한)의 여성형	fía	신용
copia	복사(본)/동사 copiar (복사하다)	cofia	머리띠
paz	평화	faz	얼굴/표면
puente	교각	fuente	분수/출처
poso	침전물/동사 posar(묵다/쉬다)	foso	구멍/(극장)오케스트라석/ 동사 fosar(구멍을 파다)
presa	노획(물)	fresa	딸기
prisa	서두름	frisa	울타리/보풀/동사 frisar (보풀을 일으키다)

ejercicios de las consonantes[p]/[m]

poda	가지치기/동사 podar(가지를 치다)	moda	유행
capa	망토/동사 capar(거세하다)	cama	침대
puerto	항구	muerto	동사 morir(죽다)의 과거분사형
pozo	우물	mozo	젊은/젊은 남자/남자 종업원
trapo	넝마	tramo	구획/동사 tramar(음모를 꾸미다)
pala	삽/동사 palar(삽질하다)	mala	malo(나쁜)의 여성형
copa	컵	coma	쉼표/동사 comer(먹다)
pato	(동물)다리	mato	동사 matar(죽이다)
pana	(직물)코르덴	mana	동사 manar(솟아 나오다)
rapo	naba(순무우)뿌리/동사 rapar (수염을 깎아주다/ 날치기하다)	ramo	나뭇가지/꽃다발

ejercicios de las consonantes[p]/[t]

capa	망토/동사 capar(거세하다)	cata	독이 있나 먹어봄/동사 catar (독이 있나 먹어보다)
copo	눈송이	coto	경계/경계석
trapo	넝마	trato	취급/조약/동사 tratar(다루다)
pinta	무늬/겉모양/동사 pintar (색칠하다)	tinta	잉크
poca	poco(조금의)의 여성형/(문법:대명사)조금	toca	두건/동사 tocar (만지다/연주하다)
pino	소나무	tino	적중/(식물)산수유나무
mapa	지도	mata	동사 matar(죽이다)
lapa	곰팡이 막	lata	깡통
aspa	X자형 모양/동사 aspar (X자형 모양으로 만들다)	asta	(무기)창
guapa	guapo(잘생긴)의 여성형	guata	(직물)무명

ejercicios de las consonantes[p]/[k]

peso	무게/(화폐 단위)뻬소/동사 pesar(무게가 나가다/ 무게를 달다)	queso	치즈
poso	침전물/동사 posar(묵다/쉬다)	coso	투우장/중앙대로/동사 coser(꿰매다)
paso	통행/동사 pasar (지나가다/지내다)	caso	경우/동사 casar(결혼시키다)
pasa	건포도/동사 pasar (지나가다/지내다)	casa	집/동사 casar(결혼시키다)
puente	교각	cuente	동사 contar(수를 세다/ 이야기하다)
apostar	(동사)내기를 걸다	acostar	동사(재우다)
pulpa	과육	culpa	잘못
puño	주먹/한줌	cuño	(화폐)각인/틀
puro	순수한	curo	동사 curar(치료하다)
puñado	한줌	cuñado	(가족)동서

ejercicios de las consonantes[b]/[m]

alba	여명	alma	영혼
vano	헛된	mano	손/동사 manar(뿜어 나오다)
bar	바(간이 술집)	mar	바다
besa	동사 besar(입맞추다)	mesa	탁자
lobo	늑대	lomo	등짝/등심육
borro	새끼 양/동사 borrar(지우다)	morro	둥근 것
vuela	동사 volar(날다)	muela	맷돌/어금니/ 동사 moler(맷돌로 빻다)
bota	부츠/동사 botar(내던지다)	mota	(직물)매듭/작은 흠/ 작은 언덕/짧은 곱슬머리
bulo	낭설	mulo	노새
vil	비천한	mil	(숫자)천

▶ 'mil' 숫자는 단음절이라도 강세가 온다.

ejercicios de las consonantes[b]/[f]

brío	씩씩함	frío	추위
vino	포도주/동사 venir(오다)	fino	섬세한/동사 finar(세상을 뜨다)
vibra	동사 vibrar(진동시키다)	fibra	섬유
veo	동사 ver(보다)	feo	못생긴
boca	(신체)입/입구	foca	물개
borro	새끼 양/동사 borrar(지우다)	forro	안감/동사 forrar(안감을 대다)
babor	(배)좌현	favor	호의
vaca	암소	faca	비수
brisa	미풍/동사 brisar(미풍이 불다)	frisa	울타리/보풀/동사 frisar (보풀을 일으키다)

ejercicios de las consonantes[b]/[d]

vía	길/경로		día	(날짜)날/낮
salvar	동사(구하다)		saldar	동사(결산하다)
cava	땅 일구기/동사 cavar (땅을 일구다)		cada	각각의
bono	배급권/채권		dono	동사 donar(기부하다)
vuelo	비행기/동사 volar(날다)		duelo	결투/동사 doler(아프다)
combado	동사 combar(뒤틀리게 하다)의 과거분사형		condado	백작의 지위/백작의 영토
calvo	대머리의/동사 calvar (속이다)		caldo	수프
estribor	(배)우현		estridor	귀를 찢는 듯한 소리
parva	parvo(적은)의 여성형/ 베어 널은 곡식 단		parda	pardo(황갈색의)의 여성형
torvo	무서운/혹독한		tordo	회색의/(새)개똥쥐바퀴

ejercicios de las consonantes[b]/[g]

libar	(동사)빨아 마시다/술을 마시다		ligar	(동사)연결시키다/제휴시키다
robar	(동사)훔치다		rogar	(동사)간청하다
bruta	bruto(난폭한)의 여성형		gruta	동굴
bala	총알		gala	(옷)정장
bula	납인/로마 귀족 자제들이 지니던 메달		gula	(식사)폭식
basta	(바느질)시침질/ 동사 bastar(충분하다)		gasta	동사 gastar(소비하다)
bata	가운		gata	암고양이
bota	부츠/동사 botar(내던지다)		gota	물 한 방울
alba	여명		alga	해초
voces	voz(소리)의 복수형		goces	goce(쾌락)의 복수형/ 동사 gozar(즐기다)

ejercicios de las consonantes[d]/[t]

soldado	군인	soltado	동사 soltar(풀어주다)의 과거분사형
domar	(동사)길들이다	tomar	동사(취하다)
boda	결혼/결혼식	bota	부츠/동사 botar(내던지다)
codo	팔꿈치	coto	경계/경계석
condado	백작의 지위/백작의 영토	contado	븐할/동사 contar(계산하다/이야기하다)의 과거분사형
tiendo	동사 tender(넓히다)	tiento	손으로 더듬거리기/동사 tentar(더듬거려 찾다)
saldar	동사(결산하다)	saltar	(동사)껑충 뛰다
rada	(해양)만	rata	큰 쥐/암쥐
soldar	(동사)용접하다	soltar	(동사)풀어주다
seda	(직물)비단	seta	버섯
tienda	가게	tienta	시도/동사 tentar(더듬거려 찾다)

ejercicios de las consonantes[d]/[θ]

cada	각각의	caza	사냥/동사 cazar(사냥하다)
lado	측면	lazo	오랏줄/동사 lazar(오랏줄로 붙잡다)
rada	(해양)만	raza	종족
cordel	끈	corcel	준마
modo	방법	mozo	젊은/젊은 남자/남자 종업원
Breda	스페인 Girona 지방 도시 이름	Breza	슬로바키아 도시 이름
caldo	수프	calzo	쐐기/동사 calzar(신발을 신기다)
deja	배어 낸 나머지/동사 dejar(놓아두다/버리다)	ceja	눈썹/동사 cejar(후퇴하다)
moda	유행/스타일	moza	mozo(젊은)의 여성형/젊은 여자/여자 종업원
dedo	손가락	cedo	곧장/동사 ceder(양보하다)
dar	동사(주다)	zar	러시아의 황제

ejercicios de las consonantes[d]/[g]

día	(날짜)날/낮	guía	안내/안내자
toda	todo(모든)의 여성형	toga	긴 도포
dama	숙녀	gama	암사슴
vado	여울/방책	vago	막연한/동사 vagar(떠돌다)
rueda	바퀴	ruega	동사 rogar(간청하다)
dato	자료/동사 datar(날짜를 기입하다)	gato	고양이
doma	야생마 길들이기/ 동사 domar(길들이다)	goma	고무
doce	(숫자)12	goce	쾌락/동사 gozar(즐기다)
boda	결혼/결혼식	boga	유행/노젓기/ 동사 bogar (노를 젓다)
veda	(경전)베다/금지/동사 vedar(금지하다)	vega	광야
lado	측면	lago	호수

ejercicios de las consonantes[t]/[k]

torre	탑	corre	동사 correr(달리다)
toser	동사(기침하다)	coser	동사(꿰매다)
tarro	유리 단지	carro	차량/수레
tal	그러한	cal	석회
tasar	동사(값을 매기다)	casar	부락/동사(결혼시키다)
tanto	그만큼의	canto	가장자리/노래/ 동사 cantar(노래하다)
tardar	동사(늦어지다)	cardar	동사((양털 등을)빗질하다)
taza	찻잔	caza	사냥/동사 cazar(사냥하다)
rota	등나무/roto(깨진)의 여성형	roca	바위
tuna	선인장/대학생 노래동아리	cuna	요람

ejercicios de las consonantes[t]/[θ]

teja	기와	ceja	눈썹/동사 cejar(후퇴하다)
tierra	땅/흙/지구	cierra	동사 cerrar(닫다)
rata	큰 쥐/암쥐	raza	종족
catar	(동사)독이 있나 먹어보다	cazar	(동사)사냥하다
tinta	잉크	cinta	끈/테이프
moto	경계석/f.오토바이	mozo	젊은/젊은 남자/남자 종업원
terca	terco(완고한)의 여성형	cerca	담장/가까이
enterrar	(동사)매장하다	encerrar	(동사)매장하다
tiento	손으로 더듬거리기/ 동사 tentar(더듬거려 찾다)	ciento	(숫자)100
tierno	연한	cierno	동사 cerner(체로 치다)

ejercicios de las consonantes[k]/[g]

casa	집/동사 casar(결혼시키다)	gasa	실/거어즈
coma	쉼표/동사 comer(먹다)	goma	고무
vaca	암소	vaga	vago(막연한)의 여성형/ 동사 vagar(떠돌다)
toca	두건/동사 tocar (만지다/연주하다)	toga	긴 도포
cana	백발	gana	의욕/동사 ganar(벌다)
quita	공제금/동사 quitar(제거하다)	guita	삼실/동사 guitar(삼실로 꿰매다)
cota	갑옷/분담금/회비	gota	물 한 방울
corro	군중/동사 correr(달리다)	gorro	두건/테도 챙도 없는 모자
coloso	거상/거물	goloso	단 것을 즐기는(사람)
caucho	고무	gaucho	갈고리/목동

ejercicios de las consonantes[k]/[x]

r**o**ca	바위	r**o**ja	rojo(붉은)의 여성형
saca**r**	동사(꺼내다)	saja**r**	동사(끊어내다)
c**o**co	야자/야자나무	c**o**jo	절름발이의/남자 절름발이
v**a**ca	암소	b**a**ja	하락/bajo(낮은)의 여성형/ 동사 bajar(내려가다)
f**a**ca	비수	f**a**ja	띠/동사 fajar(띠를 두르다)
c**o**ca	코카	c**o**ja	(속어)창녀/ cojo(절름발이의)의 여성형/ 여자 절름발이/동사 coger(잡다)
s**a**co	자루/동사 sacar(꺼내다)	s**a**jo	동사 sajar(끊어내다)
c**a**rro	차량/수레	j**a**rro	(그릇)단지
qu**e**ma	태우는 일/동사 quemar (태우다)	g**e**ma	보석
P**a**ca	여자 이름 Francisca의 애칭	p**a**ja	짚

ejercicios de las consonantes[g]/[x]

g**o**ta	물 한 방울	j**o**ta	문자 j의 명칭/(춤,노래)호따
v**a**go	막연한/동사 vagar(떠돌다)	b**a**jo	낮은/아래로/동사 bajar (내려가다)
h**i**go	무화과(열매)	h**i**jo	아들
h**a**go	동사 hacer(만들다)	**a**jo	마늘
p**a**ga	지불/동사 pagar(지불하다)	p**a**ja	지푸라기
l**i**ga	연결 끈/동사 ligar (연결하다/묶다)	l**i**ja	뿔상어/사포/동사 lijar (사포질하다)
v**e**ga	광야	v**e**ja	동사 vejar(박해하다)
d**i**go	동사 decir(말하다)	d**i**jo	동사 decir(말하다)
m**a**go	(종교)마니교의/동방박사	m**a**jo	멋진
l**e**gos	lego(속된)의 복수형	l**e**jos	먼

ejercicios de las consonantes[f]/[θ]

café	커피/커피숍	cacé	동사 cazar(수렵하다)
forro	안감대기/동사 forrar(안감을 대다)	zorro	여우의 수컷
rifar	동사(제비를 뽑다)	rizar	(동사)퍼머를 하다
afeite	동사 afeitar(면도하다)	aceite	기름
mofa	야유/동사 mofar(야유하다)	moza	mozo(젊은)의 여성형/ 젊은 여자/여자 종업원
alfar	도기공장	alzar	(동사)올리다
Febo	태양/태양의 신(Apolo)	cebo	사료/동사 cebar(먹이를 주다)
bufón	익살맞은/어릿광대	buzón	우체통
fina	fino(정교한)의 여성형/ 동사 finar(세상을 뜨다)	cina	화분과의 식물 이름
foco	초점	zoco	왼손잡이의/남자 왼손잡이

ejercicios de las consonantes[f]/[s]

fiesta	축제/축일	siesta	낮잠
infecto	오염된/ 동사 infectar(오염·전염시키다)	insecto	곤충
gafas	안경	gasas	gasa(실/거어즈)의 복수형
feria	장/장날	seria	serio(진지한)의 여성형
fofo	속이 덜 찬	soso	싱거운
faca	비수	saca	꺼내는 일/동사 sacar (꺼내다)
fea	feo(못생긴)의 여성형	sea	동사 ser(-이다)
fuerte	강한	suerte	운명/행운
café	커피/커피숍	casé	동사 casar(결혼시키다)

ejercicios de las consonantes[f]/[x]

mofa	야유/동사 mofar(야유하다)	moja	동사 mojar(적시다)
fusta	채찍	justa	justo(공정한/정확한)의 여성형
farra	연어의 일종	jarra	(그릇)단지
faca	비수	jaca	조랑말
rifa	제비뽑기/동사 rifar(제비를 뽑다)	rija	(의학)누선루/소동
fuego	불	juego	놀이/동사 jugar(놀다)

ejercicios de las consonantes[θ]/[s]

cocer	동사(삶다)	coser	(동사)꿰매다
caza	수렵/동사 cazar(수렵하다)	casa	집/동사 casar(결혼시키다)
cegar	동사(눈이 멀다/눈을 멀게 하다)	segar	동사(베다)
cerrar	동사(닫다)	serrar	동사(톱질하다)
cazo	나무 국자/동사 cazar (수렵하다)	caso	경우/동사 casar(결혼시키다)
cocido	마드리드식 전골/ 동사 cocer (삶다)의 과거분사형	cosido	동사 coser(꿰매다)의 과거분사형
ciega	ciego(눈이 먼/장님)의 여성형/여자 장님/ 동사 cegar(눈이 멀다/눈을 멀게 하다)	siega	추수/동사 segar(베다)
bazo	노란 갈색/비장	vaso	물잔
haz	얼굴/표면	as	고대 로마의 동전/주사위 패의 하나
maza	망치창/동사 mazar(버터를 만들기 위해 우유부대를 두들기다)	masa	집단/반죽덩이

ejercicios de las consonantes[θ]/[x]

caza	수렵/동사 cazar(수렵하다)	caja	상자/금고
mazo	큰 망치	majo	멋진
cocer	동사(삶다)	coger	(동사)잡다
raza	종족	raja	균열/동사 rajar(쪼개다)
mozo	젊은/젊은 남자/남자 종업원	mojo	수프/동사 mojar(적시다)
liza	숭어/시합장	lija	뿔상어/사포/ 동사 lijar (사포질하다)
reza	동사 rezar(기도하다)	reja	창살
rozo	풀을 벤 터/동사 rozar(풀을 베다)	rojo	붉은
baza	카드 놀이에서 승자가 갖는 카드 수/bazo(누런 갈색)의 여성형	baja	하락/bajo(낮은)의 여성형/ 동사 bajar(내려가다)
azar	우연	ajar	마늘밭/동사(함부로 다루다)

ejercicios de las consonantes[s]/[x]

coser	동사(꿰매다)	coger	동사(잡다)
casa	집/동사 casar(결혼시키다)	caja	상자/금고
masa	집단/반죽덩이	maja	majo(멋진)의 여성형
vaso	물잔	bajo	낮은/아래로/동사 bajar (내려가다)
oso	곰	ojo	(신체)눈
aso	동사 asar(굽다)	ajo	마늘
cesa	동사 cesar(그만 두다)	ceja	눈썹/동사 cejar(후퇴하다)
puso	동사 poner(놓다)	pujo	오줌소태
cosa	일/물건/동사 coser(꿰매다)	coja	(속어)창녀/ cojo(절름발이의)의 여성형/ 여자 절름발이
saco	자루/동사 sacar(꺼내다)	jaco	비쩍 마른 말

ejercicios de las consonantes[s]/[c]

oso	곰	ocho	(숫자)8/ 동사 ochar (노리다/부추기다)
viso	윤기/동사 visar(사증하다)	bicho	벌레
asa	손잡이	hacha	도끼/동사 hachar(도끼로 치다)
peso	무게/(화폐 단위)뻬소/ 동사 pesar (무게가 나가다)	pecho	가슴/세금/ 동사 pechar(세금을 납부하다)
rasa	잘못 짜진 피륙/평평한 땅/ 동사 rasar (땅을 평평하게 하다/ 스치다)	racha	돌풍/ 동사 rachar(세로로 자르다)
caso	경우/동사 casar(결혼시키다)	cacho	밑으로 향한/ 부스러기/ 카드놀이의 일종 / (물고기) 노랑촉수/ 동물의 뿔/ 동사 cachar (나무를 결대로 조개다/ 뿔로 받다/공 등을 받다)
casas	casa(집)의 복수형/ 동사 casar (결혼시키다)	cachas	cacho(밑으로 향한)의 여성 복수형/ 동사 cachar(나무를 결대로 조개다/ 뿔로 받다/공 등을 받다)
sal	소금	chal	쇼올
gasas	gasa(실/거어즈)의 복수형	gachas	gacha(죽)의 복수형/우유 죽

ejercicios de las consonantes[ʝ]/[c]

mayo	5월	macho	수컷/수컷의
leyes	ley(법)의 복수형	leches	leche(우유/백합과 식물)의 복수형/동사 lechar(젖을 짜다)
haya	너도밤나무/동사 haber (-에 있다)	hacha	도끼/동사 hachar(도끼로 치다)
raya	(물고기)가오리/선/동사 rayar(선을 긋다)	racha	돌풍/동사 rachar(세로로 자르다)
hoyo	hoya(구멍)보다 작은 구멍/곰보/동사 hoyar (구멍을 파다)	ocho	(숫자)8/동사 ochar(노리다/ 부추기다)
sayo	가운/작업복	sacho	제초기/동사 sachar (제초하다)
poyo	입구나 현관 벽에 붙어 있는 벤치	pocho	퇴색한/썩은/땅딸막한

ejercicios de las consonantes[ʝ]/[ɲ]

cayada	목동의 지팡이	cañada	골짜기/목축의 이동 경로
ayo	양육/양육자	año	(시간)년/해
maya	(식물)데이지/마야족	maña	솜씨/술책
saya	치마/두루마기	saña	원한을 품은 분노
huya	동사 huir(도망치다)	uña	손톱/발톱/동사 uñir(멍에에 매다)
bayo	누르스름한/누에나방	baño	목욕/동사 bañar(적시다)
cuyo	(문법:관계형용사) -의	cuño	(화폐)각인/틀

▶ 'el cual'과 'los cuales'를 제외한 모든 관계사에는 강세가 오지 않는다.

ejercicios de las consonantes[ʝ]/[ʎ]

hoya	구멍/동사 hoyar(구멍을 파다)	olla	냄비
poyo	입구나 현관 벽에 붙어 있는 벤치	pollo	병아리
rayar	(동사)선을 긋다	rallar	(동사)강판에 갈다
maya	(식물)데이지/마야족	malla	그물이나 뜨개질의 코/ 동사 mallar(그물에 걸리다)
haya	너도밤나무/동사 haber(-에 있다)	halla	동사 hallar(찾아내다)
gayo	경쾌한/동사 gayar(줄무늬를 만들다)	gallo	수탉
huya	동사 huir(도망치다)	hulla	석탄

ejercicios de las consonantes[c]/[p]

chapa	얇은 판자/삿갓조개/ 동사 chapar (얇은 판을 대다/ 도금하다)	papa	풍문/교황/감자
chico	작은/남자 어린이	pico	부리/뾰족한 끝/산봉우리/ 조금
choza	오두막	poza	웅덩이
chillar	(동사)찌익 소리가 나다	pillar	(동사)약탈하다
chino	중국의/중국인 남자/중국어	pino	깎아지른/소나무
choca	동사 chocar(부딪치다)	poca	poco(조금의)의 여성형/ (문법:대명사)조금
chata	chato(코가 납작한/코가 납작한 남자)의 여성형	pata	(동물)발

ejercicios de las consonantes[c]/[t]

pecho	가슴/세금/ 동사 pechar(세금을 납부하다)	peto	가슴받이/동사 petar(기쁘게 하다)
chapa	얇은 판자/삿갓조개/동사 chapar(얇은 판을 대다/ 도금하다)	tapa	덮개/안주/동사 tapar (덮개를 하다/은폐하다)
racha	돌풍/동사 rachar(세로로 자르다)	rata	큰 쥐/암쥐
corcho	코르크	corto	짧은/동사 cortar(자르다)
cacho	밑으로 향한/동사 cachar (나무를 결대로 쪼개다/뿔로 받다/공 등을 받다)	cato	(약)아카시아 추출액/ 볼리비아 등지에서의 농경지 단위/동사 catar(독이 있나 먹어 보다)
pincho	바늘/꼬챙이/동사 pinchar (찌르다)	pinto	얼룩의/동사 pintar(칠하다)
mocha	머리를 숙이는 절/ mocho(뿔이 없는)의 여성형/ 동사 mochar(박치기를 시키다)	mota	(직물)매듭/작은 흠/작은 언덕/ 짧은 곱슬머리

ejercicios de las consonantes[c]/[k]

choto	송아지/새끼 산양	coto	경계/경계석
pecho	가슴/세금/ 동사 pechar (세금을 납부하다)	peco	동사 pecar(죄를 짓다)
marcha	걷기/진행/행진곡/ 동사 marchar(가다/행진하다)	marca	표시/상표/동사 marcar (표시하다)
hecho	일/업적/ 동사 hacer(만들다)의 과거분사형	eco	반향/산울림
hacha	도끼/동사 hachar(도끼로 치다)	haca	조랑말
chepa	곱사등이의 등	quepa	동사 caber(들어 맞다/용량이 되다)
tacho	둥근 남비/ 동사 tachar(흠을 잡다/ 지우다)	taco	둥근 것/당구의 큐/욕/ (멕시코)옥수수 전병

ejercicios de las consonantes[c]/[ɲ]

hucha	궤/저금통	uña	손톱/발톱/동사 uñir(멍에에 매다)
cacho	밑으로 향한/동사 cachar (나무를 결대로 쪼개다/뿔로 받다/공 등을 받다)	caño	관/수로
lecho	잠을 자는 곳/층	leño	통나무/동사 leñar(나무하다)
pichón	새끼 비둘기/귀여운 남자 아이	piñón	솔방울/큰 톱니바퀴에 붙어 있는 작은 톱니바퀴
bicha	주술인들 사이에서 culebra(뱀)을 일컫는 말/건축에서 반인반수 모양	viña	포도밭
acecha	동사 acechar(관찰하다)	aceña	물레방아
tacho	둥근 남비/ 동사 tachar(흠을 잡다/ 지우다)	taño	가죽의 무두질에 쓰는 나무껍질/동사 tañer (연주하다)

ejercicios de las consonantes[m]/[n]

muevo	동사 mover(움직이다)	nuevo	새로운
loma	언덕	lona	천막/천막천
rama	(나무)가지	rana	개구리
cama	침대	cana	백발
como	-과 같은/-으로서/ (문법:관계부사) - 방법으로/ 대강/-까닭으로/동사 comer (먹다)	cono	솔방울/원추(형)
mamar	(동사)젖을 빨다	manar	(동사)뿜어 나오다
limo	진흙/동사 limar (금속을 닦아 윤이 나게 만들다)	lino	린넨
termo	보온병	terno	세 짝(으로 된 것)
timo	속임수/동사 timar(속이다)	tino	적중/(식물)산수유나무

▶ 'como'가 접속사나 관계부사로 쓰일 경우에는 강세가 오지 않는다.

ejercicios de las consonantes[m]/[ɲ]

cama	침대	caña	속이 빈 줄기/사탕수수/생맥주 잔/생맥주 한 잔/낚싯대/갱도
amo	주인/동사 amar(사랑하다)	año	(시간)년/해
lema	표어/논제	leña	장작
dama	숙녀	daña	동사 dañar(해치다)
rima	운율/동사 rimar (시를 짓다/ 운율을 맞추다)	riña	싸움/동사 reñir(싸우다)
tima	동사 timar(사취하다)	tiña	동사 teñir(물들이다)
lama	(종교)라마교/진흙	laña	꺾쇠/동사 lañar(꺾쇠로 잠그다)
mama	(동물)유방/동사 mamar(젖을 빨다)	maña	솜씨/술책
mimo	그리이스·로마의 풍자극/응석 받아주기/동사 mimar(응석을 받아주다)	Miño	스페인 Coruña 지방 도시 이름

ejercicios de las consonantes[n]/[ɲ]

sonar	(동사)소리나다	soñar	(동사)꿈꾸다
cana	백발	caña	속이 빈 줄기/ 사탕수수/ 생맥주 잔/ 생맥주 한 잔/ 낚싯대/갱도
pena	고통/동사 penar(벌하다)	peña	바위/모임
una	uno(하나의)의 여성형	uña	손톱/발톱/동사 uñir(멍에에 매다)
Sena	프랑스의 강 이름	seña	표시/낌새/신호
lino	린넨	liño	가로수
tino	적중/(식물)산수유나무	tiño	동사 teñir(물들이다)
sana	sano(건강한)의 여성형	saña	원한을 품은 분노
mono	귀여운/수컷 원숭이	moño	상투/(머리모양)쪽

ejercicios de las consonantes[ɲ]/[n+j]

Miño	스페인의 강 이름	minio	(광물)적연
huraño	대인 기피증의(사람)	uranio	천체의/우라늄
caña	속이 빈 줄기/ 사탕수수/ 생맥주잔/ 생맥주 한 잔/ 낚싯대/갱도	cania	쐐기풀
de moño	moño(상투/(머리모양)쪽)의	demonio	악마/빌어먹을!

ejercicios de las consonantes[ʎ]/[l]

pollo	병아리	polo	극(polo ártico:북극/polo antártico:남극)/폴로 경기
bello	bello(아름다운)의 여성형	velo	베일/동사 velar(밤샘을 하다)
malla	그물이나 뜨개질의 코/ 동사 mallar(그물에 걸리다)	mala	malo(나쁜)의 여성형
valla	담장/허들 경기/ 동사 vallar(담을 하다)	bala	총알
valle	계곡	vale	물품 인수증/지불어음/좋아!/ 동사 valer(가치가 있다)
callo	티눈/동사 callar(말을 않고 두다)	calo	동사 calar(물 등이 스며들다)
hallas	동사 hallar(찾아내다)	alas	ala(날개)의 복수형
talla	신장/조각/보석금/동사 tallar(조각하다/ 키를 재다)	tala	벌채/동사 talar(벌채하다)
rallo	강판/동사 rallar(강판에 갈다)	ralo	드문드문한

ejercicios de las consonantes[ʎ]/[r]

pella	둥글게 뭉쳐져 있는 것/돼지의 비계	pera	(과일)배/카이제르 수염
pollo	병아리	poro	모공
valla	담장/허들 경기/동사 vallar(담을 하다)	vara	회초리/권위/길이의 단위 (835.9mm)/동사 varar(좌초하다)
halla	동사 hallar(찾아내다)	ara	제단/동사 arar(밭을 갈다)
milla	마일	mira	보는 일/망루/동사 mirar(보다)
olla	냄비	ora	(문법:접속사) -거나 -거나/ 동사 orar(연설하다/기도하다)
ralla	동사 rallar(강판에 갈다)	rara	작물에 해를 끼치는 남미산 새/ raro(드문)의 여성형
bollo	케이크 등 양과류	boro	붕소
callo	티눈/동사 callar(말을 않고 두다)	caro	비싼

▶ 'ora'가 접속사로 쓰일 경우에는 강세가 오지 않는다.

ejercicios de las consonantes [ʎ]/[r̄]

valla	담장/허들 경기/동사 vallar(담을 하다)	barra	작대기/악보의 소절 분선/ 방청인
milla	마일	mirra	(약)몰약
valle	계곡	barre	동사 barrer(쓸다)
callo	티눈/동사 callar(말을 않고 두다)	carro	차량/수레
hallas	동사 hallar(찾아내다)	arras	착수금
llama	불꽃/(동물)야마/동사 llamar(부르다)	rama	(나무)가지
llana	흙손/llano(판판한)의 여성형	rana	개구리
lluvia	(기상)비	rubia	(식물)꼭두서니/ rubio(금발의)의 여성형
bello	아름다운	berro	(식물)네덜란드 겨자

ejercicios de las consonantes[ʎ]/[ɲ]

pi**ll**a	pillo(교활한)의 여성형/ 동사 pillar(약탈하다)	pi**ñ**a	솔방울/파인애플
pe**ll**a	둥글게 뭉쳐져 있는 것/돼지의 비계	pe**ñ**a	바위/모임
ca**ll**a	동사 callar(말을 않고 두다)	ca**ñ**a	속이 빈 줄기/사탕수수/생맥주 잔/ 생맥주 한 잔/낚싯대/갱도
vi**ll**a	마을	vi**ñ**a	포도밭
ma**ll**a	그물이나 뜨개질의 코/ 동사 mallar(그물에 걸리다)	ma**ñ**a	솜씨/술책
hu**ll**a	석탄	u**ñ**a	손톱/발톱/동사 uñir(멍에에 매다)
ca**ll**o	티눈/동사 callar(말을 않고 두다)	ca**ñ**o	관/수로
ca**ll**ada	무언/callado(동사 callar(말을 않고 두다)의 과거분사형)의 여성형	ca**ñ**ada	골짜기/목축의 이동 경로
ha**ll**o	동사 hallar(찾아내다)	a**ñ**o	(시간)년/해

ejercicios de las consonantes[l]/[r]

polo	극(polo ártico:북극/ polo antártico:남극)/폴로 경기	poro	모공
pelo	머리카락	pero	그러나
celo	열심/질투	cero	(숫자)0
pala	삽	para	(전치사)위하여/ 동사 parar(정지하다)
ala	날개	ara	제단/동사 arar(밭을 갈다)
tila	참피나무(tilo)	tira	쪼가리/ 동사 tirar (던지다/당기다/쏘다)
toldo	천막	tordo	(새)개동지바퀴/회색의
tala	벌채/동사 talar(벌채하다)	tara	용기의 중량/ 동사 tarar (포장의 무게를 달다)
mulo	노새	muro	흙담/성벽
bala	총알	vara	회초리/권위/ 길이의 단위(835.9mm)/ 동사 varar(좌초하다)

- 'pero'는 접속사이므로 강세가 오지 않는다.
- 'para'가 전치사로 쓰인 경우 강세가 오지 않는다.

ejercicios de las consonantes[l]/[r̄]

pelo	머리카락	perro	고약한/개
calo	동사 calar(물 등이 스며들다)	carro	차량/수레
pala	삽	parra	포도 덩굴
alas	ala(날개)의 복수형	arras	착수금
óleo	기름	hórreo	곡창
celo	열심/질투	cerro	언덕
polo	극(polo ártico:북극/ polo antártico:남극)/폴로 경기	porro	파의 일종/어리석은
caleta	후미	carreta	달구지
cola	꼬리/순번을 기다리는 줄/아교/ 콜라나무/동사 colar(여과하다)	corra	동사 correr(달리다)
lavo	동사 lavar(씻다)	rabo	꼬리

ejercicios de las consonantes[r]/[r̄]

coro	합창(단)	corro	군중/동사 correr(달리다)
caro	비싼	carro	차량/수레
coral	합창의/산호	corral	가축 우리/노천극장
foro	중앙광장/법정	forro	안감 대기/동사 forrar(안감을 대다)
cero	(숫자)0	cerro	언덕
pera	(과일)배	perra	암캐/perro(고약한)의 여성형/ (속어)화폐
carera	carero(비싸게 파는 사람)의 여성형	carrera	경주/궤도/경력
ahora	지금	ahorra	동사 ahorrar (절약하다/저축하다)
careta	마스크/가면	carreta	달구지
mira	보는 일/망루/동사 mirar(보다)	mirra	(약)몰약

강세 연습 | ejecicios de los acentos

▶ 강세에 따라 뜻이 달라지므로 강세의 위치에 유의해야 한다.

término	종국/용어
termino	동사 terminar(나는 -을 끝낸다)
terminó	동사 terminar(당신/그/그녀는 -을 끝냈다)

célebre	유명한
celebre	동사 celebrar(접속법)
celebré	동사 celebrar(나는 -을 축하했다)

límite	경계/한계
limite	동사 limitar(접속법)
limité	동사 limitar(나는 -에 한계를 지었다)

depósito	공탁(금)/예금
deposito	동사 depositar(나는 -을 예금한다)
depositó	동사 depositar(당신/그/그녀는 -을 예금했다)

ánimo	활력/힘내!
animo	동사 animar(나는 -에 활력을 돋운다)
animó	동사 animar(당신/그/그녀는 -에 활력을 돋웠다)

hábito	승려복/습관
habito	동사 habitar(나는 -에 거주한다)
habitó	동사 habitar(당신/그/그녀는 -에 거주했다)

estímulo	자극/격려
estimulo	동사 estimular(나는 -을 자극한다)
estimuló	동사 estimular(당신/그/그녀는 -을 자극했다)

árbitro	중재자/심판
arbitro	동사 arbitrar(나는 -을 중재한다)
arbitró	동사 arbitrar(당신/그/그녀는 -을 중재했다)

libro	책
libró	동사 librar(당신/그/그녀는 -을 구해주었다)

llamo	동사 llamar(나는 -을 부른다)
llamó	동사 llamar(당신/그/그녀는 -을 불렀다)

vera	가장자리/곁
verá	동사 ver(당신/그/그녀는 -을 볼 것이다)

peso	무게
pesó	동사 pesar(당신/그/그녀는 -의 무게를 달았다)

calle	거리
callé	동사 callar(나는 -을 조용히 시켰다)

canto	노래/동사 cantar(나는 노래를 부른다)
cantó	동사 cantar(당신/그/그녀는 노래를 불렀다)

rezo	기도/동사 rezar(나는 -을 기도한다)
rezó	동사 rezar(당신/그/그녀는 -을 기도했다)

문형

módulos

문형 01

인칭대명사 주격/긍정문

나는 아나야, 너는?

Yo soy Ana, ¿y tú?

나는 마리아야.

Yo soy María.

얘는 호세야, 쟤는?

Él es José, ¿y él?

쟤는 호르헤야.

Él es Jorge.

동사 변화

3 ser(~이다)

인칭대명사 pronombre personal

인칭대명사는 인칭을 지칭하는 대명사로 주격(~는), 간접목적격(~에게), 직접목적격(~을), 소유격(~의), 전치사격(전치사와 함께 쓰일 때)이 있다.

인칭대명사 주격(nominativo)

● 인칭대명사 주격 (~은, ~는, ~이, ~가)

인칭 \ 수	단수	복수
1인칭	yo(나는)	nosotros(우리는) nosotras(여자들끼리만 있을 때)
2인칭	tú(너는) usted(당신은)	vosotros(너희는) vosotras(여자들끼리만 있을 때) ustedes(당신들은)
3인칭	él(그는) ella(그녀는)	ellos(그들은) ellas(그녀들은)

▶ 영어의 'I'와는 다르게 스페인어의 'yo'는 문장의 처음에 올 때만 대문자로 사용한다.

▶ 여자들끼리만 있을 때 'nosotras'(우리) 또는 'vosotras'(너희)를 사용한다.

▶ 'usted'(당신)과 'ustedes'(당신들)는 2인칭 존칭이다. 그러나 동사 변화 등, 모든 경우 3인칭에 준한다. 또한 우리나라처럼 존칭 사용이 일반적이지 않아, 특별히 공식적인 경우가 아니면 나이와 상관없이 주로 'tú'를 사용한다.

▶ 'usted'은 약자로 'Ud.' 또는 'Vd.'로, 'ustedes'는 'Uds.' 또는 'Vds.'로 사용한다.

▶ 중성대명사 주격은 'ello'(그것은)이다.

● 인칭대명사 주어 생략

스페인어에서는 동사가 인칭에 따라 다양하게 변화하므로 혼돈의 여지가 있거나 특별한 경우가 아니면 보통 인칭대명사 주어를 생략한다.

- **동사 'ser'(~이다)**

영어의 'be'동사에 해당하는 것으로 스페인어에는 두가지, 'ser'와 'estar'가 있다. 'ser'는 신분이나 존재를 나타내며, 'estar'는 상태를 나타낸다:

그녀는 낙천적이다.	Ella es alegre.
그녀는 기쁘다.	Ella está alegre.

- **접속사 'y'**

접속사는 문장이나 낱말을 이어주는 기능을 한다. 접속사 'y'는 '그리고'의 뜻이며, 'i'나 'hi'앞에서는 'e'로 쓴다. 그러나 첫문장이 'i'나 'hi'로 시작되면 'y'를 그냥 사용한다:

스페인과 중남미	España e Hispanoamérica
그리고 중남미는?	¿Y Hispanoamérica?

긍정문(oracion afirmativa)

스페인어에서 긍정문은 '주어 + 동사 + 목적보어'의 순이며 동사가 인칭에 따라 다양하게 변화하므로 혼돈의 여지가 있거나 특별한 경우가 아니면 보통 인칭대명사 주격를 생략한다. 그러나 주어가 생략된 표현과 '무인칭 구문'처럼 아예 주어가 없는 문장이 있다.

단어 vocabulario

yo	인칭대명사 주격(나는)	soy	동사 'ser'(~이다)
y	그리고(접속사)	tú	인칭대명사 주격(너는)
él	인칭대명사 주격(그는)		

연습문제 1 | ejercicios 1

1 그는 호세입니다.

그는 : Él

2 그녀는 마리아입니다.

그녀는 : Ella

3 그들은 호세와 하이메입니다.

그들은 : Ellos

4 그녀들은 까르멘과 아나입니다.

그녀들은 : Ellas

문형 02

인칭대명사 주격/의문문

네가 까르멘이니?

¿Eres Carmen?

응, 나야.

Sí, soy yo.

쟤가 아나니?

¿Es ella Ana?

아니, 쟤는 마르가리따야.

No, ella es Margarita.

동사 변화

3 ser(~이다)

의문문(oración interrogativa)

스페인어 의문문은 먼저 문장의 앞과 뒤에 의문부호(¿ ?)를 붙여야 하며, 어순은 '동사+주어+보어'이다. 이때 주어가 인칭대명사 주격이면 혼동의 여지가 없는 경우 주로 생략한다. 또한 대화체에서는 긍정문을 그대로 끝을 올려서 말하면 의문문으로 이해된다.

Sí, soy yo.

'나는 ~이다'라면 'yo soy ~'가 되나 본문에서는 그냥 '나야'라는 뜻이므로 'soy yo'가 된 것이다.

누구세요?	¿Quién es?	접니다.	Soy yo.

'nombre'(이름) 관련 다양한 표현

성	el apellido	이름	el nombre
세례명	el nombre de pila/el nombre de bautismo		
세례를 베풀다	bautizar	별명	el apodo
아돌포	Adolfo	알베르또	Alberto
안드레스	Andrés	까를로스	Carlos
에르네스또	Ernesto	휄리뻬	Felipe(Pepe)
프란시스코	Francisco(Paco)	이그나시오	Ignacio(Nacho)
하이메	Jaime	후안	Juan
호세	José	루이스	Luis
뻬드로	Pedro	까르멘	Carmen
마리아	María	이사벨	Isabel
후아나	Juana	롤라	Lola
로사	Rosa	떼레사	Teresa
남자~씨	señor(Sr.)	남자~씨들	señores(Srs.)
여자~씨	señora(Sra.)	여자~씨들	señoras(Sras.)

아가씨~씨	señorita(Srta.)	아가씨~씨들	señoritas(Srtas.)
남자~씨 경칭	don(D.)	여자~씨 경칭	doña(Da.)
남자의사/박사	doctor(Dr.)	여자의사/박사	doctora(Dra.)
대사나 대통령을 호칭할 때	Su Excelencia/Su Majestad		
교황성하	Su Santidad		
성인	los santos	성령	el Espíritu Santo
성삼위	la Santísima Trinidad		

단어 vocabulario

eres	동사 'ser'(~이다)	sí	긍정의 부사
soy	동사 'ser'(~이다)	yo	인칭대명사 주격(나는)
es	동사 'ser'(~이다)	ella	인칭대명사 주격(그녀는)
no	부정의 부사		

연습문제 2 | ejercicios 2

1 그는 호세입니까?

그는 : Él

예, 그는 호세입니다.

그는 : Él

2 그들은 호르헤와 마누엘입니까?

그들은 : Ellos

아니요, 그들은 호르헤와 하이메입니다.

그들은 : Ellos

인칭대명사 주격/부정문

너는 학생이니?

¿Eres estudiante?

아니, 나는 학생이 아니야.

No, no soy estudiante.

너는 학생이 아니니?

¿No eres estudiante?

응, 나는 학생이 아니야.

No, no soy estudiante.

동사 변화

3 ser(~이다)

직설법 현재(presente)

● 직설법 현재 규칙변화

	yo (나는)	tú (너는)	él(그는), ella(그녀는), usted (당신은)	nosotros (우리는)	vosotros (너희는)	ellos(그들은), ellas(그녀들은), ustedes (당신들은)
hablar(말하다)	hablo	hablas	habla	hablamos	habláis	hablan
comer(먹다)	como	comes	come	comemos	coméis	comen
vivir(살다)	vivo	vives	vive	vivimos	vivís	viven
hablarse	me hablo	te hablas	se habla	nos hablamos	os habláis	se hablan
comerse	me como	te comes	se come	nos comemos	os coméis	se comen
vivirse	me vivo	te vives	se vive	nos vivimos	os vivís	se viven

- 'nosotros'와 'vosotros'가 여자끼리만 있으면 'nosotras'와 'vosotras'로 사용할 수 있다.
- 'usted'과 'ustedes'는 인칭으로는 2인칭이나 동사 변화는 3인칭으로 한다.
- '-se'가 붙으면 다양한 뜻이 되므로 문장 내에서 살펴보아야 한다.

1) 현재의 사실을 표현할 때 사용한다.

나는 어느 강아지를 본다. Veo un perro.

2) 과거의 역사적 사실을 현재로도 표현한다.

콜럼버스는 신대륙을 발견하였다. Cristóbal Colón descubre el Nuevo Mundo.

3) 가까운 미래를 표현할 때 사용한다.

이번 주말에 무엇을 할거니? ¿Qué haces este fin de semana?

4) 'si'부사절에서는 미래를 현재로 표현한다.

내일 비가 내리면 나는 집에 있겠다. Si llueve mañana quedaré en casa.

부정문(oración negativa)

스페인어의 부정문은 부정어 'no'를 동사 앞에 놓아 만든다. 또한 묻는 말이 부정문인 경우 한국어 화자는 어려움을 겪는다. 그러나 말의 내용만 생각하여 긍정이면 'sí', 부정이면 'no'로 답하면 의외로 쉽다. 예문에서 '너는 학생이 아니니?'라는 질문에 대해 자기가 학생이면 'sí'로, 학생이 아니면 'no'로 답하면 된다. '너는 학생이니?'라는 질문에 대해서도 마찬가지로 자기가 학생이면 'sí'로, 학생이 아니면 'no'로 답하면 된다.

동사 'ser'(~이다) 관련 다양한 표현

당신은 어느 나라 사람입니까?	¿De dónde es usted?
치즈는 무엇으로 만듭니까?	¿De qué es el queso?
그는 좋은 사람입니다.	Es bueno.
나는 학생입니다.	Soy estudiante.
그럴 수 있습니다.	Puede ser.
뜻밖의 일이 일어나지 않는 한 오늘 오후에 오겠습니다.	Vendré esta tarde a no ser que ocurra algo imprevisto.
사실은	la verdad es que
저…	es que
어떻든	sea como sea
인간	el ser humano

단어 vocabulario

eres	동사 'ser'(이다)	estudiante	m. f. 학생

연습문제 3 | ejercicios 3

1 너는 식당 종업원이 아니니?

식당 종업원 : el camarero
la camarera

예, 저는 학생입니다.

학생 : el estudiante
la estudiante

2 당신은 가수가 아닙니까?

가수 : el cantante
la cantante

예, 저는 요리사입니다.

요리사 : el cocinero
la cocinera

문형 04

명사와 관사

공책 몇 권과 연필 몇 자루요.

Unos cuadernos y unos lápices, por favor.

볼펜은요?

¿Y los bolígrafos?

예, 그것도요.

Sí, también, por favor.

이게 다입니까?

¿Es todo?

동사 변화

3 ser(~이다)

관사 artículo

특정관사(artículo definido)

'특정한'의 뜻으로 사용한다:

el libro	책(남성 단수)	los libros	책들(남성 복수)
la casa	집(여성 단수)	las casas	집들(여성 복수)

▶ 뒤에 나오는 명사의 성과 수에 따라 변화를 한다.

불특정관사(artículo indefinido)

'어떤' 또는 '하나의'의 뜻으로 사용한다. 복수일 때는 '약간의'라는 뜻을 갖는다:

un libro	어떤/하나의 책(남성 단수)	unos libros	몇 권의 책(남성 복수)
una casa	어떤/하나의 집(여성 단수)	unas casas	몇 채의 집(여성 복수)

▶ 뒤에 나오는 명사의 성과 수에 따라 변화를 한다. 또한 불특정관사 'un'은 단음절이라도 강세를 갖는다.

어순

'관사+명사+형용사'의 순서가 일반적이다. 그러나 형용사의 경우는 명사의 앞과 뒤에 놓일 때 뜻이 달라지기도 하고 또 형용사가 여럿인 경우 명사의 앞뒤에 나누어 쓰기도 한다. 또한 관사와 형용사는 명사의 성과 수에 일치시킨다.

관사생략(omisión del artículo)

언어를 말하다, 배우다, 가르치다 등의 경우:

나는 스페인어를 말한다. Yo hablo español.

동사 'ser'의 보어로 신분을 뜻하는 경우:

나는 학생입니다. Yo soy estudiante.

➡ 그러나 보어가 수식이 되면 불특정관사를 사용한다:

나는 좋은 학생입니다. Yo soy un buen estudiante.

호칭일 때:

김 선생님(하고 부를 때)	Sr. Kim.

어떤 동사들은 주로 관사를 생략한다:

집에는 아이들이 있다.	Hay niños en casa.
나는 돈이 있다.	Tengo dinero.

물질명사는 대부분 관사를 생략한다:

나는 커피를 마신다.	Tomo café.

두 낱말이 합쳐져 합성어가 되는 경우, 뒤에 오는 낱말:

버터빵	el pan con mantequilla	비즈니스맨	el hombre de negocios

● por favor

'por'는 전치사로 '~에 의한, ~때문에, ~을 통하여'의 뜻을 나타내며 'favor'는 '호의'라는 뜻의 명사로 이 둘이 합쳐 '부탁합니다', 즉 영어의 'please'의 뜻을 표현한다.

● todo

'모든 것'이라는 뜻이며 문장 내에서 대명사, 형용사 또는 부사의 기능을 한다:

Tengo todo.(función pronominal)	나는 모두 가지고 있다.(대명사적 기능)
Estoy en casa todo el día.(función adjetival)	나는 하루종일 집에 있다.(형용사적 기능)
Tengo el pelo todo blanco.(función adverbial)	내 머리카락은 아주 희다.(부사적 기능)

단어 vocabulario

unos	불특정관사	cuadernos	m. el cuaderno 공책
lápices	m. el lápiz 연필	por	~때문에/~통하여(전치사)
favor	m. 호의	bolígrafos	m. el bolígrafo 볼펜
también	역시(부사)	todo	모든, 모두, 모든 것(불특정사)

연습문제 4 | ejercicios 4

1 책상 하나와 의자 하나요.

책상 : la mesa
의자 : la silla

2 소파는요?

소파 : el sofá

3 예, 그것도요.

그것도 : también

4 이게 다입니까?

다 : todo

명사와 형용사

까를로스는 요리사니?

¿Es Carlos cocinero?

그래, 훌륭한 요리사야.

Sí, es un buen cocinero.

떼레사는 가수니?

¿Es Teresa cantante?

그래, 유명한 가수야.

Sí, es una cantante famosa.

동사 변화

3 ser(~이다)

형용사 adjetivo

형용사의 위치(posición de adjetivos)

스페인어에서 형용사는 명사의 성과 수에 일치를 시켜야 하며 일반적으로 형용사는 명사의 뒤에 위치한다. 형용사의 여성형은 어미 '-o'를 '-a'로 바꾸어 준다:

el libro blanco	흰 책	los libros blancos	흰 책들
la casa blanca	흰 집	las casas blancas	흰 집들

형용사가 명사 앞에 놓이는 경우는 명사의 특질을 설명하게 된다:

la blanca nieve	흰 눈	la dulce miel	단 꿀

형용사의 위치에 따라 뜻이 다른 경우(sentido diferente según posición)

덩치가 큰 남자	el hombre grande	위대한 남자	el gran hombre
가난한 여자	la mujer pobre	불쌍한 여자	la pobre mujer
확실한 소식	una noticia cierta	어떤 소식	una cierta noticia

명사 sustantivo

명사의 성과 수(número y género del sustantivo)

스페인어의 명사는 남성과 여성이 있고 그에 따른 단수와 복수가 있다. 또한 '관사+명사+형용사'의 구조가 기본이며 관사와 형용사는 명사의 성과 수에 일치시킨다. 그러므로 명사를 외울 때는 관사와 함께 외우는 것이 바람직하다. 일반적으로 모음 '-o'로 끝나는 남성 명사는 어미 '-o'를 '어미 '-a'로 바꾸어 여성 명사를 만들며, 복수는 일반적으로 모음으로 끝나면 '-s'를, 자음으로 끝나면 '-es'를 붙여 만드나 항상 예외가 있으므로 명사의 성과 수도 그때그때 외우는 것이 바람직하다. 또한 남성과 여성이 같거나 단수와 복수가 같은 경우도 있고 남성일 때와 여성일 때 뜻이 달라지는 명사도 있다. 'a-'나 'ha-'로 시작하는 여성 명사가 그 'a-'나 'ha-'위에 강세가 오면 단수에서 남성 관사를 사용한다. 이는 같은 모음이 연접하여 하나의 낱말로 오인하는 것을 막기 위한 것이다. 예를 들어 'agua'(물)은 여성 명사이나 단수에서 'el agua'가 된다.

'성에 따라 뜻이 다른 명사'(sentido diferente según género)

절단면	el corte	궁전	la corte
혜성	el cometa	연	la cometa
귀고리	el pendiente	경사면	la pendiente
물고기	el pez	송진	la pez
사설	el editorial	출판사	la editorial
안내 책자	el guía	안내	la guía
통지서	el parte	부분	la parte
혼수상태	el coma	쉼표	la coma
아첨꾼	el pelota	공	la pelota
정면	el frente	이마	la frente
더위	el calor	열정	la calor
콜레라	el cólera	분노	la cólera
자본	el capital	수도	la capital
질서	el orden	명령	la orden
가장자리	el margen	물가	la margen
성직자	el cura	치료	la cura
선거권자	el vocal	모음	la vocal
망나니	el calavera	두개골	la calavera
군인	el soldado	병사의 급료	la soldada

:: 불규칙한 명사의 성과 수(género y número irregulares)

명사	단수	복수
소파	el sofá	los sofás
나무	el árbol	los árboles
청년(여)	el joven	los jóvenes
청년(남)	la joven	las jóvenes
번	la vez	las veces
수집	la colección	las colecciones
연필	el lápiz	los lápices
성격/특징/글자체	el carácter	los caracteres
안달루시아 남자	el andaluz	los andaluces
성배	el cáliz	los cálices
목소리	la voz	las voces
십자가	la cruz	las cruces
루비	el rubí	los rubíes
멧돼지	el jabalí	los jabalíes
물	el agua	las aguas
독수리	el águila	las águilas
도끼	el hacha	las hachas
제도	el régimen	los regímenes
월요일	el lunes	los lunes
화요일	el martes	los martes
수요일	el miércoles	los miércoles
목요일	el jueves	los jueves
금요일	el viernes	los viernes
위기	la crisis	las crisis
논문	la tesis	las tesis
우산	el paraguas	los paraguas
생일	el cumpleaños	los cumpleaños

명사	남성	여성
왕	el rey	la reina
시인	el poeta	la poetisa
왕자	el príncipe	la princesa
배우	el actor	la actriz
황제	el emperador	la emperatriz
말	el caballo	la yegua
소	el toro	la vaca
닭	el gallo	la gallina

단수와 복수가 동형인 명사(único número)

명사	단·복수
안경	las gafas/los anteojos
바지	los pantalones
가위	las tijeras
식료품	los víveres
집게	las tenazas
몸가짐	los modales
교외	los alrededores/las afueras
어둠	las tinieblas
몸쑤심	las agujetas
간지럼	las cosquillas
도구류	los enseres
질투	los celos
기도	las preces
*김씨댁	los Kim
*마르띠네스씨댁	los Martínez

단어 vocabulario

cocinero m. 요리사

cantante m. f. 가수

연습문제 5 | ejercicios 5

1 당신은 의사입니까?

의사 : el médico
la médica

예, 저는 좋은 의사입니다.

좋은 : bueno(buen : 남성 단수 명사 앞에서)

2 너는 식당 종업원이니?

식당 종업원 : el camarero
la camarera

아니요, 저는 학생입니다.

학생 : el estudiante
la estudiante

문형 06

국명과 형용사

너는 스페인 사람이니?

¿Eres de España?

응, 스페인 사람이야.

Sí, soy española.

당신들은 이태리 사람들입니까?

¿Son ustedes italianos?

아니요, 우리는 프랑스 사람들입니다.

No, somos franceses.

동사 변화

3 ser(~이다)

∷ 국명과 그 형용사형(nombre del país y su adjetivo)

국명 형용사는 해당언어 또는 해당국 사람을 표현한다. 그 형용사형의 어미가 모음 '-o'로 끝나면 여성형은 모음 '-o'를 모음 '-a'로 바꾸고, 그 형용사형의 어미가 자음으로 끝나면 여성형은 모음 '-a'를 덧붙인다. 국명형용사의 복수는 자음으로 끝나면 '-es'를, 모음으로 끝나면 '-s'를 붙여 만든다.

• '스페인어 사용국명과 그 형용사형'(país) 관련 다양한 표현

한국어명	스페인어명	형용사형
아르헨티나	Argentina	argentino
볼리비아	Bolivia	boliviano
콜롬비아	Colombia	colombiano
코스타리카	Costa Rica	costarricense
쿠바	Cuba	cubano
칠레	Chile	chileno
에콰도르	Ecuador	ecuatoriano
엘살바도르	El Salvador	salvadoreño
스페인	España	español
과테말라	Guatemala	guatemalteco
온두라스	Honduras	hondureño
멕시코	México	mexicano
니카라과	Nicaragua	nicaragüense
파나마	Panamá	panameño
파라과이	Paraguay	paraguayo
페루	Perú	peruano
도미니카공화국	República Dominicana	dominicano
우루과이	Uruguay	uruguayo
베네수엘라	Venezuela	venezolano
적도 기니	Guinea Ecuatorial	guineano
•푸에르토리코	Puerto Rico	portorriqueño
•안도라	Andorra	andorrano

• 푸에르토리코와 안도라는 스페인어를 공용어로 사용한다. 필리핀 Filipinas, 오스트레일리아 Australia, 모로코 Marruecos, 트리니다드 토바고 Trinidad y Tobago, 벨리스 Belice, 아이티 Haití, 이스라엘 Israel, 서사하라, 발칸제국, 미국 남서부 일대에서 부분적으로 사용한다.

한국어명	스페인어명	형용사형
한국	Corea	coreano
미국	los Estados Unidos	estadounidense
일본	Japón	japonés
중국	China	chino
영국	Gran Bretaña	británico
브라질	Brasil	brasileño
캐나다	Canadá	canadiense
오스트레일리아	Australia	australiano
프랑스	Francia	francés
오스트리아	Austria	austriaco
러시아	Rusia	ruso
독일	Alemania	alemán
이탈리아	Italia	italiano
이스라엘	Israel	israelí
스웨덴	Suecia	sueco
스위스	Suiza	suizo
베트남(남녀공통)	Vietnam	vietnamita

• 한국의 공식명칭은 'la República de Corea'이며, 남한은 'Corea del Sur', 북한은 'Corea del Norte'라고 한다.

• israelí 남·녀 공통이며 복수는 israelíes이다.

단어 vocabulario

de ~의 ~부터(전치사)

연습문제 6 | ejercicios 6

1 그녀는 스페인 사람입니까?

스페인 사람(여자) : española

예, 그녀는 스페인 사람입니다.

스페인 사람(여자) : española

2 당신들은 아르헨티나 사람들입니까?

아르헨티나 사람들 : argentinos

아니요, 우리는 칠레 사람들입니다.

칠레 사람들 : chilenos

의문사 'qué'/직업

너는 직업이 뭐니?

¿Qué eres?

간호사야.

Soy enfermera.

쟤는 직업이 뭐니?

¿Qué es ella?

쟤도 간호사야.

Ella es enfermera también.

동사 변화

3 ser(~이다)

● 'profesión'(직업) 관련 다양한 표현

	남성 단수	남성 복수	여성 단수	여성 복수
간호사	el enfermero	los enfermeros	la enfermera	las enfermeras
감독	el director	los directores	la directora	las directoras
검사	el fiscal	los fiscales	la fiscal	las fiscales
검사원	el inspector	los inspectores	la inspectora	las inspectoras
경찰	el policía	los policías	la policía	las policías
관리자	el administrador	los administradores	la administradora	las administradoras
광부	el minero	los mineros	la minera	las mineras
교수	el profesor	los profesores	la profesora	las profesoras
근로자	el empleado	los empleados	la empleada	las empleadas
기자	el periodista	los periodistas	la periodista	las periodistas
농부	el agricultor	los agricultores	la agricultora	las agricultoras
디자이너	el modisto	los modistos	la modista	las modistas
모델	el modelo	los modelos	la modelo	las modelos
목수	el carpintero	los carpinteros	la carpintera	las carpinteras
미용사	el peluquero	los peluqueros	la peluquera	las peluqueras
변호사	el abogado	los abogados	la abogada	las abogadas
보조원	el ayudante	los ayudantes	la ayudanta	las ayudantas
종업원	el mozo	los mozos	la moza	las mozas
선생	el maestro	los maestros	la maestra	las maestras
어부	el pesquero	los pesqueros	la pesquera	las pesqueras
생선 장수	el pescadero	los pescaderos	la pescadera	las pescaderas
요리사	el cocinero	los cocineros	la cocinera	las cocineras

	남성 단수	남성 복수	여성 단수	여성 복수
음악가	el músico	los músicos	la música	las músicas
의사	el médico	los médicos	la médica	las médicas
의장, 대통령	el presidente	los presidentes	la presidenta	las presidentas
장관	el ministro	los ministros	la ministra	las ministras
점원	el dependiente	los dependientes	la dependienta	las dependientas
조종사	el piloto	los pilotos	la piloto	las pilotos
체육인	el deportista	los deportistas	la deportista	las deportistas
판사	el juez	los jueces	la jueza	las juezas
학생	el estudiante	los estudiantes	la estudiante	las estudiantes
화가	el pintor	los pintores	la pintora	las pintoras

의문사 interrogativo

의문사(interrogativo-qué)

의문사 'qué'는 문장 내에서 의문대명사 또는 의문형용사로 기능한다. 의문형용사인 경우는 그 뒤에 명사가 나오나 그 명사의 성과 수에 상관없이 한 가지 형태의 'qué'를 사용한다. '무엇' 또는 '무슨'의 뜻을 갖는다.

단어 vocabulario

qué	무슨, 무엇(의문사)	enfermera	f. 간호사

연습문제 7 | ejercicios 7

1 당신의 직업은 무엇입니까?

무엇 : Qué

교사입니다.

교사 : el maestro
la maestra

2 당신은 비서입니까?

비서 : el secretario
la secretaria

아니요, 나는 여사장입니다.

여사장 : la presidenta

문형 08

의문사 'qué'/지시사 중성형

이것은 무엇입니까?

¿Qué es esto?

그것은 책입니다.

Eso es un libro.

그것은 무엇입니까?

¿Qué es eso?

이것은 컴퓨터입니다.

Esto es un ordenador.

동사 변화

3 ser(~이다)

의문사(interrogativo-qué)

의문사 'qué'는 문장 내에서 의문대명사 또는 의문형용사로 기능한다. 의문형용사인 경우는 그 뒤에 명사가 나오나 그 명사의 성과 수에 상관없이 한 가지 형태의 'qué'를 사용한다. '무엇' 또는 '무슨'의 뜻을 갖는다.

지시사 중성형(demostrativo-neutro)

명사의 성과 수에 상관없이 사용하는 지시사 중성형은 화자에게서 가까운 것부터 'esto'(이것), 'eso'(그것) 그리고 'aquello'(저것)가 있다.

'libro'(책) 관련 다양한 표현

연습장	el cuaderno de ejercicios	책	el libro
볼펜	el bolígrafo	펜	la pluma
만년필	la pluma fuente /la pluma estilográfica		
책상	el escritorio	서재	el despacho
소설	la novela	소설가	el novelista/la novelista
시	el poema/la poesía	시인	el poeta/la poetisa
문학	la literatura	산문	la prosa
운문	el verso	운율	el ritmo
작품	la obra	권	el tomo/el volumen
견본	el ejemplar	교재	el texto
내용	el contenido	포켓북	el vademécum

● 'computadora'(컴퓨터) 관련 다양한 표현

컴퓨터	la computadora	프린터	la impresora
모니터	el monitor	화면	la pantalla
자판	el teclado	마우스	el ratón
스캐너	el escáner	디스켓	el disquete
키	la tecla	CD writer	la grabadora
CD를 굽다	quemar el CD	MP3 플레이어	el reproductor de MP3
콘센트	el enchufe	스위치	el interruptor
노트북	el laptop/el ordenador portátil/la computadora portátil		
메가바이트	el megabite	헤르츠	el hertzio
테라바이트	el terabite		
사운드카드	la tarjeta de sonido	충전지	la batería recargable
자동화	la automatización		

단어 vocabulario

esto	이것(지시사)	eso	그것(지시사)
libro	m. 책	ordenador	m. 컴퓨터

연습문제 8 | ejercicios 8

1 그것은 무엇입니까?

그것 : eso

이것은 볼펜입니다.

이것 : Esto

볼펜 : el bolígrafo

2 저것은 무엇입니까?

저것 : aquello

저것은 테이블입니다.

저것 : Aquello

테이블 : la mesa

의문사 'qué'/요일

오늘은 무슨 요일입니까?

¿Qué día es hoy?

오늘은 수요일입니다.

Hoy es miércoles.

내일은 무슨 요일입니까?

¿Qué día es mañana?

내일은 목요일입니다.

Mañana es jueves.

동사 변화

3 ser(~이다)

의문사(interrogativo-qué)

의문사 'qué'는 문장 내에서 의문대명사 또는 의문형용사로 기능한다. 의문형용사인 경우는 그 뒤에 명사가 나오나 그 명사의 성과 수에 상관없이 한 가지 형태의 'qué'를 사용한다. '무엇' 또는 '무슨'의 뜻을 갖는다.

'día de la semana'(요일) 관련 다양한 표현

일요일	el domingo/los domingos
월요일	el lunes/los lunes
화요일	el martes/los martes
수요일	el miércoles/los miércoles
목요일	el jueves/los jueves
금요일	el viernes/los viernes
토요일	el sábado/los sábados

➡ 요일을 복수로 사용하면 '늘 그 요일에는'이란 뜻을 표현한다.

'adverbio'(자주 쓰는 부사) 관련 다양한 표현 1

오늘	hoy	내일	mañana
모레	pasado mañana	어제	ayer
오늘밤	esta noche	어젯밤	anoche
오전에	por la mañana	오후에	por la tarde
밤에	por la noche	올해	este año
내년	el próximo año/el año próximo/el año que viene/el año entrante		
작년	el año pasado	지금	ahora
후에	luego/después	전에	antes

항상	siempre	늘	constantemente
계속	continuamente		
자주	frecuentemente/muchas veces/a menudo		
여러 차례	varias veces	반복적으로	repetidamente
가끔	de vez en cuando/a veces/algunas veces		
일주일에 한 번	una vez a la semana		
매주	cada semana	하루 건너	cada dos días

● 'mañana'와 'tarde'

'mañana'와 'tarde'는 명사와 부사로 사용되므로 명사로 쓰일 경우는 관사를 붙이게 된다:

내일 오전에	mañana en la mañana/mañana por la mañana
늦게	tarde
오후에	en la tarde/por la tarde

단어 vocabulario

día	m. 날	hoy	오늘(부사)
miércoles	m. 수요일	mañana	내일(부사)
jueves	m. 목요일		

연습문제 9 | ejercicios 9

1 오늘은 무슨 요일입니까?

오늘 : hoy

오늘은 금요일입니다.

금요일 : el viernes

2 내일은 무슨 요일입니까?

내일 : mañana

내일은 토요일입니다.

토요일 : el sábado

문형 10

의문사 'qué'/날짜

오늘은 며칠입니까?

¿Qué fecha es hoy?

오늘은 5월 5일입니다.

Hoy es el cinco de mayo.

내일은 며칠입니까?

¿Qué fecha es mañana?

내일은 5월 6일입니다.

Mañana es el seis de mayo.

동사 변화

3 ser(~이다)

의문사(interrogativo-qué)

의문사 'qué'는 문장 내에서 의문대명사 또는 의문형용사로 기능한다. 의문형용사인 경우는 그 뒤에 명사가 나오나 그 명사의 성과 수에 상관없이 한 가지 형태의 'qué'를 사용한다. '무엇' 또는 '무슨'의 뜻을 갖는다.

'mes'(월) 관련 다양한 표현

달력	el calendario		
양력	el calendario solar	음력	el calendario lunar
1월	el enero	2월	el febrero
3월	el marzo	4월	el abril
5월	el mayo	6월	el junio
7월	el julio	8월	el agosto
9월	el septiembre	10월	el octubre
11월	el noviembre	12월	el diciembre

날짜(día/fecha)

날짜를 표현할 때 'el cinco'처럼 특정관사와 함께 쓰는 이유는 'el día cinco'에서 'día'를 생략했기 때문이다. 따라서 'el día cinco'로 표현해도 무방하다. '월'은 주로 관사를 생략하고 'en enero'(1월에)로 표현한다.

'número'(숫자) 관련 다양한 표현

숫자	기수	서수
0	cero	
1	uno	primero
2	dos	segundo
3	tres	tercero

숫자	기수	서수
4	cuatro	cuarto
5	cinco	quinto
6	seis	sexto
7	siete	séptimo
8	ocho	octavo
9	nueve	noveno
10	diez	décimo

▶ 서수는 주로 10까지 쓰고 그 이상은 보통 기수를 사용한다. 10 이상으로 넘어가면 서수가 복잡해질 뿐만 아니라 생활에서 자주 쓰이지도 않기 때문이다. 서수는 제 1, 제 2 등의 표현으로 책의 권, 장 등이나 왕을 지칭할 때 1세, 2세 등에 주로 사용한다.

11 once	12 doce	13 trece	14 catorce
15 quince	16 dieciséis	17 diecisiete	18 dieciocho
19 diecinueve	20 veinte	21 veintiuno	22 veintidós
23 veintitrés	24 veinticuatro	25 veinticinco	26 veintiséis
27 veintisiete	28 veintiocho	29 veintinueve	30 treinta

▶ 31(treinta y uno)부터는 10단위와 1단위 사이에 'y'를 넣는다.

▶ 21부터 1단위에 숫자 1이 오고 그 뒤에 남성 명사가 오면 'uno'는 'un'이 되고, 특별히 21에서는 'ún'이 된다. 또한 여성 명사가 뒤따르면 'uno'는 'una'가 된다:

21명의 남자들	veintiún hombres
21명의 여자들	veintiuna mujeres
31명의 남자들	treinta y un hombres
31명의 여자들	treinta y una mujeres

40 cuarenta	50 cincuenta	60 sesenta	70 setenta
80 ochenta	90 noventa	100 cien	200 doscientos
500 quinientos	700 setecientos	1,000 mil	2,000 dos mil
10,000 diez mil	100,000 cien mil	1,000,000 un millón	10,000,000 diez millones
100,000,000 cien millones		1,000,000,000,000 un billón(un millón de millones) 1조	

▶ 숫자에는 강세가 오며, 16부터의 복합형에는 뒷자리에만 강세가 온다. 단, ‘cien’(100)과 ‘mil’(1,000)은 항상 강세가 온다. 그러나 ‘cien mil’(100,000)에서 ‘mil’에만 강세가 온다.

▶ 명사 바로 앞에서 ‘ciento’는 ‘cien’이 된다. 즉 어미 ‘-to’가 생략되는 것이다. 따라서 200부터는 어미 ‘-to’가 살아나며 동시에 복수 어미 ‘-s’도 붙여주게 된다. 백 단위가 바로 여성 명사와 쓰이면 숫자의 어미를 보통 여성형 ‘-a’로 바꾸어주고 백 단위와 십 단위가 함께 쓰여 그 십단위로 인해 백단위와 여성 명사가 멀어지게 되면 어미를 여성형으로 바꾸기도 하고 그냥 두기도 한다:

100명의 남자들	cien hombres
100명의 여자들	cien mujeres
200명의 남자들	doscientos hombres
200명의 여자들	doscientas mujeres
101명의 남자들	ciento un hombres
101명의 여자들	ciento una mujeres
201명의 남자들	doscientos un hombres
201명의 여자들	doscientas una mujeres
500명의 남자들	quinientos hombres
500명의 여자들	quinientas mujeres

▶ 'mil'은 명사로도 사용된다:

수천의 남자들	miles de hombres
집 수천 채	miles de casas

▶ 배수는 'vez'를 사용한다:

두배	dos veces(doble)	세배	tres veces(triple)

▶ 분수는 분자에는 기수를, 분모에는 서수를 써주며, 분자가 1이 넘으면 분모에 있는 서수에 복수어미 '-s'를 붙여준다. 11부터는 분모에 서수 대신 기수에 '-avo'를 붙여 쓰기도 한다. 또는 뒤에 'parte'를 붙이기도 한다:

2분의 1	un medio(la mitad: 반)/media parte
3분의 1	un tercio/una tercera parte
3분의 2	dos tercios/dos terceras partes
10분의 2	dos décimos/dos décimas partes
11분의 1	un onceavo/una undécima parte

➡ 뒤에 명사가 나오면 전치사 'de'와 함께 사용한다:

4분의 1 킬로	un cuarto de kilo

▶ '거의'라는 뜻으로는 'unos, más o menos, alrededor de, a eso de' 등을 사용한다:

약 30명 정도의 남자들	unos treinta hombres
약 30명 정도의 여자들	unos treinta mujeres

▶ 전화번호 등의 숫자는 편리한 대로 읽으면 된다:

더하기	más	빼기	menos
곱하기	por	나누기	dividido por

2 + 2 = 4	dos más dos son cuatro.
5 - 2 = 3	cinco menos dos son tres.
2×2 = 4	dos por dos son cuatro.
6÷2 = 3	seis dividido por(entre) dos son tres.
+82-2-2015	ochenta y dos, dos, veinte, quince
	ochocientos veintidós dos mil quince
	ocho dos dos dos cero uno cinco

● 'estación'(계절) 관련 다양한 표현

계절	la estación	봄	la primavera
여름	el verano	가을	el otoño
겨울	el invierno		
일기예보	el pronóstico del tiempo	기상	la meteorología
해	el sol	그늘	la sombra
구름	la nube	안개	la niebla
비	la lluvia	이슬비	la llovizna
바람	el viento	산들바람	la brisa
눈	la nieve	우박	el granizo
얼음	el hielo	소나기	el chubasco/el aguacero
천둥	el trueno	번개	el relámpago
폭풍	la tempestad	태풍	el tifón/el huracán
기온	la temperatura	영하 5도	cinco grados bajo cero

단어 vocabulario

fecha	f. 날짜	hoy	오늘(부사)
cinco	5	mayo	m. 5월
seis	6		

연습문제 10 | ejercicios 10

1 오늘은 며칠입니까?

며칠 : la fecha

오늘은 3월 3일입니다.

3월 : el marzo

2 내일은 며칠입니까?

며칠 : la fecha

내일은 1월 21일입니다.

1월 : el enero

문형 11

의문사 'qué'/시간

몇 시입니까?

¿Qué hora es?

한시입니다.

Es la una.

기차는 몇 시에 떠납니까?

¿A qué hora sale el tren?

두시입니다.

A las dos.

동사 변화

3 ser(~이다) **79** salir(나가다)

∷ 의문사(interrogativo-qué)

의문사 'qué'는 문장 내에서 의문대명사 또는 의문형용사로 기능한다. 의문형용사인 경우는 그 뒤에 명사가 나오나 그 명사의 성과 수에 상관없이 한 가지 형태의 'qué'를 사용한다. '무엇' 또는 '무슨'의 뜻을 갖는다.

● 시간(la hora)

시간을 말할 때 1시는 단수인 'Es la una.'로, 2시부터는 복수인 'Son las dos.'로 표현한다. 따라서 1시와 관련되어 '1시 20분' 등도 단수로 표현한다. 또한 시간을 물을 때는 단수와 복수로 말할 수 있다. 그러나 '몇 시에?'라고 물을 때는 전치사 'a'를 시간 표현 앞에 붙여 쓴다. '30분'은 'treinta' 또는 'media', 그리고 '15분'은 'quince' 또는 'cuarto'로 쓰며, '1시 10분'이면 'es la una y diez'로 'y'를 써주고, '1시 10분 전'이면 'es la una menos diez'로 'menos'를 써준다.

● 'hora'(시간) 관련 다양한 표현

몇 시에?	¿A qué hora?
아침 일찍	a primeras horas de la mañana
저녁 늦게	a últimas horas de la tarde
근무시간	hora de trabajo
운 좋게	enhorabuena
운 나쁘게	enhoramala
쉬지 않고	a todas horas
시시각각	de hora en hora
시계가 3시를 알린다.	Dan las tres.
식사할 시간이다.	Es la hora de comer.
그들은 당구를 치며 시간을 죽친다.	Pasan las horas muertas jugando al billar.

➡ 동사 jugar(놀다), 동사 pasar(지내다)

치과의사와 월요일에 만날 약속을 했다.	El dentista me ha dado hora para el lunes.

● 'transporte'(교통) 관련 다양한 표현

교통/수송	el transporte	교통수단	el medio de transporte
대중교통	el transporte público	자동차	el vehículo/el automóvil
승객수송	el transporte de pasajeros	화물수송	el transporte de carga
도로망	la red de carreteras	육로	el transporte terrestre
지하로	el transporte subterráneo	항공로	el transporte aéreo
해상로	el transporte marítimo/fluvial	요금	la tarifa
국내의	nacional/doméstico	국제의	internacional
세계의	mundial	거리	la calle/la avenida
길	el camino/la vía	지름길	el atajo
보도	la acera/la vereda	고속도로	la autopista
도로	la carretera	차선	el carril
포장도로	el pavimento	기찻길	el ferrocarril
철도망	la red de ferroviariles/la red ferroviaria		

단어 vocabulario

hora	f. 시간	una	불특정관사
a	~로/~당(전치사)	sale	동사 'salir'(떠나다)
tren	m. 기차	las	특정관사
dos	2		

연습문제 11 | ejercicios 11

1 몇 시입니까?

시 : la hora

2시 정각입니다.

정각 : en punto

2 몇 시입니까?

시 : la hora

2시 15분 전입니다.

전 : menos

문형 12

의문사 'qué' + hay

정원에는 뭐가 있어?

¿Qué hay en el jardín?

꽃이랑 나무, 그런 것들.

Hay flores y plantas, etcétera, etcétera.

그 상자에는 뭐가 있어?

¿Qué hay en la caja?

모자 하나뿐이야.

Hay solo un sombrero.

동사 변화

1 hay(haber: ~이 ~에 있다) **3** ser(~이다)

의문사(interrogativo-qué)

의문사 'qué'는 문장 내에서 의문대명사 또는 의문형용사로 기능한다. 의문형용사인 경우는 그 뒤에 명사가 나오나 그 명사의 성과 수에 상관없이 한 가지 형태의 'qué'를 사용한다. '무엇' 또는 '무슨'의 뜻을 갖는다.

● hay

조동사 'haber'(완료형을 만들 때 사용)에서 파생된 형태로 현재에서 'hay' 한 가지 변화만을 가지며, 영어의 'there is'나 'there are'의 뜻으로 사용된다. 나머지 시제에서도 3인칭 단수만을 허용한다.

▶ 인사말로도 사용하여 '어떻게 지내?'라고 하면 '¿Qué hay?'로 표현하며, '별일 없어.'라고 하면 'Nada de particular' 등으로 표현한다.

● 전치사 'en'

전치사로 '-에'의 뜻으로 주로 쓰인다.

● 'vivienda'(주거) 관련 다양한 표현

주거	la vivienda	단독주택	la casa
오피스텔	el estudio	별장	el chalé
방	el cuarto/la habitación	침실	el dormitorio
거실	el salón/la sala de estar	부엌	la cocina
식당	el comedor	욕실	el cuarto de baño
문	la puerta	창문	la ventana
지하실	el sótano	다락방	el ático
차고	el garaje		

방 1개의 아파트	el apartamento
방 2개 이상의 아파트	el piso
가구 딸린 아파트	el apartamento amueblado

테라스	la terraza	발코니	el balcón
계단	la escalera	천장	el techo
바닥	el suelo	현관	el zaguán/el portal
옷장	el armario	커텐	la cortina
스탠드	la lámpara	토스터기	el tostador
오븐	el horno	전자레인지	el microondas
냉장고	el refrigerador/la nevera	세탁기	la lavadora
세제	el detergente	표백제	el blanqueador
식기세척기	el lavavajillas	식탁	la mesa(de comedor)
쟁반	la bandeja	식탁보	el mantel
냅킨	la servilleta	접시	el plato
스푼	la cuchara	티스푼	la cucharilla/la cucharita
나이프	el cuchillo	포크	el tenedor
젓가락	los palillos	수저류 한 벌	el cubierto

단어 vocabulario

hay	동사 'haber'(조동사, ~이 있다)		
en	(전치사)	jardín	m. 정원
flores	f. la flor 꽃	plantas	f. la planta 식물
etcétera	m. 등등	caja	f. 상자
solo	단지(부사)	sombrero	m. 모자

연습문제 12 | ejercicios 12

1 방에는 뭐가 있어?

방 : la habitación/el cuarto

침대 하나밖에 없어.

침대 : la cama

2 시장에는 뭐가 있어?

시장 : el mercado

가게들이 있지.

가게 : la tienda

문형 13

의문사 'qué'/인사

어떻게 지내?

¿Qué tal (estás)?

그럭저럭.

Así, así.

어디 아퍼?

¿Qué tienes?

열이 있어.

Tengo fiebre.

동사 변화

4 estar(~상태이다) **2** tener(가지다)

의문사(interrogativo-qué)

의문사 'qué'는 문장 내에서 의문대명사 또는 의문형용사로 기능한다. 의문형용사인 경우는 그 뒤에 명사가 나오나 그 명사의 성과 수에 상관없이 한 가지 형태의 'qué'를 사용한다. '무엇' 또는 '무슨'의 뜻을 갖는다.

• 'saludos'(인사말) 관련 다양한 표현 1

아침 인사	Buenos días.
오후 인사	Buenas tardes.
저녁 인사	Buenas noches.
안녕!	¡Hola!
잘가!	¡Adiós!
잘 있었어?	¿Qué tal (estás)?/¿Cómo estás (tú)? ¿Cómo te encuentras?
잘 있었어, 고마워. 근데 너는	Bien, gracias. ¿Y tú?
안녕하세요?	¿Cómo está (usted)? ¿Cómo se encuentra?
아주 잘 있었습니다, 감사합니다. 근데 당신은요?	Muy bien, gracias. ¿Y Ud.?
어떻게 지내니?	¿Cómo te va? ¿Cómo andamos? ¿Cómo vamos?
다 잘되어 가.	Me va todo bien.
어떻게 지내십니까?	¿Cómo le va?
어떻습니까?	¿Qué hay?
새로운 일이 있습니까?	¿Qué hay de nuevo?
새로운 일 없습니다.	Nada de nuevo.
특별한 일이 있습니까?	¿Algo de particular?
특별한 일 없습니다.	Nada de particular.

아주 좋습니다.	¡Estupendo!Estoy perfectamente bien.
좋아졌습니다.	Estoy mejor.
나빠졌습니다.	Estoy peor.
엉망입니다.	¡Fatal!
최악입니다.	¡Como nunca!
반죽음입니다.	Medio muerto.
죽을 지경입니다.	Estoy hecho polvo.
늘 그렇습니다.	¡Como siempre!
그럭저럭.	Así, así. Regular. Voy tirando.
그냥 지내.	Pasándola.
이렇게 살아 있잖아.	Aquí me tienes.
얼마만이니!	¡Cuánto tiempo!
못 뵌 지 참 오래되었습니다.	¡Cuánto tiempo sin verle!
네가 여긴 웬 일이니?	¿Tú por aquí?
어머, 놀래라, 너를 여기서 만날 줄 몰랐어.	¡Anda, qué sorpresa! No esperaba encontrarte aquí.
아주 좋아 보이네.	Te veo muy bien.

단어 vocabulario

así	그렇게(부사)	tienes	동사 'tener'(가지다)
tengo	동사 'tener'(가지다)	fiebre	f. 열

연습문제 13 | ejercicios 13

1 어떻게 지내?

어떻게 : ¿Qué tal ~ ?

별일 없어.

별일 : particular

2 어디 아퍼?

어디 : ¿Qué ~ ?

감기 걸렸어

감기 : el resfriado

문형 14

의문사 'qué' 의견을 물음/인칭대명사 간접목적격

어떻게 생각해?

¿Qué te parece?

좋아.

Bien.

어떻게 생각해?

¿Qué me dices?

아주 좋아.

Muy bien.

동사 변화

33 parecer(~를 닮다/~처럼 보이다) 74 decir(말하다)

의문사(interrogativo-qué)

의문사 'qué'는 문장 내에서 의문대명사 또는 의문형용사로 기능한다. 의문형용사인 경우는 그 뒤에 명사가 나오나 그 명사의 성과 수에 상관없이 한 가지 형태의 'qué'를 사용한다. '무엇' 또는 '무슨'의 뜻을 갖는다.

인칭대명사 간접목적격(dativo)

수 / 인칭	단수	복수
1인칭	(a mí) me (나에게)	(a nosotros) nos (우리에게)
2인칭	(a ti) te (너에게) (a usted) le (당신에게)	(a vostoros) os (너희에게) (a ustedes) les (당신들에게)
3인칭	(a él) le (그에게) (a ella) le (그녀에게)	(a ellos) les (그들에게) (a ellas) les (그녀들에게)

▶ 'a mí는 전치사 'a'와 함께 쓰일 때의 인칭대명사 전치사격으로 인칭대명사 간접목적격인 'me'와 같은 뜻을 갖는다. 그러나 'me'는 단독으로 쓰일 수 있고 'a mí'는 'me'와 함께 쓰여 뜻을 강조하게 된다. 또한 함께 쓸 때는 'a mí me'의 순서로 써야 한다. 즉, 'me a mí'로는 사용하지 않는다는 것이다.

나에게 주는거야? ¿Me lo das?

¿A mí me lo das?

¿Me lo das a mí?

● ¿Qué me dices?

'me'는 '나에게'라는 인칭대명사 간접목적격이며, 'dices'는 동사 'decir'(말하다)의 직설법 현재 변화형이다. 직역을 하면 '나에게 무엇을 말하니?'라는 뜻이나 '어떻게 생각해?'의 뜻으로도 이해되는 표현이다.

● 동사 ('parecer'~를 닮다/~처럼 보이다)

'~를 닮다'는 뜻으로는 전치사 '-a'와 함께 사용하며, '~처럼 보이다'는 3인칭 단수를 사용하나, 때로는 인칭대명사 간접목적격과 함께 쓰여 '~에게 ~하게 보이다'는 뜻을 갖는다.

어떤 동사들은 인칭대명사 간접목적격과 함께 쓰이며 실제로 동사를 지배하는 것은 동사 뒤에 나오는 낱말이다.

내가 네 마음에 드니?	¿(A ti) te gusto yo?
나는 사과를 좋아한다.	(A mí) me gustan las manzanas.
나는 춤추기를 좋아한다.	(A mí) me gusta bailar.

➡ 동사 원형은 명사로 사용될 때 남성 단수로 취급하여 특정관사 'el'을 사용하나 종종 생략된다: el bailar

● 동사 'parecer'(~를 닮다/~처럼 보이다) 관련 다양한 표현

내 생각에 그것은 좋지 않다.	A mi parecer, no está bueno.
보기에 좋아졌다.	Al parecer, está mejor.A lo que parece, está mejor.
그렇게 보이지 않는다 하더라도	aunque no lo parezca
내가 보기엔 좋다(나쁘다).	Me parece bien(mal).
어떻게 그럴 수가!	¡Parece imposible!
네 딸은 누구를 닮았니?	¿A quién parece tu hija?
그들은 서로 닮았다.	Son muy parecidos. Se parecen mucho.

단어 vocabulario

te	너에게, 너를(인칭대명사 목적격)	parece	동사 'parecer'(~를 닮다, ~처럼 보이다)
bien	좋게(부사)	me	나에게, 나를(인칭대명사 목적격)
dices	동사 'decir'(말하다)	muy	매우(부사)

연습문제 14 | ejercicios 14

1 어떻게 생각하십니까?

생각하십니까? : ¿Qué (   ) parece?

좋아

좋아 : Bien

2 어떻게 생각하십니까?

생각하십니까? : ¿Qué (   ) dice?

아주 좋아.

아주 : Muy

문형 15

의문사 'qué' + 원형동사

뭘 생각하니?

¿Qué piensas?

무슨 말을 해야할 지 모르겠어.

No sé qué decir.

뭘 생각하니?

¿Qué piensas?

무엇을 해야할 지 모르겠어.

No sé qué hacer.

동사 변화

13 pensar(생각하다) 44 saber(사실을 알다) 37 hacer(날씨가 ~하다/시간이 ~이다/만들다)
74 decir(말하다)

∷ 의문사(interrogativo-qué)

의문사 'qué'는 문장 내에서 의문대명사 또는 의문형용사로 기능한다. 의문형용사인 경우는 그 뒤에 명사가 나오나 그 명사의 성과 수에 상관없이 한 가지 형태의 'qué'를 사용한다. '무엇' 또는 '무슨'의 뜻을 갖는다.

• 동사 'pensar'(생각하다) 관련 다양한 표현

나는 생각한다, 고로 존재한다.	Pienso, luego existo.
나는 스페인으로 여행하려고 생각한다.	Pienso viajar por España.
나는 너를 생각한다.	Pienso en ti.
생각할 필요도 없어!	¡Ni pensarlo!
생각 없이	sin pensar
생각/사상	el pensamiento
생각에 잠긴	pensativo
사색하다	especular
사색	la especulación

• no sé qué decir

'의문사 qué + 원형동사'가 동사 'saber'(사실을 알다)의 목적어가 되는 형태이다. 모든 의문사가 이런 형식으로 사용될 수 있다.

● 동사 'decir'(말하다) 관련 다양한 표현

'말하다'는 뜻으로 자주 쓰이는 동사는 'hablar, contar'가 있다. 'hablar'(말하다)는 주로 '언어를 말한다'고 할 때 사용하며 또한 '~에 대해 말한다'고 할 때는 'hablar de ~'를 사용한다. 'contar'(말하는)는 주로 '이야기를 한다'라고 할 때 사용하므로 그 명사형인 'la cuenta'는 '이야기' 또는 '계산서'의 뜻을 갖는다.

나는 진실을 말합니다.	Digo la verdad.
바보 소리 마라.	No digas tonterías.
그런 말 마!	¡No me digas!
후안은 착한 사람이라고들 말한다.	Dicen que Juan es bueno.
뭐라고 말해야 할까요... 저.../음...	¿Cómo diría?/Digamos ...
말하기 위해 말을 하다	decir por decir

단어 vocabulario

piensas	동사 'pensar'(생각하다)	sé	동사 'saber'(사실을 알다)
decir	v. 말하다		
hacer	v. 하다, 날씨나 시간을 표현하는 hace		

연습문제 15 | ejercicios 15

1 뭘 생각하니?

생각하다 : pensar

2 무엇을 준비할지 모르겠어.

준비하다 : preparar

3 뭘 생각하니?

생각하다 : pensar

4 무엇을 놓아야 할지 모르겠어.

놓다 : poner

문형 16

전치사 'de'+의문사 'qué'/지시사

치즈는 무엇으로 만듭니까?

¿De qué se hace el queso?

우유로 만듭니다.

Se hace de leche.

저 집은 무슨 색깔입니까?

¿De qué color es esa casa?

밤색입니다.

Es marrón

동사 변화

37 hacer(날씨가 ~하다/시간이 ~이다/만들다) 3 ser(~이다)

∷ 의문사(interrogativo-qué)

의문사 'qué'는 문장 내에서 의문대명사 또는 의문형용사로 기능한다. 의문형용사인 경우는 그 뒤에 명사가 나오나 그 명사의 성과 수에 상관없이 한 가지 형태의 'qué'를 사용한다. '무엇' 또는 '무슨'의 뜻을 갖는다.

● ¿De qué se hace el queso?

여기서 'se hace'는 동사 'hacer'(만들다)가 재귀대명사 'se'와 함께 쓰여 수동의 뜻을 표현한다. 즉, '만들어지다'의 뜻이 된다.

● 전치사 'de'

'~의, ~부터'의 뜻을 주로 표현한다.

● ¿De qué color es esa casa?

이때 'qué'는 뒤에 'color'(색깔)라는 명사가 오므로 의문형용사가 된다. 그 뒤에 복수 명사가 와도 'qué' 한 가지 형태로만 사용한다.

● 'el color'(색깔) 관련 다양한 표현

흰색의	blanco	적색의	rojo
검정색의	negro	청색의	azul
녹색의	verde/sinople	밤색의	marrón/ castaño
자주색의	violado	회색의	gris
분홍색의	rosado	노란색의	amarrillo
밝은색의	brillante	어두운색의	oscuro
오렌지색의	anaranjado	진주색의	perlado/perlino
무지개색의	iris	카키색의	caqui

지시사 demostrativo

지시사는 문장 내에서 대명사적 기능과 형용사적 기능을 한다.

지시형용사(demostrativo adjetival)

성 \ 수		단수	복수
이	남성	este	estos
	여성	esta	estas
그	남성	ese	esos
	여성	esa	esas
저	남성	aquel	aquellos
	여성	aquella	aquellas

지시대명사(demostrativo pronominal)

성 \ 수	단수	복수
남 성	este(이것)	estos(이것들)
여 성	esta(이것)	estas(이것들)
남 성	ese(그것)	esos(그것들)
여 성	esa(그것)	esas(그것들)
남 성	aquel(저것)	aquellos(저것들)
여 성	aquella(저것)	aquellas(저것들)

➡ 전자(前者) aquel, 후자(後者) este

단어 vocabulario

de	~의, ~로 부터(전치사)		
hace	동사 'hacer'(하다, 날씨나 시간을 표현하는 hace)		
queso	m. 치즈	leche	f. 우유
color	m. 색깔	esa	그것, 그것의(지시사)
casa	f. 집	marrón	밤색의

연습문제 16 | ejercicios 16

1 이 아파트는 무슨 색깔입니까?

아파트 : el apartamento

흰색입니다.

흰색 : blanco

2 저 별장들은 무슨 색깔입니까?

별장 : el chalé

초록색입니다.

초록색 : verde

문형 17

전치사 'por' + 의문사 'qué'

왜 가니?

¿Por qué te vas?

바빠서 그래.

Porque estoy ocupada.

왜 이 시간에 자니?

¿Por qué duermes a esta hora?

열이 있어서 그래.

Porque tengo fiebre.

동사 변화

77 ir(가다) 68 dormir(자다) 2 tener(가지고 있다) 4 estar(~한 상태이다)

의문사(interrogativo-qué)

의문사 'qué'는 문장 내에서 의문대명사 또는 의문형용사로 기능한다. 의문형용사인 경우는 그 뒤에 명사가 나오나 그 명사의 성과 수에 상관없이 한 가지 형태의 'qué'를 사용한다. '무엇' 또는 '무슨'의 뜻을 갖는다.

전치사 'por'

주로 원인을 표현한다.

por qué

전치사 'por'에 'qué'가 함께 쓰여 '왜'라는 뜻이 된다. '왜'라고 물을 때는 'por'와 'qué'를 띄어 쓰며 '왜냐하면'이라고 답할 때는 'porque'가 된다. '~하기 때문에 ~ 하다'라고 하여 문장 앞에서 이유를 설명하게 되는 경우는 'porque'를 사용하지 않고 'como'를 사용한다.

te vas

동사 'ir'(가다)는 자동사이나 이렇게 재귀화하여 별 뜻없이 사용한다.

동사 'ir'(가다) 관련 다양한 표현

나는 학교에 간다.	Voy al colegio.
이 농장은 도로에서부터 강까지 이른다.	La finca va desde la carretera hacia el río.
오늘 공부는 20쪽부터 30쪽까지이다.	La lección de hoy va desde la página 20 a la 30.
그의 사업은 잘 안 된다.	Sus negocios no van bien.
어떻게 지내십니까?	¿Cómo le va?
쇼핑하러 갑니다.	Voy de compras.
악화일로에 있다.	Voy de mal en peor.
어디 비교가 돼!	¡Dónde va a parar!

무슨 소리야!	¡Qué va!
저런!/무슨!/집어치워!	¡Vaya!

• estoy ocupada

'ocupado'는 동사 'ocupar'(차지하다)의 과거분사로 동사 'estar'와 함께 '바쁘다'는 뜻이다. 반대로 '한가하다'는 'estar libre'로 표현한다. 또한 말하는 사람이 '여성 단수'이므로 'ocupada'가 된 것이다. 또한 장소에 사용하면 '사람이 있다'(ocupado) 또는 '사람이 없다'(libre)는 표현이 된다.

• 'quizás'(글쎄) 관련 다양한 표현

글쎄	¡Quizá!/¡Acaso!/¡Por si acaso!/¡Tal vez!/¡Probablemente!
어쩌면	A lo mejor
그런 것 같아?	¿Te lo imaginas?
그래, 그럴 것 같아.	Sí, me lo imagino.
보면 알겠지.	Ya veremos.
그럴 수 있지.	Es posible./¡Posiblemente!/Puede ser.
추측컨대.	Supongo.
글쎄, 누가 알겠어.	¡Quién sabe!

단어 vocabulario

vas	동사 'ir'(가다)	porque	왜냐하면
estoy	동사 'estar'(~상태이다)	ocupada	ocupado 차지한, 바쁜
duermes	동사 'dormir'(자다)	esta	이것, 이것의(지시사)
hora	f. 시간	tengo	동사 'tener'(가지다)
fiebre	f. 열		

연습문제 17 | ejercicios 17

1 왜 그렇게 서두르니?

서두르다 : estar de prisa
dar prisa
apresurar(se)

약속이 있어서 그래.

약속 : la cita
la promesa

2 왜 나에게 그 말을 하니?

왜 : ¿Por qué ~?

네가 알아야 하기 때문에 그래.

알다 : saber

문형 18

의문사 'qué' + 전치사 'a'

뭐하러 왔니?

¿A qué vienes?

일하러 왔어.

Vengo a trabajar.

뭘 언급하는 거야?

¿A qué refieres?

사람에 대해 언급하는거야.

Refiero a la gente.

동사 변화

80 venir(오다) 5 trabajar(일하다/공부하다) 65 referir(언급하다)

의문사(interrogativo-qué)

의문사 'qué'는 문장 내에서 의문대명사 또는 의문형용사로 기능한다. 의문형용사인 경우는 그 뒤에 명사가 나오나 그 명사의 성과 수에 상관없이 한 가지 형태의 'qué'를 사용한다. '무엇' 또는 '무슨'의 뜻을 갖는다.

¿A qué vienes?

이때 전치사 'a'는 '이유'를 묻는 것이다. 그러니까 'por qué'와 같은 뜻이다.

전치사 'a'는 주로 방향(~로), 목적(~를, ~위하여), 단위(~에)를 표현한다.

전치사 'a' 관련 다양한 표현

주로 '~로/~에'의 뜻을 갖는다.

마리아에게(를)	a María	비가 올 것이다.	Va a llover.
지나가다 그를 보았다.	Le vi al pasar.	오후 3시에	a las tres de la tarde
4시경에	a eso de las cuatro	처음에는	al principio
그렇지!	¡A que sí!	아니지!	¡A que no!
계속해서	a continuación		
내 생각으로는	a mi juicio/a mi parecer		
숨어서	a escondidas		
~하기 시작하다	comenzar/echar/empezar/ponerse + a + 동사 원형		
~냄새가 나다	oler a		
~맛이 나다	saber a		
~에서부터 시작하여	a partir de		

말을 타다	montar a caballo
우리는 걸어서 간다.	Vamos a pie.
편하게	a gusto
반대로	al revés (de)
식사!	¡A comer!
	➡ a + 원형동사(명령을 할 때)
~에 관하여	respecto a ~
~ 초기에/초순에	a principios de ~
~ 중순에	a mediados de ~
~ 말경에	a fines de ~
강을 따라	a lo largo del río

● **¿A qué refieres?**

동사 'referir'(언급하다)가 전치사 'a'를 필요로 하므로 의문문에서 'qué' 앞에 전치사 'a'를 쓴 형태이다. 이렇게 어떤 동사들은 특정한 전치사와 함께 쓰인다.

단어 vocabulario

vienes	동사 'venir'(오다)	vengo	동사 'venir'(오다)
trabajar	v. 일하다	refieres	동사 'referir'(언급하다)
refiero	동사 'referir'(언급하다)		

연습문제 18 | ejercicios 18

1 뭐하러 가니?

가다 : ir

2 공부하러 가.

공부하다 : estudiar

3 뭘 언급하시는 겁니까?

언급하다 : referir

4 정치인에 대해 언급하는 겁니다.

정치인 : el político

의문사 'qué'/감탄문

너무 예쁜 아이네!

¡Qué guapa es la chica!

유감이네!

¡Qué pena!(¡Qué lástima!)

내 팔자야!

¡Qué de mí!

엄청난 인파네!

¡Qué de gente!

동사 변화

3 ser(~이다)

∷ 의문사(interrogativo-qué)

의문사 'qué'는 문장 내에서 의문대명사 또는 의문형용사로 기능한다. 의문형용사인 경우는 그 뒤에 명사가 나오나 그 명사의 성과 수에 상관없이 한 가지 형태의 'qué'를 사용한다. '무엇' 또는 '무슨'의 뜻을 갖는다.

감탄사 interjectivo

∷ 감탄문(oración exclamativa)

고유의 감탄사 외에 다른 낱말들도 감탄사로 사용되기도 하여 감탄문을 만들며 이외에 감탄문의 형식도 있다:

¡ah!, ¡ay!, ¡bah!(젠장!), ¡ca!, ¡cáspita!(저런!), ¡ea!, ¡guay!(아아!), ¡hola!(야!), ¡huy!(저런!), ¡oh!, ¡ojalá!(제발!), ¡ox!(워이!), ¡puf!(싫어!), ¡quia!(글쎄!), ¡sus!(잘해!), ¡uf!(우아!), ¡tate!(정지!), ¡zape!(쉿!), ¡pum!(꽝!), ¡zas!(착!), ¡alto!(정지!) 등

아! 이렇게 불행할 수가!	¡Ah! ¡qué desgracia!
도대체 나에게는 무엇이 중요한 거지?	¡Bah!, ¿a mí qué me importa?
자, 조용히 해라!	¡Ea, a callar!
잠깐, 이제 알았다!	¡Tate, ya caigo!

∷ 감탄문의 형식은 'qué', 'cuán', 'cómo' 등과 만들어진다:

얼마나 예쁜 아이인가!	¡Qué niña tan guapa!/¡Qué guapa es la niña!
얼마나 달리는지!	¡Cómo corre!
얼마나 빨리 하는지!	¡Cuán rápido lo hace!

➡ 'cuán'을 사용하여 부사적인 감탄문 형식을 만드는 것이 보통이나 'cuánto'를 사용하여 형용사적인 감탄문 형식을 만들기도 한다:

얼마나 기쁜지!	¡Cuánta alegría tengo!

● 'adjetivo'(자주 쓰는 형용사) 관련 다양한 표현 1

좋은	bueno(a)	나쁜	malo(a)
비싼	caro(a)	싼	barato(a)
맞는	correcto(a)	틀린	incorrecto(a)
도시의	urbano(a)	시골의	aldeano(a)/suburbial
넓은	ancho(a)	좁은	estrecho(a)
긴	largo(a)	짧은	corto(a)
새로운	nuevo(a)	오래된	antiguo(a)
거대한	enorme/inmenso(a)		
합법적인	legal	불법적인	ilegal
유용한	útil	불필요한	inútil
쉬운	fácil	어려운	difícil
굵은	grueso(a)	가는	delgado(a)
무거운	pesado(a)/grave	가벼운	ligero(a)
딱딱한	duro(a)	부드러운	suave/blando(a)
단순한	simple	복잡한	complicado(a)
깨끗한	limpio(a)	더러운	sucio(a)

단어 vocabulario

guapa	guapo 잘 생긴	es	동사 'ser'(~이다)
chica	f. 소녀	pena	f. 고통, 슬픔
lástima	f. 슬픔, 한탄	mí	인칭대명사 전치사격
gente	f. 사람(집합명사)		

연습문제 19 | ejercicios 19

1 마리아는 아주 비싼 블라우스를 입고 있다.

블라우스 : la blusa

2 아주 비싼 블라우스구나!

비싼 : caro(a)

3 아이들은 아주 예쁘다.

아이 : el niño
la niña

4 아주 예쁘구나!

예쁘다 : guapo(a)

의문사 'cómo'/생김새

그는 어떻게 생겼니?

¿Cómo es él?

키가 크고 잘생겼어.

Es alto y guapo.

그녀는 어떻게 생겼니?

¿Cómo es ella?

키가 작고 금발이야.

Es baja y rubia.

동사 변화

3 ser(~이다)

의문사(interrogativo-cómo)

'어떻게'라는 뜻의 의문부사이다. 'estar'와 함께 쓰이면 안부를 묻는 표현이다.

● 'cómo' 관련 다양한 표현

안녕하십니까?	¿Cómo está usted?
좋지 않습니다.	Estoy mal.
성함이 어떻게 되십니까?	¿Cómo se llama usted?
김미란이라고 합니다.	Me llamo Miran Kim.
무슨 비가 이렇게 온담!	¡Cómo llueve!
뭐라고요?	¿Cómo?
그럼요.	¡Cómo no!/¡Cómo que no!
어떻게 말해야 할지 모르겠다.	No sé cómo decir.

● 'adjetivo'(자주 쓰는 형용사) 관련 다양한 표현 2

잘생긴	guapo(a)	예쁜	bonito(a)/mono(a)
아름다운	hermoso(a)	귀여운	gracioso(a)
못생긴	feo(a)	뚱뚱한	gordo(a)
마른	delgado(a)	키 큰	alto(a)
키 작은	bajo(a)	주의 깊은	atento(a)
신중한	prudente	도덕적인	moral
경솔한	imprudente	호기심 많은	curioso(a)
무관심한	indiferente	이기적인	egoísta
이타적인	altruista	창백한	pálido(a)
변덕스런	caprichoso(a)	진실한	sincero(a)
아양떠는	coquetón(a)	우스꽝스런	ridículo(a)

분별있는	discreto(a)	분별없는	indiscreto(a)
(성격)어두운	oscuro(a)	(성격)밝은	alegre
늙은	viejo(a)	젊은	joven
강한	fuerte	나약한	débil
솔직한	franco(a)	명랑한	alegre
친절한	amable	불손한	bruto(a)/rudo(a)
행복한	feliz	불행한	infeliz/desgraciado(a)
내성적인	introvertido(a)	외향적인	extrovertido(a)
호감가는	simpático(a)/majo(a)	호감가지 않는	antipático(a)
정직한	honesto(a)/honrado(a)	거짓말 잘하는	mentiroso(a)
미친	loco(a)	건강한	sano(a)
용감한	valiente/bravo(a)	마음씨 넓은	generoso(a)
적극적인	activo(a)	소극적인	pasivo(a)
부지런한	diligente/trabajador(a)	게으른	perezoso(a)/holgazán(a)
소심한	tímido(a)	이성적인	lógico(a)/racional/razonable
비이성적인	ilógico(a)/irracional/irrazonable		

단어 vocabulario

cómo	어떻게(의문사)	alto	키가 큰
guapo	잘생긴	baja	bajo 키가 작은
rubia	rubio 금발의		

연습문제 20 | ejercicios 20

1 그는 어떻게 생겼니?

어떻게 : ¿Cómo ~?

마르고 못생겼어.

마른 : delgado(a)
못생긴 : feo(a)

2 그녀는 어떤 사람이니?

어떤 : ¿Cómo ~ ?

이기적이야.

이기적인 : egoísta

문형 21

의문사 'cómo'/안부

어이, 잘 있었어?

¡Hola! ¿Cómo estás?

예, 감사합니다. 당신은요?

Bien, gracias, ¿y usted?

나도 좋아. 잘가!

Bien, gracias. ¡Adiós!

그럼 안녕히 가시고 또 봐요.

¡Adiós! ¡Hasta luego!

동사 변화

4 estar(~상태이다)

의문사(interrogativo-cómo)

'어떻게'라는 뜻의 의문부사이다. 'estar'와 함께 쓰이면 안부를 묻는 표현이다.

- **¿Cómo estás?**

보통 쓰는 인사말이다. 친한 사이에는 '¿Qué tal(estás)?'을 더 많이 사용한다.

- **Bien, gracias, ¿y usted?**

'bien' 또는 'muy bien'을 사용한다. 처음 만난 사이에서는 'Encantado.(a)'/'Mucho gusto.'/ 'Mucho gusto en conocerle.' 등을 사용한다. 이 외에 다양한 인사말이 있으며 이는 '문형13'에 자세히 설명되어 있다. 또한 상대의 안부를 다시 묻는 것이 예의이다.

- **전치사 'hasta'**

주로 '~까지'의 뜻으로 사용한다.

- **¡Adiós! ¡Hasta luego!**

헤어질 때 보통 사용하는 인사말이며 이 외에 다양한 인사말이 있다.

- **'saludos'(인사말) 관련 다양한 표현 2**

나중에 보자.	¡Hasta luego!
내일 보자.	¡Hasta mañana!
다음날 보자.	¡Hasta otro día!
다음에 보자.	¡Hasta la próxima!
좀 있다 보자.	¡Hasta pronto!/¡Hasta ahora!
만날 때까지.	¡Hasta la vista!
절대로 안 본다.	¡Hasta nunca!

곧 봅시다.	Vamos a vernos pronto.
잘 지내세요.	¡Que vaya bien!/¡A pasarlo bien!
신의 가호가 있기를!	¡Con Dios!/¡Vaya con Dios!
행운이 있기를!	¡Mucha suerte!
남편에게 안부 전해.	Dale recuerdos a tu marido.

● 'gracias'(감사) 관련 다양한 표현

고마워. 감사합니다.	Gracias.
정말 고마워. 정말 감사합니다.	Muchas gracias./Muchísimas gracias.
	Mil gracias./Miles de gracias.
	Millón de gracias.
어떻게 감사를 드려야 할지 모르겠습니다.	No sé cómo agradecerlo.
천만에요.	De nada./No hay de qué.
미안해.	¡Perdón!
미안합니다.	¡Perdone!
용서해!	¡Disculpa!
용서하세요!	¡Disculpe!
정말 미안합니다.	Mil disculpa.

단어 vocabulario

hola	만날 때 인사말(감탄사)	gracias	f. la gracia 은혜, 감사
adiós	헤어질 때 인사말(감탄사)	hasta	~까지(전치사)
luego	나중에(부사)		

연습문제 21 | ejercicios 21

1 안녕하세요?

안녕하세요 : ¿Cómo está?

예, 감사합니다. 당신은요?

감사합니다 : gracias

2 저도 좋습니다. 안녕히 가세요.

안녕히 가세요 : ¡Adiós!

그럼 안녕히 가시고 또 봐요.

또 뵈요 : ¡Hasta luego!

의문사 'cómo'/이름

성함이 어떻게 되시는지요?

¿Cómo se llama usted?

제 이름은 김미순입니다.

Me llamo Misun Kim.

이것을 스페인어로 뭐라 하는지요?

¿Cómo se dice esto en español?

그것은 스페인어로 '활다'(치마)라 합니다.

Se dice 'falda' en español.

동사 변화

5 llamar(부르다) **80** llamarse(이름이 ~이다) **74** decir(말하다)

∷ 의문사(interrogativo-cómo)

'어떻게'라는 뜻의 의문부사이다. 'estar'와 함께 쓰이면 안부를 묻는 표현이다.

• se llama

동사 'llamar'(부르다)가 'llamarse'가 되면 '이름이 ~이다'는 뜻이 된다. 즉, 이때 'se'는 재귀의 기능을 하게 된다.

• se dice

동사 'decir'(말하다)가 'decirse'가 되어 '~로 일컬어진다'는 뜻이 된다. 'se'는 무인칭 기능을 하게 된다. '¿Cómo se dice esto en español?'은 '¿Qué quiere decir esto en español?'로 다르게 표현할 수 있다.

• en español

'en'은 전치사로 '~에'의 뜻을 주로 갖는다. 여기서 'en español'은 '스페인어로'의 뜻이며, 'a la española'라고 하면 '스페인식으로'의 뜻이 된다. 만약에 '한국식으로'라고 하려면 'a la coreana'가 된다.

● 'vestido'(의복) 관련 다양한 표현

옷을 입다	vestirse/ponerse	옷을 입어보다	probarse
옷을 벗다	quitarse	의복	el vestido/la ropa/el traje
외투	el abrigo/el gabán	모자	el sombrero/la gorra
자켓	la chaqueta	밍크 자켓	la chaqueta de visón
가죽 자켓	la chaqueta de piel	치마	la falda
앞치마	el delantal	속치마	la combinación
옷깃	la solapa	쇼올	el chal
속옷	la ropa interior	폰초	el poncho
코르셋	la faja corsé	잠옷	el pijama
가운	la bata	팬티	las bragas
멜빵	los tirantes	유니폼	el uniforme
구두	los zapatos	부츠	las botas
슬리퍼	las zapatillas	운동화	los zapatos deportivos
샌들	las sandalias	하이힐	el tacón alto

단어 vocabulario

llama	동사 'llamar'(부르다)	llamo	동사 'llamar'(부르다)
dice	동사 'decir'(말하다)	eso	그, 그것(지시사)
en	~에(전치사)	español	스페인(어)의

연습문제 22 | ejercicios 22

1 네 이름이 무엇이냐?

이름 : el nombre

2 제 이름은 김미홍입니다.

저는 ~ 입니다 : Me llamo ~

3 이것을 한국어로 뭐라 하는지요?

한국어 : en coreano

4 그것은 한국어로 '나무'라 합니다.

~라 합니다 : Se dice ~

문형 23

의문사 'cómo'/방법/인칭대명사 직접목적격

커피를 드시겠습니까?

¿Quiere café?

예, 좋습니다.

Sí, por favor.

어떻게 드시겠어요?

¿Cómo lo quiere?

뜨거운 게 좋겠습니다.

Lo quiero caliente.

동사 변화

42 querer(좋아하다)

의문사(interrogativo-cómo)

'어떻게'라는 뜻의 의문부사이다. 'estar'와 함께 쓰이면 안부를 묻는 표현이다.

인칭대명사 직접목적격(acusativo)

인칭 \ 수	단수	복수
1인칭	(a mí) me (나를)	(a nosotros) nos (우리를)
2인칭	(a ti) te (너를) (a usted) le/lo (당신을)	(a vosotros) os (너희를) (a ustedes) les/los (당신들을)
3인칭	lo(남성 단수인 그것을), la(여성 단수인 그것을) (a él) le / lo (그를) (a ella) la (그녀를)	los(남성 복수인 그것들을), las(여성 복수인 그것들을) (a ellos) les/los (그들을) (a ellas) las

▶ 직접목적격은 변화 동사 앞에 위치한다.

▶ 간접목적격과 직접목적격이 함께 나오는 경우, 간접목적격이 먼저 나온다. 긍정 명령에서 동사 뒤에 붙여 쓰는 경우도 간접목적격을 먼저 쓰고, 띄우지 않고 붙여서 그 뒤에 직접목적격을 써준다.

▶ 간접목적격과 직접목적격이 모두 3인칭인 경우, 간접목적격을 '-se'로 바꿔주어야 한다. 이는 순전히 발음상의 이유이다.

나는 너에게 그것을(남성 단수) 준다. Te lo doy.

그는 그녀에게 그것을(여성 단수) 준다. Se la da.

▶ '당신을/그를'과 (le/lo)과 '당신들을/그들을'(les/los)에서 'le/les'를 사용하면 'leísmo'라 하고, 'lo/los'를 사용하면 'loísmo'라 한다. 스페인에서는 'leísmo'가, 중남미에서는 'loísmo'가 주로 쓰인다.

● 동사 'querer'(원하다)

동사 'querer'(원하다)는 그 뒤에 나오는 목적어로 원형동사를 사용하기도 한다:

나는 스페인어를 공부하길 원한다.	Quiero estudiar español.

● 동사 'querer'(원하다) 관련 다양한 표현

소금통 좀 전해줄래?	¿Quieres pasarme el salero?
뭐 때문에 그래?	¿Para qué quieres?
도대체 뭘 더 원해?	¿Qué más quieres?
원하면 할 수 있다.	Querer es poder.
의도하지 않게	sin querer
사랑하는 친구에게	a mi querido amigo

● lo quiero caliente

'lo'는 목적격 대명사로 '남성 단수 명사'를 받는다. 그러니까 이 문장은 'quiero café caliente'에서 'café'가 남성 단수 명사이므로 'lo'로 받았으며, 목적격 대명사는 동사 앞에 위치하므로 'lo'를 'quiero' 앞으로 가져간 형태이다. 이때 'café'는 물질명사이므로 그 앞에 관사를 생략한다. 또한 'lo'는 형용사와 함께 추상명사화가 된다. 즉, 'lo bueno'하면 '좋은 것'이라는 뜻이 된다.

● caliente

'뜨겁다'는 뜻의 형용사이다. 만약 '덥다'라고 하려면 'calor'를 사용하여, 'Hace calor.'(날씨가 덥다.) 또는 'Tengo calor.'(나는 덥다.) 등으로 표현한다.

단어 vocabulario

quiere	동사 'querer'(원하다)	café	m. 커피
lo	직접목적격 대명사	quiero	동사 'querer'(원하다)
caliente	따뜻한(형용사)		

연습문제 23 | ejercicios 23

1 차를 드시겠습니까?

차 : el té

2 아니요, 괜찮습니다.

아니요 : No

3 어떻게 드시겠어요?

어떻게 : ¿Cómo ~ ?

4 굽는 것이 좋겠습니다.

굽다 : a la parilla

문형 24

의문사 'cómo'/원형동사

감사합니다.

Gracias.

제가 오히려 감사합니다.

A usted.

정말 뭐라 감사를 드려야 할지.

No sé cómo agradecerle.

천만에요.

No hay de qué.

동사 변화

3 ser(~이다) 33 agradecer(감사하다) 44 saber(사실 등을 알다)
1 hay(haber: ~이 ~에 있다)

의문사(interrogativo-cómo)

'어떻게'라는 뜻의 의문부사이다. 'estar'와 함께 쓰이면 안부를 묻는 표현이다.

● no sé cómo agradecerle

'sé'는 동사 'saber'(알다)의 변화형이며 'cómo agradecerle'가 'sé'의 목적어가 된 형태이다. 이때 'le'는 '당신에게'라는 'a usted'의 간접목적격이다. 모든 목적격 대명사류는 원형동사의 앞에 또는 뒤에 붙여서 쓸 수 있다. 그러나 이 경우는 변화된 본동사가 없으므로 원형동사의 뒤에만 쓸 수 있다. 즉, '나는 그에게 말하고 싶다.'는 'Quiero decirle' 또는 'Le quiero decir.'로 표현할 수 있다. 이때는 본동사 'querer'가 동사 변화를 했기 때문이다. 그러나 본 문형에서는 'cómo' 등 모든 의문사의 뒤에 '원형동사'가 나오는 구문적 특성상 변화된 본동사가 없으므로 간접목적격 'le'는 원형동사의 뒤에만 올 수 있다.

원형동사 infinitivo

동사 원형은 문장 내에서 명사화가 되어 남성 단수 명사로 사용되거나, 다른 품사와 함께 구를 만들거나, 목적보어를 필요로 하는 목적어의 목적보어 기능을 한다.

1) 남성 단수 명사로 사용한다.

스페인어를 공부하는 것은 재미있다.	El estudiar español es interesante.

2) 다른 품사와 함께 구를 만든다.

나는 그 말을 감히 못하겠다.	No me atrevo a decir tal palabra.
나는 부동산에 투자할 것을 생각한다.	Pienso en invertir en fincas.

3) 목적보어의 기능을 한다.

나는 까르멘이 노래 부르는 소리를 들었다.	La oía a Carmen cantar.

4) 'al + inf.'는 '~할 때'라는 뜻이다.

내가 집을 나설 때 비가 내리기 시작했다.	Al salir yo de casa empezó a llover.

5) 인칭대명사 목적격 또는 재귀대명사와 함께 쓰일 경우, 긍정 명령과 같이 원형동사 뒤에 그 목적격이나 재귀대명사를 붙여 쓰되 원형동사 본래의 강세의 위치가 변하게 되면 원형동사 본래의 강세 자리에 강세 표기를 해야 한다. 단, 그 목적격이나 재귀대명사를 긍정 명령과는 다르게 반드시 원형동사에 붙여 쓰지 않아도 된다.

나는 그것을 배우고 싶다.	Quiero aprenderlo./Lo quiero aprender.
나는 너에게 이것을 주고 싶다.	Quiero dártelo./Te lo quiero dar.

• No hay de qué.

'de qué'(무엇의)가 'hay'의 목적어인 것 같은 구조이다. 그러나 목적어는 아니다. 단, 'hay'가 갖는 구문적 특성에 의한 것이다. 이와 같은 표현으로 'de nada'가 있으며 보통은 'de nada'를 사용한다. 보다 공식적일 때 'no hay de qué'를 사용한다고 할 수 있다.

단어 vocabulario

gracias	f. la gracia 감사, 은혜	a	~로, ~당(전치사)
sé	동사 'saber'(사실을 알다)		
agradecerle	동사 'agradecer'(감사하다) + le(당신에게)		
de	~의, ~부터(전치사)		

연습문제 24 | ejercicios 24

1 대단히 감사합니다.

대단히 : mucho(a)

2 제가 오히려 감사합니다.

감사합니다 : gracias

3 정말 뭐라 말씀을 드려야 할지.

말하다 : decir

4 천만에요.

천만에요 : no hay de qué/de nada

문형 25

의문사 'cómo'/전치사 'a'

포도 1kg에 얼마나 합니까?

¿A cómo está el kilo de uvas?

1kg에 만원입니다.

Son diez mil wones.

오늘 환율이 어떻게 됩니까?

¿A cómo está el tipo de cambio hoy?

1달러에 1,050원입니다.

A mil cincuenta wones.

동사 변화

4 estar(~상태이다) 3 ser(~이다)

의문사(interrogativo-cómo)

'어떻게'라는 뜻의 의문부사이다. 'estar'와 함께 쓰이면 안부를 묻는 표현이다.

전치사 preposición

스페인어에는 23개의 전치사가 있다. 문장 내에서 2개 이상의 전치사가 함께 쓰이기도 하며, 다른 낱말들과 함께 전치사구를 형성하여 다양한 기능을 수행한다:

a(~에/~로/~를/~까지)	ante(~앞에)
bajo(~아래)	cabe(~가까이)
con(~과 함께)	contra(~에 반하여)
de(~의/~부터)	desde(~부터)
durante(~동안)	en(~에)
entre(~사이에)	hacia(~를 향하여)
hasta(~까지)	mediante(~통하여)
para(~위하여/~까지)	por(~때문에/~에 의하여)
según(~에 의하면)	sin(~없이)
so(~아래에)	sobre(~위에/~에 관하여)
tras(~뒤에)	versus(~에 반하여/~에 대한)
vía(~통하여)	

➡ excepto(~제외하고), menos(~제외하고), salvo(~제외하고), incluso(~포함하여) 등도 전치사의 기능을 한다.

2개 또는 그 이상의 전치사로 이루어진 전치사구나 다른 낱말과 함께 이루어진 전치사구 등이 있다. 이들은 전치사의 뜻을 모두 표현한다:

de a	desde por	hasta con	para con
de entre	en contra	hasta por	por bajo
de por	hasta en	hasta sin	por entre

전치사 외의 낱말의 뜻이 주가 된다:

acerca de ~에 관하여	debajo de ~ 아래에	en vez de ~ 대신에	junto a ~ 옆에
alrededor de ~ 주위에	debido a ~ 때문에	encima de ~ 위에	lejos de ~ 멀리
a punto de ~ 할 때	delante de ~ 앞에	enfrente de ~ 정면에	por debajo de ~ 아래에서
cerca de ~ 가까이에	detrás de ~ 뒤에	frente a ~ 정면에	por detrás de ~ 뒤에서

- **A cómo está**

이때 전치사 'a'는 단위를 표현한다. 또한 현재 가격을 묻는 것이므로 동사 'estar'를 쓰게 된다.

- **el tipo de cambio**

'환율'이라는 뜻이며, 'la tasa de cambio'도 같은 뜻이다.

● 'hortalizas y legumbres'(야채와 콩) 관련 다양한 표현 1

양배추	la col	브로컬리	el brecol
알키촉	la alcachofa	피망	el pimiento dulce
방울토마토	el tomate en rama	가지	la berenjena
아보카도	el aguacate	감자	la patata
죽순	el brote de bambú	샐러리	el apio
타로	el taro	고구마	la batata
카사바	la madioca	강낭콩	el guisante
이집트콩	el garbanzo	대두	la semilla de soja
콩나물	el brote de soja	송로버섯	la trufa
표고버섯	el shiitake	팽이버섯	la seta enoki
해초	las algas		

● 'comedor'(식당) 관련 다양한 표현

식사	la comida	아침식사	el desayuno
점심식사	el almuerzo		

➡ 일반적으로 'la comida'가 점심식사를 말한다.

저녁식사	la cena	간식	la merienda
전채	el primer plato	전채로	de primero
주요리	el segundo plato	주요리로	de segundo
후식	el postre	후식으로	de postre
요리	el plato	식당	el comedor
음식점	el restaurante	바	el bar
카페	la cafetería/el café	피자 가게	la pizzería
옷걸이	el perchero	쟁반	la bandeja

접시 쌓여 있는 곳	la pila de platos	메뉴판	la carta/el menú del día
이쑤시개통	el palillero	소금통	el salero
후추통	el pimentero	식초병	la vinagrera
설탕통	el azucarero	샐러드	la ensalada
국수	el fideo	밥	el arroz cocido
볶음밥	el arroz frito	아이스크림	el helado
파이	el pastel	케익	la tarta
식기류	el cubierto	냅킨	la servilleta
과일 바구니	la cesta de frutas	선반	la barrera
셀프서비스 식당	el restaurante autoservicio		

단어 vocabulario

cómo	어떻게(의문사)	está	v. estar(~상태이다)
kilo	m. 킬로그램	uvas	f. la uva 포도
diez	10	mil	1,000
tipo	m. 타입, 비율	cambio	m. 교환
hoy	오늘(부사)		

연습문제 25 | ejercicios 25

1 토마토 1kg에 얼마나 합니까?

토마토: el tomate

2 1kg에 오천원입니다.

1kg : un kilo

3 오늘 환율이 어떻게 됩니까?

환율 : el tipo de cambio

4 1달러에 1,100원입니다.

1달러 : el dólar

문형 26

의문사 'cómo'/감탄문

얼마나 비가 내리는지!

¡Cómo llueve!

얼마나 차가 빠르게 달리는지!

¡Cómo corre el coche!

이런!

¡Cómo!

좋고 말고!

¡Cómo no!

동사 변화

24 correr(달리다) **30** llover(비가 내리다)

의문사(interrogativo-cómo)

'어떻게'라는 뜻의 의문부사이다. 'estar'와 함께 쓰이면 안부를 묻는 표현이다.

'cómo' 감탄문

의문부사이므로 'cómo'를 사용하여 감탄을 표현하는 경우는 동사에 사용한다. 단순하게 'cómo'만으로 의문을 표현하면(¿cómo?) '뭐라고?' 또는 '말도 안돼'의 뜻이 된다.

• 'hace'(날씨) 관련 다양한 표현

바람이 (많이) 분다.	Hace (mucho) viento.	해가 난다.	Hace sol.
덥다.	Hace calor.	춥다.	Hace frío.
온화하다.	Hace agradable.	구름이 끼어 있다.	Hace nublado.
선선하다.	Hace fresco.	안개가 짙다.	Hace mucha niebla

• 날씨를 표현하는 동사들

항상 3인칭 단수변화형만을 사용한다:

비가 내린다	llover(Llueve.)	눈이 내린다	nevar(Nieva.)
천둥친다	tronar(Truena.)	번개가 친다	relampaguear(Relampaguea.)
우박이 쏟아진다	granizar(Graniza.)	가랑비가 내린다	lloviznar(Llovizna.)

• 동사 'llover'(비가 내리다) 관련 다양한 표현

비가 많이 내린다.	Llueve mucho.
비가 적게 내린다.	Llueve poco.
비가 억수로 내린다.	Lueve a cántaros.
폭탄이 비오듯 쏟아졌다.	Llovían las bombas.
우리는 비에 젖었다.	Hemos mojado de lluvia.

엎친 데 덮친 격이다.	Llovían desgracias sobre mojado.
뜻밖에	como llovido

● 동사 'correr'(달리다) 관련 다양한 표현

더 빨리 달려!	¡Corre más rápido!
전속력으로 달려	¡Corre a toda velocidad!
시간은 흐르는데 기차는 오지 않네.	Los minutos corren y el tren no llega.
공기가 들어오게 창문을 열어라.	Abre la ventana para que corra el aire.
빛이 들어오지 않게 커튼을 쳐라.	Corre las cortinas para que no entre la luz.
여기는 위험해.	Aquí corre riesgo.
소문이 일파만파 번진다.	El rumor corre de boca en boca.
저녁은 내가 사는거야.	La cena corre de mi cuenta.
강물이 흐르는 거 봐!	¡Cómo corre el río!
이 화폐는 더 이상 거래되지 않는다.	Ya no corre esta moneda.
회사가 교통비를 대준다.	La empresa corre con los gastos de transporte.
죽을 힘을 다해 끝냈다.	Lo he terminado a todo correr.

단어 vocabulario

llueve	동사 'llover'(비가 내리다)	corre	동사 'correr'(달리다)
coche	m. 자동차		

연습문제 26 | ejercicios 26

1 얼마나 눈이 내리는지!

눈이 내리다 : nevar

2 얼마나 기차가 빠르게 달리는지!

기차 : el tren

3 뭐요?

뭐요? : ¿cómo?

4 좋고 말고!

좋고 말고! : ¡Cómo no!

의문사 'quién'/누구/인칭대명사 소유격 전치형

저 사람은 누구입니까?

¿Quién es él?

제 동생입니다.

Es mi hermano menor.

저 여자들은 누구니?

¿Quiénes son ellas?

저 여자들은 김교수님 제자들입니다.

Son alumnas del profesor Kim.

동사 변화

3 ser(~이다)

의문사(interrogativo-quién)

'quién'은 의문대명사로 신분을 표현하며 복수는 'quiénes'이다.

● **mi**

인칭대명사 소유격으로 명사의 성과 수에 따른 변화를 하며 소유격에는 '전치형'과 '후치형' 두가지가 있으며 'mi'는 '전치형'에 해당된다.

인칭대명사 소유격 전치형(posesivo antepuesto)

수 / 의미	단수	복수
나의	mi	mis
너의	tu	tus
그의/그녀의	su	sus
우리의	nuestro / nuestra	nuestros / nuestras
너희의	vuestro / vuestra	vuestros / vuestras
당신(들)의	su	sus

● **hermano menor**

'el hermano'는 '형제'라는 뜻이며 형은 'hermano mayor'이고 남동생은 'hermano menor'이다. 'la hermana'는 '자매'라는 뜻이며 언니는 'hermana mayor'이고 여동생은 'hermana menor'이다.

● **'familia'(가족) 관련 다양한 표현**

가족	la familia	아버지	el padre
어머니	la madre	부모	los padres
자식	el hijo/la hija	조부모	el abuelo/la abuela
증조부모	el bisabuelo/la bisabuela	사촌	el primo/la prima
조카	el sobrino/la sobrina	손자, 손녀	el nieto/la nieta

부모의 형제	el tío/la tía	형제, 자매	el hermano/la hermana
며느리	la nuera	사위	el yerno
동서	el cuñado/la cuñada	친척	el pariente
아버지의	paterno(a)	어머니의	materno(a)

● 'educación'(교육) 관련 다양한 표현

교육하다	educar	교육	la educación
배우다	aprender	배움	el aprendizaje
제자	el discípulo	학교	el colegio/la escuela
유아원	la guardería infantil		
유치원	el kindergarten/la escuela de párvulos/el jardín de infancia		
학원	el instituto	대학원	la escuela postgraduada
유아교육	la enseñanza preescolar	초등교육	la enseñanza primaria
중등교육	la enseñanza secundaria	고등교육	la enseñanza superior
학위	el título	논문	la tesis/la tesina
학사	el bachiller/la bachillera	석사	el licenciado/la licenciada
박사	el doctor/la doctora		
명예박사	doctor honorífico/doctor de honoris causa		

단어 vocabulario

quién	누구(의문사)	mi	나의(인칭대명사 소유격)
hermano	m. 형제	menor	보다 적은
alumnas	f. la alumna 여제자	del	'de + el'의 축약형
profesor	m. 교수		

연습문제 27 | ejercicios 27

1 너는 누구니?

누구? : ¿Quién ~ ?

2 저는 김씨 아들입니다.

아들 : el hijo

3 마리아는 누구입니까?

누구? : ¿Quién ~ ?

4 마리아는 까르멘의 자매입니다.

자매 : la hermana

의문사 'quién'/누구를/인칭대명사 소유격 후치형

문형 28

누구를 기다리니?

¿A quién esperas?

내 동생을 기다려.

Espero a una hermana mía.

너는 누구를 기다리니?

¿A quién esperas tú?

나는 내 친구를 기다려.

Yo espero a una amiga mía.

동사 변화

5 esperar(기다리다)

의문사(interrogativo-quién)

'quién'은 의문대명사로 신분을 표현하며 복수는 'quiénes'이다.

• A quién esperas

사람이 목적어가 되는 경우, 그 앞에 전치사 'a'를 써야 하며, 본 문형은 의문사로 시작되는 의문문이므로 해당 의문사 앞에 전치사 'a'가 놓이게 된 것이다.

• 동사 'esperar'(기다리다) 관련 다양한 표현

나는 나의 애인을 기다린다. Espero a mi novio.

내가 널 도울 거라 믿는다면, 계속 기다려야 될 걸.

Si crees que te voy a ayudar, que esperes sentado.

기다리면 실망하게 마련이다.	Quien espera desespera.
너의 답장을 기다리며	en espera de tu respuesta
나는 그가 정시에 오기를 고대한다.	Espero que venga puntualmente.
나는 버스를 기다리고 있다.	Estoy esperando el autobús.
~을 고대하며	a la espera de ~
희망	la esperanza

• una hermana mía

'mía'는 인칭대명사 소유격 후치형으로 강조를 할 때 사용한다.

인칭대명사 소유격 후치형(posesivo pospuesto)

인칭 \ 수	단수	복수
yo	mío / mía	míos / mías
tú	tuyo / tuya	tuyos / tuyas
él, ella	suyo / suya	suyos / suyas
nosotros	nuestro / nuestra	nuestros / nuestras
vosotros	vuestro / vuestra	vuestros / vuestras
usted ustedes	suyo / suya	suyos / suyas

▶ 'ser' 동사의 보어로 사용될 때나 강조할 때 쓰인다. 또한 '특정관사 + 소유격 후치형'은 대명사가 되며 'ser'동사의 보어로 사용될 때는 역시 특정관사를 생략하게 된다:

아들아!	¡Hijo mío!
나의 것(여성 단수)은 너의 것(여성 단수)과 다르다.	La mía es distinta de la tuya.

단어 vocabulario

esperas	동사 'esperar'(기다리다)
espero	동사 'esperar'(기다리다)
hermana	f. 자매
mía	여성 단수 명사 뒤에 붙이는 소유격
amiga	f. 여자 친구

연습문제 28 | ejercicios 28

1 너는 누구를 기다리니?

기다리다 : esperar

2 너를 기다려.

너를 : a ti/te

3 네 동생(남자)은 누구를 기다리니?

동생(남자) : el hermano

4 자기 동료를 기다린대.

동료 : el compañero / la compañera

문형 29

의문사 'quién'/누구와/진행형/인칭대명사 전치사격

누구와 말하고 있는거니?

¿Con quién estás hablando?

나 자신과 말하고 있는거야.

Estoy hablando conmigo mismo.

누구?

¿Con quién?

아휴, 나 자신이랑!

¡Hombre, conmigo mismo!

동사 변화

5 hablar(말하다) 4 estar(~상태이다)

∷ 의문사(interrogativo-quién)

'quién'은 의문대명사로 신분을 표현하며 복수는 'quiénes'이다.

∷ 전치사 'con'

주로 '~과 함께'라는 뜻으로 사용된다.

• con quién

이렇게 동사가 어떤 전치사를 필요로 하는 경우 'quién' 앞에 해당 전치사를 쓰게 된다. 이 경우는 '누구와 말을 하다'라고 할 때 'hablar con'이 되기 때문이다.

• estás hablando

동사 'estar'(~상태이다)가 현재분사와 함께 쓰여 진행형을 만들게 된다.

∷ 인칭대명사 전치사격(preposicional)

인칭대명사가 전치사와 함께 쓰일 때 'yo'는 'mí', 'tú'는 'ti'가 되며 'conmigo'(나와 함께), 'contigo'(너와 함께), 'consigo'(자기 자신과 함께)는 예외적이다. '~자신'이라고 할때는 'mismo'를 덧붙여 사용한다:

나를 위하여	para mí
너 때문에	por ti
그와 함께	con él
우리의	de nosotros
당신과 함께	con usted

➡ '자기 자신을 위하여'라는 뜻으로는 'para sí'를 사용한다.

conmigo mismo

'conmigo'는 전치사 'con'과 'migo'라는 인칭대명사 전치사격이 합쳐진 형태이다. 'mismo'는 '같은, 자신의'의 뜻을 갖는 형용사이다. 'mismo'를 써주므로 강조가 된다.

Hombre

원래는 '남자'라는 뜻의 명사이나 감탄사로 사용하면 문맥에 따라 다양한 뜻으로 사용된다. 여자에게도 사용할 수 있으나, 요즘은 여자에게는 'mujer'를 사용한다. 결국 감탄사이기 때문에 성과 수의 구별은 없는 것이다.

동사 'hablar'(말하다) 관련 다양한 표현 1

나는 스페인어를 말한다.	Hablo español.
앵무새에게 말하는 걸 가르친다.	Enseño a hablar al loro.
왕이 자국민들에게 말했다.	El rey habló a su pueblo.
그 점에 대해 말하지 마라.	De eso ni hablar.
말을 많이 하는 사람은 실수를 많이 한다.	Quien mucho habla mucho yerra.
~에 대해서 말하다	hablar de ~
~와 말하다	hablar con ~
큰(작은) 소리로 말하다	hablar en voz alta(baja)

단어 vocabulario

estás	동사 'estar'(~상태이다)	hablando	동사 'hablar'(말하다)
estoy	동사 'estar'(~상태이다)	conmigo	나와 함께
mismo	같은 (형용사)	con	~과 함께(전치사)

연습문제 29 | ejercicios 29

1 너는 누구와 말하고 있니?

말하다 : hablar

2 나 자신과 말하고 있다.

말하다 : hablar

3 누구랑 가니?

가다 : ir

4 내 친구랑 가.

가다 : ir

의문사 'quién'/전화

여보세요?

¡Oiga!

네, 여보세요? 누구세요?

¡Sí, diga! ¿De parte de quién?

전화국입니다.

De parte de la Casa Telefónica.

아, 무슨 일이십니까?

¿Ah, qué quería?

동사 변화

78 oír(듣다) 42 querer(좋아하다) 74 decir(말하다)

∷ 의문사(interrogativo-quién)

'quién'은 의문대명사로 신분을 표현하며 복수는 'quiénes'이다.

• oiga, diga

'oiga'는 동사 'oír'(듣다), 'diga'는 동사 'decir'(말하다)의 접속법 현재로 전화상에서 전화를 건 사람은 'oiga', 전화를 받은 사람은 'sí, diga' 또는 'diga'로 말한다. 또한 전화상 '누구십니까?'는 '¿De parte de quién?', '¿Con quién hablo?' 또는 '¿Con quién tengo el gusto?'로 물으며, 대답하는 사람은 'De parte de Juan.' 또는 'Aquí habla Juan.' 등으로 말한다. '전화를 걸다'는 'llamar (por teléfono)'로 표현한다.

• 동사 'oír'(듣다)

동사 'oír'는 '듣다'이고 'escuchar'는 '주의깊게 듣다'는 뜻이다.

• quería

동사 'querer'(원하다)의 직설법 불완료과거 변화형으로 현재에서 겸손한 표현에 사용한다. 동사 'desear'(원하다)도 마찬가지로 사용된다.

• Ah

감탄사이며 동시에 간투사 기능을 한다. 간투사란 말과 말 사이를 부드럽게 연결하는 기능을 하는 것으로, 한 낱말이 될 수도 있고 구가 될 수도 있다:

oye	oiga	bien	bueno
pues	entonces	ah	a ver
mira	la verdad es que	es que	lo que pasa es que
a propósito	cómo diría	digamos	veamos
verá	verás	hum......	

'qué' 관련 다양한 표현

이것은 무엇입니까?	¿Qué es esto?
마리아의 직업은 무엇입니까?	¿Qué es María?
이것은 무슨 색깔입니까?	¿De qué color es éste?
몇 시에 만날까요?	¿A qué hora nos vemos?
몇 시입니까?	¿Qué hora es?
왜 나에게 그것을 줍니까?	¿Por qué me lo da?
오늘은 무슨 요일입니까?	¿Qué día es hoy?
오늘은 며칠입니까?	¿Qué fecha es hoy?
이것은 무엇을 하는 데 사용이 됩니까?	¿Para qué es éste?
너무 예쁜 아이구나!	¡Qué niña tan guapa!
내 팔자야!	¡Qué de mí!
무엇을 말해야 할지 모르겠다.	No sé qué decir.

단어 vocabulario

oiga	동사 'oír'(듣다)	diga	동사 'decir'(말하다)
con	~과 함께(전치사)	hablo	동사 'hablar'(말하다)
de	~의, ~부터(전치사)	parte	f. 부분
casa	f. 집	telefónica	telefónico 전화의
ah	감탄사	quería	동사 'querer'(원하다)

연습문제 30 | ejercicios 30

1 여보세요?

여보세요? : ¡Oiga!

2 네, 여보세요? 누구세요?

네, 여보세요? : ¡Sí, diga!

3 아나인데요, 빨로마 있어요?

~ 가 있다 : estar

4 그래, 바꿔줄게.

바꿔주다 : poner

의문사 'dónde'

너, 지금 어디 있니?

¿Dónde estás ahora?

집에 있어.

Estoy en casa.

쁘라도 박물관은 어디 있니?

¿Dónde está el Museo del Prado?

가까워.

Está cerca.

동사 변화

4 estar(~상태이다)

의문사(interrogativo-dónde)

'dónde'는 장소를 뜻하는 의문부사로 전치사와 함께 다양한 표현을 한다.

● 'dónde' 관련 다양한 표현

어디에서	de dónde
어디에서부터	desde dónde
어디로	a dónde
어디를 향하여	hacia dónde
어디까지	hasta dónde
어디를 통하여	por dónde
학교가 어디에 있습니까?	¿Dónde está la escuela?
어디에 영화관이 있겠습니까?	¿Dónde se encuentra un cine?
마드리드는 어디에 위치해 있습니까?	¿Dónde se sitúa Madrid?
장롱은 어디에 배치되어 있습니까?	¿Dónde se ubica el armario?
테헤란로는 어디에서 찾을 수 있습니까?	¿Dónde se halla la avenida (de) Teherán?
잃어버린 차를 어디서 찾아낼 수 있겠습니까?	¿Dónde se busca el coche perdido?
서류첩이 어디서 발견될까요?	¿Dónde se descubre la carpeta?
모임은 어디에서 있습니까?	¿Dónde es la reunión?
당신은 어디에 사십니까?	¿Dónde vive usted?

● 'adverbio'(자주 쓰는 부사) 관련 다양한 표현 2

지금	ahora	전에	antes
후에	después, luego	가까이	cerca
멀리	lejos	~의 위에	encima de
~의 아래	debajo de	~의 앞에	enfrente de

~의 뒤에	detrás de	~의 밖에	fuera de
~의 안에	dentro de	~의 옆에	al lado de
여기	aquí/acá	저기	ahí/allí/allá
지금	ahora/ahorita	전에	antes
한 시간 후에	después de una hora	한 시간 늦게	una hora después
한 시간 전에	antes de una hora	한 시간 빨리	una hora antes
~ 덕분에	en virtud de	항상	siempre
늘	constantemente	계속	continuamente
자주	frecuentemente/muchas veces/a menudo		
여러 차례	varias veces	반복적으로	repetidamente
가끔	de vez en cuando/a veces/algunas veces		
일주일에 한 번	una vez a la semana	매주	cada semana
하루 건너	cada dos días	초순에	a principios de
중순에	a mediados de	말경에	a fines de
나날이	día a(por) día	하루 건너	cada tercer día
앞으로 어느 날에	otro día	지난 어느 날에	el otro día
요즈음	(en) estos días/hoy día/hoy en día		
일찍	temprano	늦게	tarde

단어 vocabulario

ahora	지금(부사)	cerca	가까이(부사)

연습문제 31 | ejercicios 31

1 마르가리따는 어디에 있습니까?

어디에 : ¿Dónde ~ ?

2 그녀는 시장에 있습니다.

시장 : el mercado

3 시장은 어디에 있습니까?

시장 : el mercado

4 시장은 집 근처에 있습니다.

근처에 : cerca de

의문사 'dónde'/전치사 'de'

너는 어느 나라 사람이니?

¿De dónde eres tú?

프랑스에서 왔어.

Soy de Francia.

프랑스 어디 출신이야?

¿De qué parte de Francia eres?

프랑스 남쪽 출신이야.

Soy del Sur de Francia.

동사 변화

3 ser(~이다)

의문사(interrogativo-dónde)

'dónde'는 장소를 뜻하는 의문부사로 전치사와 함께 다양한 표현을 한다.

¿De dónde eres?

'dónde' 앞에 전치사 'de'를 쓰고 동사 'ser'(~이다)를 쓰면 '어디 출신이냐?'는 뜻이다.

Sur

방향을 나타내는 고유 명사는 항상 대문자로 쓰며, '~쪽 방향'일 때는 소문자로 쓴다:

동	el Este/el Oriente	서	el Oeste/el Occidente
남	el Sur/el Mediodía	북	el Norte/el Septentrión
남동	el Sureste/el Sudeste	남서	el Suroeste/el Sudoeste
북동	el Noreste	북서	el Noroeste
남극	el Antártico/el Polo Sur	북극	el Ártico/el Polo Norte

'geografía'(지리) 관련 다양한 표현

나라	el país	지방	la provincia/la región
도시	la ciudad	고국	el país natal
고향	el pueblo natal	외국	el país extranjero
동양	los países orientales/el oriente		
서양	los países occidentales/el occidente		
국경	la frontera		
원산지	el país de procedencia/el origen		
국내의	nacional/doméstico	국제의	internacional
세계의	mundial		

우주	el Multiverso/el Universo	자연	la Naturaleza
지구	el globo terrestre/el globo terráquio/la Tierra		
지도	el mapa	위도	la latitud
경도	la longitud	자오선	el meridiano
적도	el ecuador	반구	el hemisferio
열대지방	la zona tropical	온대지방	la zona templada
한대지방	la zona glacial	대륙	el continente
아시아	Asia	유럽	Europa
아메리카	América	아프리카	África
오세아니아	Oceanía	태평양	el Pacífico
대서양	el Atlántico	인도양	el Océano Índico
지중해	el Mediterráneo	카리브해	el Mar Caribe
강	el río	호수	el lago
바다	el mar	해안	la costa
반도	la península	만	el golfo/la bahía
해협	el estrecho	섬	la isla
산	la montaña	산맥	la sierra
화산	el volcán	바위	la roca
돌	la piedra	사막	el desierto
오아시스	el oasis(단·복수 공통)		

단어 vocabulario

Francia	프랑스	Sur	m. 남쪽

연습문제 32 | ejercicios 32

1 당신은 어느 나라 사람입니까?

나라 : el país

2 저는 칠레 사람입니다.

칠레 : Chile

3 당신은 국적이 어디입니까?

국적 : la nacionalidad

4 저는 브라질 국적입니다.

브라질 : Brasil

의문사 'dónde'/ir a inf.

어디 가려고 하니?

¿A dónde vas a ir?

영화관에 가려고.

Voy a ir al cine.

어디로 여행하려고 하니?

¿Por dónde vas a viajar?

유럽으로 여행하려고.

Voy a viajar por Europa.

동사 변화

5 viajar(여행하다) **77** ir(가다)

의문사(interrogativo-dónde)

'dónde'는 장소를 뜻하는 의문부사로 전치사와 함께 다양한 표현을 한다.

vas a ir

동사 'ir'(가다)가 전치사 'a'와 함께 그 뒤에 원형동사를 가지면 가까운 미래를 표현한다. 즉, 영어의 'be going to'에 해당된다. 과거에 '~하려고 했었다'는 불완료과거를 사용하여 표현한다. 즉, 'iba a inf.' 등으로 표현한다.

특정관사 축약(contracción del artículo definido)

'de + el → del', 'a + el → al'로 축약된다.

단, 뒤에 인칭대명사 'él' 또는 고유명사가 오는 경우는 축약되지 않는다:

la casa de él	그의 집
la casa de El Greco	엘그레꼬의 집

'cine'(영화) 관련 다양한 표현

영화관	el cine	극장	el teatro
상연	la representación	초연	el estreno
관객	el espectador	매표소	la taquilla
카메라	la cámara	영상 카메라	la cámara de película
음향 카메라	la cámara sonora	마이크	el micrófono
버튼	el botón	카메라맨	el operador
촬영기	la cámara de reportaje/el cinematográfico		
카트리지	el cartucho		
영사기	el proyector de película/la estrecha		
영사실	la cabina de proyección		

감독	el director/la directora	좌석 안내인	la acomodadora
무대	el escenario	화면	la pantalla
필름	la película	좌석	la butaca
출구	la salida	입구	la entrada

● 'teatro'(연극) 관련 다양한 표현

오케스트라	la orquesta	작품	la obra
커튼	la cortina	의상실	el guardarropa
무대 의상	el vestido teatral	검표원	el revisor
지휘봉	la batuta	분장사	el maquillador
소품	los accesorios	남자 배우	el actor
여자 배우	la actriz	엑스트라	los figurantes
대본	el guión/el texto	소품 담당	el tramoyista
기술 감독	el maquinista/el mecánico	조정	el control
연주회	el concierto	리사이틀	el recital
연주	la interpretación	지휘	la dirección
지휘자	el conductor	낭송	la recitación
시낭송하다	recitar un poema	소프라노	el soprano
알토	el alto	테너	el tenor
바리톤	el barítono	독창	el solista
이중창	el dúo	합창	el coro

단어 vocabulario

vas	동사 'ir'(가다)	al	'a+el'의 축약형
cine	m. 영화관	por	~을 통하여, ~때문에(전치사)
viajar	v. 여행하다	Europa	유럽

연습문제 33 | ejercicios 33

1 한강은 어디를 통해 흐릅니까?

강 : el río

2 음... 서울을 통해 흐릅니다.

서울 : Seúl

3 너는 어디로 여행하고 싶니?

여행하다 : viajar

4 저, 구대륙으로 여행하고 싶어요.

구대륙 : el Viejo Continente

문형 34

의문사 'dónde'/'ser'와 'estar'

모임은 어디에서 합니까?

¿Dónde es la reunión?

101호 강의실에서 합니다.

Es en el aula ciento uno.

스페인은 어디 있습니까?

¿Dónde está España?

포르투갈 옆에 있습니다.

Está al lado de Portugal.

동사 변화

3 ser(~이다) 4 estar(~상태이다)

의문사(interrogativo-dónde)

'dónde'는 장소를 뜻하는 의문사로 부사적 기능을 하며, 전치사와 함께 다양한 표현을 한다.

● 'ser'와 'estar'

'ser'(~이다)와 'estar'(~상태이다)는 영어의 'be'동사에 해당되나, 신분이나 속성을 표현할 때는 'ser'(~이다)를, 상태나 일시적인 것을 표현할 때는 'estar'(~상태이다)를 사용한다:

그는 어떤 사람입니까?	¿Cómo es él?
그는 안녕하십니까?	¿Cómo está él?
그녀는 낙천적이다.	Ella es alegre.
그녀는 복권에 당첨되어 기뻐한다.	Ella está alegre porque le ha tocado la lotería.
치즈는 무엇으로 만듭니까?	¿De que se hace el queso?
치즈가 다 만들어졌다.	Está hecho el queso.

● el aula

원래 'aula'는 여성 명사이나 앞에 남성 특정관사 'el'이 붙은 것은, 여성 명사의 첫 글자가 'a'나 'ha'로 시작되면서 그 글자 위에 강세가 오게 되면 발음상 혼동이 생기므로 단수에서만 'el' 또는 'un'을 사용한다.

● 동사 'deber'(해야 하다/빚지다) 관련 다양한 표현

의무	el deber	'~일 것이다'	deber de inf.
'~때문에'	debido a		

우리는 그것을 완성해야 한다.	Debemos cumplirlo.
얼마를 제가 드려야 하나요?	¿Cuánto le debo?
아마 그럴걸요.	Debe de ser.
그것은 우리의 기본 의무입니다.	Son nuestro deber elemental.
➡ 힘든	duro/estricto/pesado/fastidioso/gravoso/penoso/llevadero
➡ 기본적인	fundamental/principal/inevitable/inexcusable/primordial
➡ 시민의	ciudadano/cívico
➡ 사회적인	social
➡ 법적인	legal
➡ 전문적인	profesional
➡ 도덕적인	moral
➡ 부부의	conyugal
➡ 장례	últimos deberes

마땅한	debido(a)
➡ 마땅한 조건	debida condición
➡ 마땅한	debida explicación
➡ 마땅한 절차	debido proceso

단어 vocabulario

reunión	f. 모임	aula	f. 강의실
España	스페인	lado	m. 옆, 측면
Portugal	포르투갈		

연습문제 34 | ejercicios 34

1 마드리드는 스페인 중앙에 위치합니다.

중앙 : el centro

2 그리고 스페인의 중심지입니다.

중앙 : el centro

3 그는 피곤하다.

피곤한 : cansado(a)

4 그는 피곤한 사람이기도 해.

피곤한 : cansado(a)

의문사 'cuánto'

얼마입니까?

¿Cuánto es?

30유로입니다.

Son treinta euros.

얼마입니까?

¿Cuántos son?

100달러입니다.

Son cien dólares.

동사 변화

3 ser(~이다)

∷ 의문사(interrogativo-cuánto)

'cuánto'는 '얼마, 얼마의'의 뜻을 갖는 의문사로, 대명사 또는 형용사의 기능을 하며, 형용사로 쓰이는 경우, 뒤에 나오는 명사의 성과 수에 따라 어미가 변하여 'cuánto, cuántos, cuánta, cuántas'가 된다.

● ¿Cuánto es?

다르게는 '¿Cuántos son?, ¿Cuánto cuesta?, ¿Cuánto vale?' 등으로 표현할 수 있다. 'cuesta'는 동사 'contar'(이야기 하다, 가격이 ~이다)에서, 'vale'는 동사 'valer'(가치가 나가다)에서 나온 것이다.

● 'cuánto' 관련 다양한 표현

'얼마나'라는 뜻의 양을 표현한다. 의문대명사, 의문형용사 또는 감탄부사로 사용된다:

너는 몇 살이야? (의문형용사)	¿Cuántos años tienes?

➡ 동사 tener(가지다)와 함께 쓰여 나이를 표현한다.

몇 명이나 식사하러 옵니까? (의문대명사)	¿Cuántos vienen a comer?
엄청난 인파다! (감탄형용사)	¡Cuánta gente!
얼마나 빨리 달리는지! (감탄부사)	¡Cuán rápido corre!

➡ 형용사 앞에서 부사로 사용되는 경우, 어미 '-to'가 탈락된다.

● 동사 'pagar'(지불하다) 관련 다양한 표현

지불	el pago
약속 어음	el pagaré
나는 나의 모든 채무를 갚았다.	Pagué todas mis deudas.

➡ 세금 impuesto/벌금 multa/사용료 gasto/회비 cuota/입장료 entrada/차액 diferencia/이자 intereses/가격 coste, precio/신용 fianza/이용료 servicio/셋돈 alquiler/월급 sueldo

➡ 비싸게 caro, a peso de oro/싸게 barato/현금으로 en efectivo/카드로 con tarjeta/할부로 a plazos/연체하여 con demora/기꺼이 con gusto, gustosamente

가짜 약속 어음으로 나를 속였다. Me engañaron con un pagaré falso.

➡ 발행하다 emitir/사인하다 firmar/사다 comprar/팔다 vender/받다 aceptar, recibir

● 'hortalizas y legumbres'(야채와 콩) 관련 다양한 표현 2

야채	las verduras	양상추	la lechuga
양파	la cebolla	토마토	el tomate
오이	el pepino	올리브	la aceituna
호박	la calabaza	시금치	la espinaca
당근	la zanahoria	배추	la col oriental/la col china
고추	el chile/el ají	무	el nabo
파	el puerro	콩	el frijol/la judía
렌즈콩	la lenteja	마늘	el ajo
버섯	el hongo	양송이버섯	el champiñón
대추	el dátil	생강	el jengibre

단어 vocabulario

cuánto	얼마, 얼마의(의문사)	treinta	30
euros	m. el euro 유로화	cien	100
dólares	m. el dólar 달러화		

연습문제 35 | ejercicios 35

1 얼마입니까?

얼마? : ¿Cuánto ~ ?

2 천달러입니다.

달러 : el dólar

3 얼마입니까?

얼마? : ¿Cuánto ~ ?

4 200유로입니다.

유로 : el euro

문형 36

의문사 'cuánto'/직설법 현재완료

몇 살이니?

¿Cuántos años tienes?

20살이야.

Tengo veinte años.

얼마나 많은 방문객이 왔니?

¿Cuántos visitantes han venido?

10여명 정도가 왔어.

Han venido diez y pico.

동사 변화

2 tener(가지고 있다) 80 venir(오다)

의문사(interrogativo-cuánto)

'cuánto'는 '얼마, 얼마의'의 뜻을 갖는 의문사로, 대명사 또는 형용사의 기능을 하며, 형용사로 쓰이는 경우, 뒤에 나오는 명사의 성과 수에 따라 어미가 변하여 'cuánto, cuántos, cuánta, cuántas'가 된다.

¿Cuántos años tienes?

나이를 표현하는 방식이다. 동사 'cumplir'(완성하다)를 사용하기도 한다. 그래서 '생일'이 'cumpleaños'가 된다.

직설법 현재완료(pretérito perfecto)

직설법 현재완료 규칙변화

	yo(나는)	tú(너는)	él(그는), ella(그녀는), usted(당신은)	nosotros (우리는)	vosotros (너희는)	ellos(그들은), ellas(그녀들은), ustedes (당신들은)
hablar(말하다)	he hablado	has hablado	ha hablado	hemos hablado	habéis hablado	han hablado
comer(먹다)	he comido	has comido	ha comido	hemos comido	habéis comido	han comido
vivir(살다)	he vivido	has vivido	ha vivido	hemos vivido	habéis vivido	han vivido
hablarse	me he hablado	te has hablado	se ha hablado	nos hemos hablado	os habéis hablado	se han hablado
comerse	me he comido	te has comido	se ha comido	nos hemos comido	os habéis comido	se han comido
vivirse	me he vivido	te has vivido	se ha vivido	nos hemos vivido	os habéis vivido	se han vivido

➡ 완료는 조동사 'haber'와 과거분사로 만들어진다.

1) 과거로부터 시작하여 현재에 종결되는 사실을 표현한다. 직설법 불특정과거와 한국어로는 잘 구별되지 않는다. 그러나 현재완료는 어떤식으로든 현재이므로 과거를 나타내는 시간의 부사와는 함께 사용되지 않는다. 반면에 오늘(hoy), 이번 주(esta semana), 이번 달(este mes), 올해(este año) 등과는 함께 사용할 수 있다.

이제 숙제를 끝냈다.	Ya he terminado la tarea.
올해는 수확이 좋았다.	Este año hemos tenido buena cosecha.

2) '~을 해본 적이 있다/없다'를 표현할 때 사용한다.

나는 한 번도 스페인에 있어 본 적이 없다.	Nunca he estado en España.

3) 어떤 결과가 현재에 남아 있을 때 사용한다.

장갑을 잃어버렸다.	He perdido los guantes.

단어 vocabulario

años	m. el año 년	tienes	동사 'tener'(가지다)
tengo	동사 'tener'(가지다)	veinte	20
visitantes	m. el visitante 방문객	han	동사 'haber'(조동사)
venido	동사 'venir'(오다)	diez	10

연습문제 36 | ejercicios 36

1 연세가 어떻게 되십니까?

연세 : los años

2 50이 되었습니다.

50 : cincuenta

3 얼마나 많은 손님이 왔습니까?

손님 : el cliente

4 아휴, 많이 왔어요.

많은 사람 : muchos

의문사 'cuánto'/감탄문

저것 좀 봐! 엄청난 인파다!

Mira, ¡Cuánta gente!

그래, 노조 시위가 있어.

Sí, hay huelga de los sindicatos.

저것 좀 봐! 얼마나 빨리 달리는지!

Fíjate, ¡Cuán rápido corre!

엄청나다!

¡Increíble!

동사 변화

1 hay(haber: ~이 ~에 있다) 5 mirar(눈여겨 보다) 5 fijar(고정시키다)
24 correr(달리다)

의문사(interrogativo-cuánto)

'cuánto'는 '얼마, 얼마의'의 뜻을 갖는 의문사로, 대명사 또는 형용사의 기능을 하며, 형용사로 쓰이는 경우, 뒤에 나오는 명사의 성과 수에 따라 어미가 변하여 'cuánto, cuántos, cuánta, cuántas'가 된다. 감탄문을 유도하게 될 경우, 형용사나 부사 앞에 놓여 부사적 기능을 하며, 이때는 어미 '-to'를 탈락시키게 된다.

- **Mira**

동사 'mirar'(눈여겨 보다)의 'tú'에 대한 명령이 간투사로 사용된 것이다. 따라서 존칭인 경우는 'mire'를 사용한다.

- **Fíjate**

동사 'fijar'(고정시키다)가 재귀화가 되어 '집중하다'는 뜻이 되나, 여기서는 '있잖아, 저기' 등 간투사로 사용된 것이다.

- **Cuán rápido**

'cuánto'가 부사 'rápido'(빠르게)앞에서 어미 '-to'를 탈락시킨 형태이다. 부사로 '빠르게'는 'rápidamente'이나, 요즘은 부사 어미인 '-mente'를 떼고 형용사 원형을 그대로 부사로 사용하는 경향이 있으므로 'rápido'가 쓰인 것이다.

- **¡Increíble!**

'increíble'는 형용사로 '믿을 수 없는'의 뜻이나 같은 뜻으로 감탄사로 사용된 것이다.

● 동사 'mirar'(눈여겨 보다) 관련 다양한 표현

시선	la mirada
미래를 생각하고 과거를 돌아보지 마라.	Piensa en el futuro y no mires atrás.
네 자신이 하는 일을 생각해보아라.	Mira lo que haces.
학자로서 그를 존경한다.	Le miran como un académico.
그들은 서로 마주본다.	Se miran frente a frente(cara a cara).
그들은 가난한 사람들을 돌아본다.	Ellos miran a los pobres.
호세는 나를 깔본다.	José me mira por encima del hombro.
호세는 그것들을 샅샅이 살펴본다.	José los mira de arriba abajo.

➡ 샅샅이 con lupa/con detalle/de cerca/con atención/atentamente

호세는 그 작품을 대충 보았다.	José miró la obra por encima.

호세는 그의 눈을 빤히 보며 악수를 했다.

José le estrechó la mano mirándolo de hito en hito a los ojos.

➡ 빤히 fijamente

단어 vocabulario

mira	동사 'mirar'(눈여겨 보다)	hay	동사 'haber'(~이 있다)
huelga	f. 파업	sindicatos	m. el sindicato 노조
fíjate	동사 'fijarse'(집중하다)	cuán	cuánto(의문사)
rápido	빠른(형용사)	corre	동사 'correr'(달리다)
increíble	믿을 수 없는(형용사)		

연습문제 37 | ejercicios 37

1 저것 좀 보세요! 정말 사람이 많아요!

사람 : la persona

2 그래, 학생 시위가 있어.

학생 : el estudiante

3 저것 좀 보세요! 얼마나 빨리 하는지!

하다 : hacer

4 멋지네!

멋진 : magnífico/excelente/estupendo

문형 38

의문사 'cuál'/관사의 대명사적 기능

어느 것이 네 목걸이니?

¿Cuál es tu collar?

진주로 된 것이 내 것이야.

El de perlas es mío.

어느 것이 네 귀고리니?

¿Cuáles son tus pendientes?

다이아몬드로 된 것이 내 것이야.

Los de diamantes son míos.

동사 변화

3 ser(~이다)

의문사(interrogativo-cuál)

'cuál'은 '어느, 어느 것'의 뜻을 갖는 의문사로, 대명사 또는 형용사적 기능을 하며, 형용사로 쓰이는 경우, 뒤에 나오는 명사의 수에 따라 어미가 변하여 'cuál', 'cuáles'가 된다.

- **El de perlas es mío.**

이때 'el'은 'el collar'에서 'el'이 대명사적 기능을 하는 것이다. '나의 목걸이'이라고 하면 'mi collar'이고, 이것을 대명사화하면 'el mío'가 되지만, 이 'el mío'가 동사 'ser'의 보어가 되므로 관사가 생략되어 'mío'만 쓰인 것이다.

- **Los de diamantes son míos.**

'El de perlas es mío.'와 마찬가지로, 'los'는 'los diamantes'에서 'los'가 대명사적 기능을 하는 것이다. '나의 귀고리'라고 하면 'mis pendientes'이고, 이것을 대명사화하면 'los míos'가 되지만, 이 'los míos'가 동사 'ser'의 보어가 되므로 관사가 생략되어 'míos'만 쓰인 것이다.

관사의 대명사적 용법(uso pronominal del artículo)

관사는 명사 앞에 놓이나 단독으로 또는 형용사와 함께 사용되어 문장에서 대명사적 기능을 수행한다:

나는 흰 셔츠들을 가지고 있다.	Tengo las camisas blancas.
나는 흰 것들을 가지고 있다.	Tengo las blancas.
나는 그것들을 가지고 있다.	Las tengo.
나는 흰 것을 하나 가지고 있다.	Tengo una blanca.
나는 그것을 하나 가지고 있다.	Tengo una.

➡ 이때 'una'는 '하나'의 뜻이 먼저이므로 'Las tengo'에서 'las'(직접목적격) 앞에 사용하지 못한다. 만약 'una, tengo'라고 하면 '하나'를 강조하는 표현이다.

● 'joya'(보석) 관련 다양한 표현

보물	el tesoro	보석	la joya/la piedra preciosa
보석상	la joyería	진주	la perla
다이아몬드	el diamante	금	el oro
은	la plata	법정순은	la plata de ley
동	el cobre/el bronce	금메달	la medalla de oro
크리스탈	el cristal	루비	el rubí
에메랄드	la esmeralda	자수정	la amatista
사파이어	el zafiro	시계	el reloj
반지	el anillo/la sortija	결혼 반지	los anillos de boda/las alianzas
목걸이	el collar	귀고리	los pendientes/los zarcillos
팔찌	la pulsera/el brazalete	브로치	el broche
양식 진주	la perla cultivada	커프스	los gemelos
타이핀	el alfiler de corbata	보석함	el estuche de joyas/el joyero

단어 vocabulario

cuál	어느, 어느 것(의문사)	tu	너의(소유사)
collar	m. 목걸이	perlas	f. la perla 진주
mío	나의(소유사)	cuáles	어느, 어느 것(의문사)
tus	너의(소유사)	pendientes	m. el pendiente 귀고리
diamantes	m. el diamante 다이아몬드	míos	나의(소유사)

연습문제 38 | ejercicios 38

1 어느 것이 너의 팔찌이니?

팔찌 : la pulsera

2 은으로 된 것이 제 것입니다.

은 : la plata

3 어느 것이 우리 우산이냐?

우산 : el paraguas

4 저 검은색이 우리 것입니다.

검은색 : negro(a)

의문사 'cuál'

뭐가 더 좋겠어?

¿Cuál prefieres?

커피보단 차가 좋겠어.

Prefiero té al café.

좋아, 내가 차를 살게.

Bueno, te invito al té.

알겠어.

¡De acuerdo!

동사 변화

66 preferir(선호하다) 5 invitar(초대하다)

의문사(interrogativo-cuál)

'cuál'은 '어느, 어느 것'의 뜻을 갖는 의문사로, 대명사 또는 형용사적 기능을 하며, 형용사로 쓰이는 경우, 뒤에 나오는 명사의 수에 따라 어미가 변하여 'cuál, cuáles'가 된다.

- **Prefiero té al café.**

동사 'preferir A a B'(B보다 A를 선호하다)는 'B'앞에 전치사 'a'를 써준다.

- **te invito al té**

동사 'invitar'(초대하다)는 한국어의 '내가 살게' 등의 표현도 하며, '~으로'에 해당하는 낱말 앞에 전치사 'a'를 써준다.

- **¡De acuerdo!**

'estar de acuerdo'(동의하다)에서 동사 'estar'(~상태이다)없이 사용하여 '알겠어'의 뜻으로 일상생활에서 자주 사용하는 감탄사적 표현이다. 이와 같은 표현으로 '¡Vale!'가 있다. '¡Vale!'는 동사 'valer'(가치가 나가다)의 변화형으로 감탄사적 표현이다. 'de acuerdo'와 'vale'는 이 한 가지 형태를 감탄사적 표현으로 사용한다.

- **'bebida'(음료수) 관련 다양한 표현**

마시다	beber	음료	la bebida
경수	el agua cruda	광천수	el agua mineral
꼬냑	el coñac	넥타	el néctar
담수	el agua dulce	럼주	el ron
맥주	la cerveza	맥주 한 병	una botella de cerveza
물	el agua	물줄기	el chorro
백포도주	el vino blanco	보드카	la vodka

사과주	la sidra	상그리아	la sangría
샌드위치	el bocadillo	생맥주	la caña
생맥주 한 잔	una caña	생수 한 병	una botella de agua mineral
샴페인	el champán	소주	el aguardiente
아니스	el anís	연수	el agua delgada
오르차따	la horchata	용설란주	la tequila/el pulque
우유	la leche	위스키	el whisky
음료	la bebida	이슬	el rocio
적포도주	el vino tinto	주류	el licor
주스	el jugo/el zumo	진	la ginebra
차	el té	칵테일	el cócktel
캔	la lata	커피	el café
밀크커피	el café con leche	탄산음료	el refrescante
탄산수	el agua con gas	토닉	la tónica
펀치	el ponche	포도주	el vino
한 방울	la gota		

단어 vocabulario

prefieres	동사 'preferir'(선호하다)	prefiero	동사 'preferir'(선호하다)
té	m. 차	café	m. 커피
bueno	좋은(형용사)	te	인칭대명사 목적격
invito	동사 'invitar'(초대하다)	acuerdo	m. 동의

연습문제 39 | ejercicios 39

1 어느 영화가 더 좋겠어?

영화 : la película

2 로맨틱한 영화가 좋겠어.

로맨틱한 : romántico(a)

3 좋아, 내가 영화를 쏠게.

초대하다 : invitar

4 알겠어.

알겠어 : ¡De acuerdo!/Vale.

문형 40

의문사 'cuál'

챙이 있는 모자와 챙이 없는 모자는 무슨 차이가 있을까?

¿Cuál diferencia hay entre el sombrero y el gorro?

우선 챙에 차이가 있죠.

Primero hay diferencia en el ala.

그렇게 생각하니?

¿Así lo crees?

예, 아닌가요?

Sí, ¿no?

동사 변화

1 hay(haber: ~이 ~에 있다) 28 creer(믿다)

의문사(interrogativo-cuál)

'cuál'은 '어느, 어느 것'의 뜻을 갖는 의문사로, 대명사 또는 형용사적 기능을 하며, 형용사로 쓰이는 경우, 뒤에 나오는 명사의 수에 따라 어미가 변하여 'cuál, cuáles'가 된다.

• cuál diferencia

이때 'cuál'은 의문형용사가 된다. 따라서 뒤에 복수 명사가 나오면 'cuáles'로 써야 한다. 다르게는 '¿Qué diferencia hay?'로 표현할 수 있으나, 'qué'보다는 'cuál'이 좀 더 지시적이다.

• entre el sombrero y el gorro

'entre A y B'는 'A과 B 사이'라는 뜻이다. 'entre tú y yo'라고 하면 '너와 나 사이에'의 뜻이다. 이때 'tú'를 반드시 먼저 써야 한다.

• en el ala

'ala'(챙)는 여성 명사이나 '여성 단수'로 쓸 때, '여성 단수 관사'인 'la'나 'una' 대신 '남성 단수 관사'인 'el' 또는 'un'을 사용한다. 이는 순전히 발음상의 이유로 같은 'a'가 겹쳐지게 되어 한 낱말로 오인되는 것을 막는다.

• así

'그렇게'라는 뜻의 부사이며 'así que ~'(그러므로)로 부사절을 만들 수 있다.

• lo crees

동사 'creer'(믿다)의 목적어로 'lo'(그것을: 직접목적격)를 쓴 형태이다. 어떤 존재를 믿는다고 할 때는 동사 'creer'(믿다) 뒤에 전치사 'en'을 써준다.

• 동사 'creer'(믿다) 관련 다양한 표현

그렇다.	Creo que sí./Ya lo creo.

아니다.	Creo que no./No lo creo.		
나는 너를 믿는다.	Creo en ti.	나는 신을 믿는다.	Creo en Dios.

그는 자기에게 말한 모든 것을 굳게 믿는다. Se creyó a pie juntillas todo lo que le dijeron.

굳게 firmemente/con firmeza/a machamartillo/al pie de la letra/fervientemente

● 'religión'(종교) 관련 다양한 표현

예배	el culto	기도하다	rezar/orar
성서	la Biblia	설교	el sermón
목사	el pastor	순교자	el mártir
선교사	el misionero	사도	el apóstol
영세	la comunión	믿음	la creencia
신자	el creyente	힌두교의	hindú/hinduista
유대교의	judío(a)	몰몬교의	mormón(mormona)
정교회의	ortodoxo(a)	교황	el Papa
주교	el pontífice	승려	el monje/la monja
성직자	el cura/el sacerdote	교회/성당	la iglesia
대성당	la catedral	사원	el templo
신앙	la fé	개신교	el protestantismo
가톨릭	el catolicismo	기독교	el cristianismo
불교	el budismo	유교	el confucianismo
도교	el taoísmo	회교	el islamismo/el mahometismo

단어 vocabulario

diferencia	f. 차이	entre	~사이에(전치사)
sombrero	m. 챙 있는 모자	gorro	m. 챙 없는 모자
primero	첫째의(형용사)	ala	f. 날개, 챙
así	그렇게(부사)	crees	동사 'creer'(믿다)

연습문제 40 | ejercicios 40

1 꿀과 설탕은 무슨 차이가 있을까?

차이 : la diferencia

2 당도에 차이가 있습니다.

당도 : la dulzura

3 그럴 수 있겠다. 그리고 또?

~ 할 수 있다 : poder

4 글쎄요, 모르겠는데요.

모르다 : no saber

의문사 'cuándo'

후안은 언제 돌아오니?

¿Cuándo regresa Juan?

이번 주 목요일에 돌아와.

Regresa este jueves.

언제 그것을 끝낼 수 있니?

¿Cuándo puedes terminarlo?

가능한 빨리 끝내려고 하고 있어.

Intento terminarlo cuanto antes.

동사 변화

5 regresar(돌아오다) 40 poder(조동사:~할 수 있다)

5 intentar(시도하다) 5 terminar(끝내다)

의문사(interrogativo-cuándo)

'cuándo'는 '언제'라는 뜻의 의문사로, 부사적 기능을 한다.

¿Cuándo puedes terminarlo?

이것은 다르게 '¿Cuándo lo puedes terminar?'로 할 수 있다.

Intento terminarlo

이것은 다르게 'Lo intento terminar'로 할 수 있다.

동사 'intentar'(시도하다) 관련 다양한 표현

시도　el intento

그는 담배를 끊으려고 있는 힘을 다했다.

Intentó con todas sus fuerzas dejar de fumar.

➡ dejar de inf. : 그만두다

➡ 있는 힘을 다해 con todas(mis/tus/sus/nuestras/vuestras/sus) fuerzas/por activa y por pasiva/por todos los medios/a toda costa

그는 나가려고 시도하였으나 매번 실패하였다.　Intentaba salir una y otra vez sin éxito.

➡ 헛수고로 sin éxito/en balde/en vano/vanamente/inútilmente/infructuosamente

동사 'terminar'(끝내다) 관련 다양한 표현

종결	la terminación
며칠 내에 끝내겠습니다.	Terminaré dentro de unos días.
기한은 5일에 종료됩니다.	El plazo termina el 5.
그것은 성공적으로 끝났습니다.	Terminamos con éxito.

➡ 성공적으로 con éxito/felizmente/a plena satisfacción/brillantemente

그는 겨우 그것을 끝낼 수 있었다. Podía terminarlo a duras penas.

➡ 겨우 a duras penas/a marchas forzadas/a trancas y barrancas/a medias/con dificultades

그의 모험은 죽음으로 끝났다. Su aventura terminó por morir.

그들은 갑자기 우리와의 관계를 끊어버렸다.

Ellos terminaron la relación con nosotros de un día para otro.

➡ 갑자기 de un día para otro/bruscamente/abruptamente/de repente/inesperadamente

● cuanto antes

이때 'cuanto'는 의문사와는 다르게 강세부호가 없으며 문장에서 접속사나 부사의 기능을 하게 된다. 물론 관계사로 쓰이는 경우에도 더 강세부호가 없다. 여기서는 'antes'(일찍, ~전에)라는 부사와 함께 '가능한 일찍'이라는 뜻의 부사구의 기능을 한다.

단어 vocabulario

regresa	동사 'regresar'(돌아오다)	jueves	m. 목요일
puedes	조동사 'poder'(~ 수 있다)	intento	동사 'intentar'(시도하다)
terminarlo	동사 'terminar'(시도하다)+'lo'	cuanto	~하는 한(접속사)
antes	전에(부사)		

연습문제 41 | ejercicios 41

1 네 사촌 동생은 언제 오니?

사촌 : el primo/la prima

2 내 사촌 동생은 이번 주말에 옵니다.

주말 : el fin de semana

3 네 조카들은 언제 오니?

조카 : el sobrino/la sobrina

4 나의 조카들은 다음 주 일요일에 옵니다.

일요일 : el domingo

문형 42

hay

이 근처에 바가 있습니까?

¿Hay un bar por aquí?

예, 오른쪽에 하나 있습니다.

Sí, hay uno a la derecha.

이 근처에 식당이 있습니까?

¿Hay un restaurante por aquí?

예, 왼쪽에 하나 있습니다.

Sí, hay uno a la izquierda.

동사 변화

1 hay(~이 ~에 있다)

:: hay

조동사 'haber'(완료형을 만들 때 사용)에서 파생된 형태로 현재에서 'hay' 한 가지 변화만을 가지며, 영어의 'there is'나 'there are'의 뜻으로 사용된다. 나머지 시제에서도 3인칭 단수만을 허용한다. 그러나 'hay'의 원형동사가 필요한 경우는 'haber'를 사용한다.

● por aquí

'이 근처에'라는 뜻이다. '두루두루'의 뜻을 표현할 때는 전치사 'por'를 사용한다.

● a la derecha

'오른쪽에/오른쪽으로'라는 뜻으로 다르게는 'a mano derecha'로 표현할 수 있다.

● a la izquierda

'왼쪽에/왼쪽으로'라는 뜻으로 다르게는 'a mano izquierda'로 표현할 수 있다.

● 'dirección'(방향) 관련 다양한 표현

방향	la dirección	똑바로	directo/recto/derecho
안에서	adentro	밖에서	afuera
위로	arriba	아래로	abajo
가운데로	al centro	돌다	girar/voltear/circular
거리	la calle/la avenida	길	el camino/la vía
지름길	el atajo	보도	la acera/la vereda
고속도로	la autopista	도로	la carretera
차선	el carril	포장도로	el pavimento
기찻길	el ferrocarril		

신호등	el semáforo	교차로	el cruce
가정	el hogar	거주지	el domicilio
숙소	la residencia	보금자리	el nido
현주소	la dirección actual	본적지주소	la dirección permanente
우편번호	el código postal	사서함	el apartado postal

노력 없이 지름길은 없다.	No hay atajo sin trabajo.
사방팔방으로	en todas las direcciones
	en todas las partes
일방통행로	la calle de única dirección

단어 vocabulario

bar	m. 바	por	~를 통하여, ~때문에(전치사)
aquí	여기(부사)	derecha	f. 오른쪽
restaurante	m. 식당	izquierda	f. 왼쪽

연습문제 42 | ejercicios 42

1 이 근처에 미장원이 있습니까?

미장원 : la peluquería

2 예, 뒷편에 하나 있습니다.

뒷편 : atrás

3 누가 계십니까?

누가 : alguien

4 아니요, 아무도 없습니다.

아무도 : nadie

문형 43
hay

공원에는 무엇이 있습니까?

¿Qué hay en el parque?

동물원이 있습니다.

Hay un zoo.

상자 안에는 무엇이 있습니까?

¿Qué hay en la caja?

여러 가지가 있습니다.

Hay varios.

동사 변화

1 hay(~이 ~에 있다)

hay

조동사 'haber'(완료형을 만들 때 사용)에서 파생된 형태로 현재에서 'hay' 한 가지 변화만을 가지며, 영어의 'there is'나 'there are'의 뜻으로 사용된다.

나머지 시제에서도 3인칭 단수만을 허용한다.

varios

'여러 개의, 여럿'이라는 뜻의 불특정사이다. 불특정사는 특정하지 않은 것을 표현하는 것들로 문장 내에서 대명사, 형용사, 또는 부사적 기능을 한다.

'parque'(공원) 관련 다양한 표현

공원	el parque	동물원	el zoo/el jardín zoológico
식물원	el botánico/el jardín botánico	야외 극장	el teatro al aire libre
인공 폭포	la cascada artificial	공원 의자	el banco del parque
정원	el jardín	정원사	el jardinero
산책로	el sendero	분수	la fuente
교각	el puente	정원	el jardín/el patio
정원사	el jardinero/la jardinera	나무	el árbol
소나무	el pino	풀	la hierba/la yerba
잎사귀	la hoja	단풍	las hojas coloreadas
경치	el paisaje		
미니 골프장	el campo(el recorrido) del minigolf		

● 'mapa'(지도) 관련 다양한 표현

지도	el mapa	숲	el bosque
저수지	el estanco	모래	la arena
연못	el pozo	늪지	la marisma
목초지	la pradera	등대	el faro
정거장	la estación/la parada	주거구역	el área residencial
광산	la mina	염전	la salina
굴뚝	la chimenea	오솔길	la senda/el sendero/la vereda
성벽	el muro/la muralla	묘지	el cementerio
수도원	el convento/el monasterio	포도밭	la viña
울타리	el seto	건물	el edificio
배	el barco	가로등	el farol
도시	la ciudad	수로	el canal
공장	la fábrica	케이블카	el teleférico/el funicular aéreo
사일로	el silo	수족관	el acuario
유적지	el monumento/las ruinas	농장 집	el caserío
경내	el recinto	동네	el pueblo
과수원	el huerto/la huerta	경작	la plantación

단어 vocabulario

parque	m. 공원	zoo	m. 동물원
caja	상자		

연습문제 43 | ejercicios 43

1 경기장에는 누가 있습니까?

경기장 : el estadio

2 운동선수들이 있습니다.

운동선수 : el/la deportista

3 뭐 새로운 일 좀 있나?

새로운 : nuevo

4 새로운 일 없어.

아무것도 없음 : nada

algo/nada

소금통에 소금이 조금 있습니까?

¿Hay algo de sal en el salero?

아니요, 소금통에 소금이 하나도 없습니다.

No, no hay nada de sal en el salero.

설탕통에 설탕이 조금 있습니까?

¿Hay algo de azúcar en la azucarera?

아니요, 설탕통에 설탕이 하나도 없습니다.

No, no hay nada de azúcar en la azucarera.

동사 변화

1 hay(haber: ~이 ~에 있다)

불특정사(indefinido)

불특정사는 특정하지 않은 것을 표현하는 것들로 문장 내에서 대명사, 형용사, 또는 부사적 기능을 한다.

'mucho'(많음), 'poco'(조금), 'algo'(조금), 'nada'(아무것도 아님), 'alguno'(어떤 것), 'ninguno'(아무것도 없음), 'otro'(다른 것), 'todo'(모든 것), 'demasiado'(지나침), 'tanto'(그만큼), 'alguien'(누군가), 'nadie'(아무도 아님), 'cualquiera'(어떤 것), 'ambos'(둘 다), 'cada'(각각) 등이 있다. 이 중 'alguien'과 'nadie'는 대명사적 기능만 한다:

나는 그것을 조금밖에 말하지 못한다. Lo hablo poco. (부사적)

나는 조금 가지고 있다. Tengo poco. (대명사적)

적은 수의 사람들이 있다. Hay poca gente. (형용사적)

• 'algo'(어떤 것) 관련 다양한 표현

여기 내가 이해하지 못하는 어떤 것이 있다. Aquí hay algo que no entiendo.

2미터에 조금 모자란다. Falta algo para dos metros.

환자는 약간 좋아졌다. El enfermo está algo mejor.

그 자는 자기가 무엇이라도 되는 양 생각했다. Ese se cree que es algo.

아무것도 없는 것보다 조금이라도 있는 것이 더 낫다. Más vale algo que nada.

대강 algo así

• 'nada'(아무것) 관련 다양한 표현

아무 일도 일어나지 않는다. Nada sucede.

봄철 내내 비가 전혀 오지 않았다. No ha llovido nada en toda la primavera.

이것은 내가 말한 것과 전혀 상관없다. Esto no tiene nada que ver con lo que he dicho.

그는 지성이라고는 전혀 없다.	No tiene nada de inteligencia.
무엇보다 먼저 손을 씻어야겠다.	Antes de nada voy a lavarme las manos.
전혀 그런 것은 아니란 말이에요.	¡Nada de eso!
더 이상은 없어요.	Nada más.
쓸데없는	para nada
특별할 것이 없는	nada de particular
새로울 것이 없는	nada de nuevo
더한 것도 덜한 것도 없는	nada más y nada menos(ni más ni menos)

● 'condimiento'(양념) 관련 다양한 표현

양념	el condimiento	소스	la salsa
설탕	el azúcar	소금	la sal
간장	la salsa de soja	식초	el vinagre
후추	la pimienta	마요네즈	la mayonesa
기름	el aceite	참기름	el aceite de sésamo
올리브기름	el aceite de oliva	해바라기씨 기름	el aceite de girasol
쌀	el arroz	보리	la cebada
찹쌀	el arroz pegajoso	밀	el trigo
밀가루	la harina		

단어 vocabulario

algo	어떤 것(불특정사)	nada	아무것도 아닌 것(불특정사)
sal	f. 소금	salero	m. 소금통
azúcar	m. 설탕	azucarera	f. 설탕통

연습문제 44 | ejercicios 44

1 후추통에 후추가 조금 있습니까?

후추통 : el pimientero

2 아니요, 후추통에 후추가 하나도 없습니다.

후추 : la pimienta

3 바구니에 귤이 조금 있습니까?

바구니 : la mandarina

4 아니요, 바구니에 귤이 하나도 없습니다.

귤 : nada

문형 45

lo

당신은 스페인어를 하십니까?

¿Habla usted español?

예, 아주 잘합니다.

Sí, lo hablo muy bien.

당신은 프랑스어를 하십니까?

¿Habla usted francés?

예, 아주 조금 합니다.

Sí, lo hablo muy poco.

동사 변화

5 hablar(말하다)

lo

남성 단수를 받는 직접목적격 대명사로 여기서는 'español'(스페인어)을 받은 것이다.

● poco

불특정사로 여기서는 '약간'이라는 부사로 쓰인 것이다.

조금 전	hace poco	조금 전에	poco antes
조금	un poco	얼마 안 있어	a poco
하마터면	en(por) poco	조금씩	poco a poco

● habla español

'스페인어를 말하다'는 뜻이며, 이렇게 동사 'hablar'(말하다) 뒤에 언어 명이 오면 언어 명 앞의 관사는 생략된다. 그러나 그 사이에 다른 낱말이 오게 되면 관사가 올 수도 있으나 대개는 생략된다.

● 동사 'hablar'(말하다) 관련 다양한 표현 2

이야기하다	contar	언어를 말하다	hablar
서술하다	narrar/relatar	사실 등을 말하다	decir
잡담하다	charlar	떠들어대다	parlar
언급하다	referir/mencionar/eludir/aludir		
묘사하다	describir	설명하다	explicar
정보를 주다	informar	주석을 달다	citar
구체적으로 말하다	puntualizar/concretar	소설화하다	novelar
회담하다	platicar	대화하다	dialogar/conversar
알리다	avisar/anunciar/noticiar	선고하다	declarar
표현하다	expresar	말을 전하다	transmitir

발설하다	emitir	퍼뜨리다	difundir
폭로하다	revelar	의사를 표시하다	manifestar
항변하다	protestar/reclamar	불평하다	quejarse
비판하다	criticar	논평하다	comentar
질문하다	preguntar	대답하다	contestar/responder
말대꾸하다	replicar	나무라다	reprender
소리지르다	gritar	중얼거리다	tartamudear/murmurar
말을 더듬다	balbucir/balbucear	부르다	llamar
부르짖다	clamar	휘파람을 불다	silbar
호루라기를 불다	pitar	콧소리로 말하다	ganguear
고백하다	confesar	증언하다	testimoniar/testificar
핑계 대다	excusarse	변명하다	pretextar/excusar
의사소통을 하다	comunicar	인터뷰하다	entrevistarse
상담하다	consultar	추천하다	recomendar
비난하다	blasfemar/burlar/reírse	저주하다	maldecir
축복하다	bendecir	조롱하다	mofar
농담하다	bromear	아첨하다	alabar
찬양하다	elogiar	과장하다	exagerar
발음하다	pronunciar	발성하다	articular
신음하다	gemir	한숨 쉬다	suspirar

단어 vocabulario

habla	v. hablar(말하다)	hablo	v. hablar(말하다)
lo	그것(사물을 받는 직접목적격 대명사)	muy	매우(부사)
bien	잘(부사)	poco	조금(불특정사)

연습문제 45 | ejercicios 45

1 어느 만큼 말하십니까?

말하다 : hablar

2 완벽하게 합니다.

완벽하게 : perfecto/perfectamente

3 그것을 갖고 계십니까?

갖고 있다 : tener

4 예, 갖고 있습니다.

갖고 있다 : tener

문형 46

lo

좋은 것이 유용한 것입니까?

¿Lo bueno es lo útil?

예, 좋은 것이 유용한 것입니다.

Sí, lo bueno es lo útil.

유명한 것이 좋은 것입니까?

¿Lo famoso es lo bueno?

아니요, 그렇지 않습니다.

No, no lo es.

동사 변화

3 ser(~이다)

'lo+형용사'

형용사, 부사, 명사 등을 추상명사화시킨다:

아름다움	lo hermoso
위대함	lo grande
어제의 일	lo de ayer
어머니 노릇	lo madre

'lo'는 문장 전체를 받는 대명사로도 사용된다:

예, 그렇습니다.	Sí, lo es.
아니요, 그렇지 않습니다.	No, no lo es.

● 'sí'(그렇다) 관련 다양한 표현

그래.	Sí./Ya lo creo.
확실해?	¿Es cierto?
	¿Es correcto?
	¿Estás seguro(a)?
사실이야?	¿Es verdad?
확실해.	Está claro.
	Es cierto.
	Es correcto./Estoy seguro(a).
정확해.	Exactamente.
물론이야.	Por supuesto.
바로 그거야!	¡Justo!
내 말이 맞아.	Tengo razón.
동감입니다.	Estoy con usted.

● 'no'(아니다) 관련 다양한 표현

아니.	No.
그렇지 않아.	No es así.
잘 모르겠어.	No lo sé./No estoy seguro(a).
알게 뭐야!	¡Quién sabe!
	¡Qué sé yo!
사실이 아냐.	No es verdad.
확실치 않아.	No es cierto.
전혀 확실치 않아.	No está nada claro.
무슨 소리야!	¡Qué va!
맞지 않아.	No has acertado.
엉터리!	¡Absurdo!
네가 틀렸어.	Estás equivocado(a).
	No tienes razón.

단어 vocabulario

bueno	좋은(형용사)	útil	유용한(형용사)
famoso	유명한(형용사)		

연습문제 46 | ejercicios 46

1 쉬운 것이 유용한 것입니까?

쉬운 : fácil
유용한 : útil

2 그렇게 생각합니다.

믿다 : creer

3 아름다운 것이 좋은 것입니까?

아름다운 : hermoso/bonito
좋은 : bueno

4 그렇게 생각하지 않습니다.

믿지 않다 : no creer

문형 47

'전치사+명사/형용사'의 부사적 용법

까르멘은 스페인어를 분명하게 말합니까?

¿Habla Carmen español con claridad?

예, 그것을 분명하게 말합니다.

Sí, lo habla claramente.

까르멘은 분명하게 말합니까?

¿Habla Carmen con claridad?

예, 분명하게 말합니다.

Sí, habla claramente.

동사 변화

5 hablar(말하다)

형용사의 여성형 단수에 '-mente'를 붙여서 만든다. 강세는 원래 형용사의 강세 위치에 하나, '-mente'에 하나 해서 두 개의 강세가 있다. 그러나 형용사 원형, 즉 형용사 남성형 단수를 그대로 부사로 사용하기도 한다:

그는 빨리 뛴다.	Corre rápidamente./Corre rápido.

'reciente'(최근의)의 부사는 'recientemente'이나 형용사 앞에서는 어미 '-mente'가 탈락되어 'recién'이 된다:

신혼부부	recién casados

- **con claridad**

'전치사 + 명사/형용사'의 형태가 부사적 기능을 한다. 그 중에서 특별히 부사와 일치하는 것들도 많다.

- **'adverbio'(자주 쓰는 부사) 관련 다양한 표현 3**

계속해서	a continuación	= continuamente
분명하게	con claridad	= claramente
조심스럽게	con cuidado	= cuidadosamente
자주	con frecuencia	= frecuentemente
끈기 있게	con paciencia	= pacientemente
진실로	de verdad	= verdaderamente
진지하게	en serio	= seriamente
비밀리에	en secreto	= secretamente
사실상	en realidad	= realmente

절대로	en absoluto	=	absolutamente
특별히	en particular	=	particularmente
확실히	por cierto	=	ciertamente
불행하게도	por desgracia	=	desgraciadamente
마침내	por fin	=	finalmente
마지막으로	por último	=	últimamente
우연히	por casualidad	=	casualmente
완전히	por completo	=	completamente

● 동사 'tener'(가지다) 관련 다양한 표현 1

열이 나다	tener fiebre	바쁘다	tener prisa
배고프다	tener hambre	잘못이다	tener culpa
갈증나다	tener sed	옳다	tener razón
졸리다	tener sueño	춥다	tener frío
아프다	tener dolor de	덥다	tener calor
무섭다	tener miedo de	책임이다	tener responsabilidad
(나이가) ~살이다	tener ~años	~하고 싶다	tener ganas de

전적으로 내 책임이다. Tengo toda (la) responsabilidad.

단어 vocabulario

con	~과 함께(전치사)	claridad	f. 분명함
claramente	분명히(부사)		

연습문제 47 | ejercicios 47

1 호세는 조심스럽게 일합니까?

조심스럽게 : con cuidado/cuidadosamente

2 예, 항상 조심스럽게 일합니다.

일하다 : trabajar

3 나에게 그것을 비밀리에 말하는 거니?

비밀 : en secreto/secretamente

4 그래, 너와 나 사이에, 비밀리에.

너와 나 사이 : entre tú y yo

querer

와인 한 잔 할래?

¿Quieres una copa de vino?

그래, 한 잔 하고 싶다.

Sí, quiero una copita.

뭐 좀 마실래?

¿Quieres beber algo?

그래, 커피 한 잔 할게.

Sí, quiero un cafecito.

동사 변화

42 querer(좋아하다) 24 beber(마시다)

'unidad'(단위) 관련 다양한 표현

물 한 잔	un vaso de agua
우유 한 잔	un vaso de leche
커피 한 잔	una taza de café
꼬냑 한 잔	una copa de coñac
꽃 한 다발	un ramo de flores
포도 한 송이	un racimo de uvas
계란 한 판	una docena de huevos
한 모금	un trago
한 조각	una ración/una porción
한 입	un bocado

➡ 빵에 햄 등을 넣은 간단한 간식을 'el sándwich' 또는 'el bocadillo'라고 한다.

cafecito

이때 '-ito'는 축소형 어미이고 '-ón'은 증대형 어미이다. 사실상의 크기를 좀 더 크게 또는 좀 더 작게 표현하거나, 애정 또는 경멸 등을 표현하기도 한다:

muchacho(소년) → muchachito
poco(조금) → poquito(a)
hombre(남자) → hombrón
malo(나쁜) → maldito(a)
casa(집) → casita
ahora(지금) → ahorita
mujer(여자) → mujerona
grande(큰) → grandote 등

● 동사 'beber'(마시다) 관련 다양한 표현

삼키다	tragar	빨아 먹다	libar/chupar
들이마시다	sorber	시음·시식하다	catar/probar

이 물을 떠서 마실게 — Beberé de esta agua.

그는 나에게 마실 것을 주었다. — Me dio de beber.

➡ 한 모금씩 a sorbos/a tragos
한 번에 de un trago/de un sorbo/de un tirón/a morro/al gallete
한없이 como un cosaco
절제 없이 sin moderación

미성년자에게 주류 판매를 금지한다.

Se prohibe la venta de bebidas alcohólicas a menores de edad.

단어 vocabulario

copa	f. 잔	vino	m. 와인
quieres	v. querer(원하다)	quiero	v. querer(원하다)
copita	la copa의 축소형	cafecito	el café의 축소형

연습문제 48 | ejercicios 48

1 뭐 좀 마실래?

마시다 : beber

2 그래, 차가 좋겠다.

선호하다 : preferir

3 뭐 좀 먹을래?

먹다 : comer

4 그래, 샌드위치가 좋겠다.

샌드위치 : el sándwich/el bocadillo

문형 49

querer

무엇을 드시겠습니까?

¿Qué quiere comer?

영국식 감자를 원합니다.

Quiero patatas a la inglesa.

너희는 무엇을 먹을래?

¿Qué queréis tomar?

철판구이로 한 송아지고기를 먹을래요.

Queremos ternera a la plancha.

동사 변화

42 querer(좋아하다) 24 comer(먹다) 5 tomar(취하다)

● 동사 'comer' (먹다) 관련 다양한 표현

'먹다'는 여러 가지 동사(comer, tomar, beber 등)로 표현할 수 있다:

많이 드십시오.	¡Buen apetito!/¡Que aproveche!
배부릅니다.	Estoy lleno./Estoy harto./Me he sancionado.

➡ 'estar harto de~'는 '~에 싫증이 난다'는 뜻으로도 사용한다.

나는 약을 먹는다.	Tomo una medicina.
그는 너무 술을 마신다.	Bebe mucho alcohol.
마지막 'd'는 발음하지 않는다.	Se come 'd' final.
음식물을 섭취하다.	→ 동사 inherir
음식물을 소화하다.	→ 동사 digerir
소화불량이 되다.	→ 동사 indigestarse

● 'comida'(음식) 관련 다양한 표현

음식	la comida	요리	el plato
아침 식사	el desayuno	점심 식사	el almuerzo
저녁 식사	la cena	금식	en ayuna
간식	la merienda	아침밥을 먹다	desayunar
점심밥을 먹다	almorzar	저녁밥을 먹다	cenar
간식을 먹다	merendar	금식하다	ayunar
음식을 씹다	masticar/mascar	잘게 부수다	desmenuzar
맛보다	probar/saborear	젖을 빨다	mamar
영양을 공급하다	alimentar/nutrir	(동물에게)먹이를 주다	cebar
게걸스레 먹다	devorar		

a la española

'a + la + 형용사 여성형 단수'의 형식으로 쓰면 '~식으로'라는 뜻이 된다.

'carne'(고기) 관련 다양한 표현

고기	la carne	송아지고기	la ternera
양고기	el cordero	돼지고기	la carne de cerdo
새끼돼지고기	el cochinillo	갈비	la chuleta
등심	el lomo	스테이크	el filete
베이컨	el tocino	구운고기	la carne asada
철판구이	la carne a la plancha	석쇠구이	la carne a la parrilla

'pescado'(생선) 관련 다양한 표현

물고기	la pez	생선	el pescado
참치	el atún	연어	el salmón
명태	la merluza	대구	el bacalao
고등어	la caballa	송어	la trucha
정어리	la sardina	가오리	la raya
가다랭이	el bonito		

단어 vocabulario

comer	v. 먹다	patatas	f. la patata 감자
tomar	v. 취하다	queréis	v. querer(원하다)
queremos	v. querer(원하다)	ternera	f. 암송아지고기
plancha	f. 철판, 다리미		

연습문제 49 | ejercicios 49

1 전채로 무엇을 먹을래?

전채 : de primero

2 우선 바스크식 명태요리를 먹겠어요.

바스크식 : a la vasca

3 주요리와 후식은?

주요리 : de segundo

후식 : de postre

4 구운 양고기와 아이스크림이요.

구운 : asado

아이스크림 : el helado

문형 50

algún/ningún

무슨 문제가 있으십니까?

¿Tiene algún problema?

예, 어떤 조언이 필요합니다.

Sí, necesito algún consejo.

오늘 저녁에 무슨 계획이 있니?

¿Tienes algún plan para esta tarde?

아니요, 아무 계획이 없어요.

No, no tengo ningún plan.

동사 변화

2 tener(가지고 있다) 5 necesitar(필요로 하다)

algún

'alguno'(약간의/몇 개의)는 남성 단수 명사 앞에서 어미 '-o'를 탈락시키고 'algún'으로 사용한다:

몇 권의 책	algunos libros
어떤 책	algún libro
언젠가	alguna vez/algún día
다른 어떤 것들	algunos otros
다른 어떤 것	algún otro

ningún

'ninguno'(아무것도/아무도 아닌)는 남성 단수 명사 앞에서 어미 '-o'를 탈락시키고 'ningún'으로 사용한다:

남자가 있니?	¿Hay hombres?
아니요, 남자라곤 없어요.	No, no hay nigún hombre.
무슨 문제가 있니?	¿Tienes algún problema?
아니요, 아무 문제없어요.	No, no tengo ningún problema.
아무데서도	en ninguna parte
천만에	de ningún modo

● 동사 'tener'(가지다) 관련 다양한 표현 2

'tener + que + 동사 원형'은 '~해야 한다'는 뜻이다:

나는 공부해야 한다. Tengo que estudiar.

➡ 인칭과 상관없이 '공부해야 한다'라고 할 때는 'Hay que estudiar.'이다.

나는 시간이 없다.	No tengo tiempo.
나는 축구가 취미이다.	Tengo afición al fútbol.

그는 금발이다.	Tiene el pelo rubio.
뭐 잃을 것이 있어야지. (돈·지위 등 아무것도 없다는 뜻)	No tengo nada que perder.
별 볼일 있어?	¿Qué tiene que ver? ¿Qué hay que ver?
별 볼일 없어.	No tiene nada que ver. No hay nada que ver.

'tener + 과거분사 + 명사'는 완료의 의미를 가지며 이때 과거분사는 뒤에 나오는 명사의 성과 수에 일치시켜야 한다:

나는 편지를 썼다.	Tengo escritas las cartas.

'tener + 불특정대명사 + que + 동사 원형'은 '~할 어떤 것'이라는 뜻이다:

신고할 것이 있습니까?	¿Tiene algo que declarar?
신고할 것이 아무것도 없습니다.	No tengo nada que declarar.

단어 vocabulario

tiene	v. tener(가지다)	problema	m. 문제
necesito	v. necesitar(필요하다)	consejo	m. 조언
plan	m. 계획	para	~위하여/~까지(전치사)
esta	이, 이것(지시사)	tarde	f. 오후
tengo	v. tener(가지다)	algún	'alguno'(어떤)의 어미탈락형
ningún	'ninguno'(아무 것도 아닌)의 어미탈락형		

연습문제 50 | ejercicios 50

1 무슨 일이니?

무슨 : ¿Qué ~ ?

2 어금니가 몇 개가 아픈데요.

어금니 : las muelas

3 이 그림 중 몇 개가 필요하니?

그림 : la pintura

4 아니요, 아무것도 필요 없습니다.

필요없다 : no necesitar

'tampoco'(~도 아니다)

나는 잠을 잘 수가 없어.

No puedo dormir.

나도 마찬가지야.

Tampoco yo.

나는 더 이상 걸을 수 없어, 근데 너는?

No puedo andar más, ¿y tú?

나도 그래.

Tampoco yo.

동사 변화

40 poder(조동사: ~할 수 있다) **22** andar(걷다) **68** dormir(자다)

● 'más' 관련 다양한 표현

'~보다 더'의 뜻이며 반대어는 'menos'이다. 전치사 'de' 또는 접속사 'que'와도 쓰인다:

대략	más o menos
3 더하기 5는 8이다.	Tres más cinco son ocho.
더하지도 덜하지도 않은	ni más ni menos
훨씬 더 저쪽에	más allá
천 명 이상의 사람이 있다.	Hay más de mil personas.
훨씬 더 일해야 한다.	Hay que trabajar mucho más.
나는 이 옷밖에 다른 것이 없다.	No tengo más traje que éste.
노래할 수밖에 다른 방법이 없다.	No hay más remedio que cantar.
~ 하면 할수록 더욱 ~ 하다.	cuanto más ~ tanto más ~

● tampoco

'역시 ~ 아니다'라는 뜻으로 문장 뒤에 오는 경우는 부정어 'no'와 함께, 문장 앞에 오는 경우엔 부정어 'no' 없이 사용한다. 이와 같은 것으로는 'nadie'(아무도 아님), 'nada'(아무것도 아님), 'nunca'(한 번도 아닌), 'jamás'(결코 아닌) 등이 있다.

● 동사 'andar'(걷다) 관련 다양한 표현

걷다	andar/caminar	나아가다	avanzar/adelantar
가다	ir	오다	venir
돌아오다	regresar/volver	두루 다니다	recorrer
산책하다	pasear/dar un paseo	움직이다	moverse
~로 향하다	dirigirse/encaminarse	이사하다	trasladarse/mudarse
돌다	circular/girar/voltear	뛰다	correr
빨리 걷다	trotar	행진하다	marchar

앞질러 가다	atajar	뒤쳐져 가다	atrasar
방향을 잡아 나가다	orientarse	떠나다	salir/partir/marchar/largarse
도망가다	huir/escapar	자리를 옮기다	desplazarse
도착하다	llegar	도달하다	alcanzar
가까이 가다	acercarse/aproximarse	멀어지다	alejarse

나는 요즘 약간 정신 나간 채로 지낸다. Ando estos días un poco despistado.

그는 항상 똑바로 하고 걷는다. Siempre anda(camina) erguido.

➡ 굽어서	encorvado		
비틀거리며	vacilante	취해서	borracho
천천히	lentamente/a paso de tortuga		
힘겹게	pesadamente	빠르게	rápidamente
성큼성큼	a pasos agigantados	방향 없이	sin rumbo
더듬더듬	a tientas/a ciegas	발돋움 하고	de puntillas
발을 가지런히 하고	a pie juntillas/a pies juntillas		
신중하게	con ojo/con pies de plomo/con cautela/con cuidado		
전속력으로	a toda velocidad/a toda pastilla/a toda marcha/a todo tren/como una exhalación/como la pólvora/al galope		
미친 듯이	como un loco/alocadamente/como alma que lleva el diablo/como un condenado/a tope		
자유자재로	libremente/con fluidez		
단숨에	de un tirón/de una vez		
여기저기	de mano en mano/de puerta en puerta/de boca en boca		

단어 vocabulario

puedo	v. 조동사(~할 수 있다)	dormir	v. 자다
andar	v. 걷다	más	보다 더(부사)

연습문제 51 | ejercicios 51

1 당신들은 더 이상 올라갈 수 없어요.

오르다 : subir

2 호세도 마찬가지입니다.

마찬가지로 아니다 : tampoco

3 나는 더 이상 수영할 수 없어.

수영하다 : nadar

4 나도 그래.

마찬가지로 아니다 : tampoco

문형 52

'ser' 구문 + 원형동사

스페인어를 배우는 것은 무척 흥미있습니까?

¿Es de mucho interés aprender español?

그렇게 생각합니다.

Ya lo creo.

정시에 도착하는 것이 매우 어렵습니까?

¿Es de mucha dificultad llegar a tiempo?

그렇게 생각합니다.

Ya lo creo.

동사 변화

3 ser(~이다) 24 aprender(배우다) 28 creer(믿다) 6 llegar(도착하다)

⁞ 'ser + 형용사' + 원형동사

'Es de mucho interés aprender español.'에서 'aprender español'이 주어이며 'ser'구문이 보어가 된 것으로 '~에게'를 덧붙이면 'Me es de mucho interés aprender español.'(나에게 스페인어를 배우는 것은 무척 흥미롭다.)이 된다. 이 구문의 특성은 주절이 주로 뒤에 위치한다는 것이다.

● ya

'이미', '벌써', '이제'의 뜻이다:

알고 있어.	Ya lo sé.
이제 식사할 시간이다.	Ya es hora de comer.
이제 더 이상 나를 보지 못할 것이다.	Ya no me verás más.
알겠다!	¡Ya!

● 동사 'aprender'(배우다) 관련 다양한 표현

배우다	aprender/estudiar/instruirse/educarse		
~하는 것을 배우다	aprender a inf.	암기하다	aprender de memoria
하나씩 배우다	de pe a pa/letra por letra/palabra por palabra/punto por punto/de cabo a rabo/al dedillo/a conciencia/al pie de la letra		
듣고 배우다	de oídas		

● 동사 'llegar'(도착하다) 관련 다양한 표현

봄이 되었다.	Ha llegado la primavera.
좋은 시절이 왔다.	Llegó el buen tiempo.
결국 이루게 돼!	¡Todo llega!

'llegar + a + 동사 원형'은 '~하기에 이르다'라는 뜻이다:

과일은 익기 전에 떨어졌다.	La fruta ha caído sin llegar a madurar.
끈은 3미터에 미치지 못한다.	La cinta no llega a tres metros.
합의점에 도달하다	llegar a un acuerdo
하고 있는 일의 어느 지점에 도달하다	llegar por
나는 제 시간에 도착했다.	Llegué a tiempo.
생각하지 않은 일이 발생했다.	Llegó una cosa que no esperaba.
그는 드디어 그것을 믿게 되었다.	Llegó a creerlo.
그는 무사히 도착했다.	Llegó sano y salvo.

➡ 정시에	puntualmente/en punto/a la hora/como un reloj		
일찍	pronto	늦게	tarde
연착하여	con retraso		
겨우	de sobra/por los pelos/a duras penas		
엄청나게	en tropel/en masa/en oleadas/a raudales/en tromba		
말을 타고	a caballo		
차로	en coche		
걸어서	a pie		
살그머니	a hurtadillas/de incógnito		
잘	como agua de mayo		

단어 vocabulario

mucho	많은(불특정사)	interés	m. 흥미
aprender	v. 배우다	ya	이미(부사)
creo	v. creer(믿다)	dificultad	f. 어려움
llegar	v. 도착하다	a	~에, ~당(전치사)
tiempo	m. 시간		

연습문제 52 | ejercicios 52

1 잠깐 쉬는 것은 매우 중요한 일입니까?

쉬다 : descansar

2 그렇게 생각하지 않습니다.

생각하다 : creer

3 빨리 끝내는 것은 매우 힘이 듭니까?

끝내다 : terminar

4 그렇게 생각하지 않습니다.

생각하지 않다. : no creer

형용사 우등비교

장미가 국화보다 더 아름답습니까?

¿Es más bonita la rosa que la margarita?

예, 장미가 국화보다 더 아름답습니다.

Sí, la rosa es más bonita que la margarita.

카네이션이 양귀비보다 더 붉습니까?

¿Es más rojo el clavel que la amapola?

예, 카네이션이 양귀비보다 더 붉습니다.

Sí, el clavel es más rojo que la amapola.

동사 변화

3 ser(~이다)

형용사 우등비교(superior)

'~ 보다 더'라는 표현을 할 때 'más + 형용사 + que'를 사용한다.(숫자를 비교할 때는 'más de'가 된다.) 이때 형용사는 주어에 성·수를 일치시켜야 한다. 단, 불규칙에 유의하자:

• 불규칙 비교급(irregulares)

원 급	비교급
bueno(좋은)	mejor
malo(나쁜)	peor
alto(높은)	superior
bajo(낮은)	inferior
grande(큰)	mayor
pequeño(작은)	menor

'grande'와 'pequeño'의 불규칙 비교급을 사용하면, '나이가 더 많은(mayor)/나이가 더 적은(menor)'이 되고 'alto'와 'bajo'의 불규칙 비교급을 사용하면, '월등한(superior)/열등한(inferior)'이 된다. 이들의 규칙 비교급을 사용하면 본래의 뜻이 된다. 'bueno'와 'malo'는 규칙 비교급을 사용하거나 불규칙 비교급을 사용하거나 의미가 달라지지 않으므로, 종래에는 불규칙 비교급만 사용하도록 했으나 현재는 두 가지 형태 모두를 허용하고 있다.

• 'planta'(식물) 관련 다양한 표현

동식물군	la flora y fauna	식물	la planta
꽃	la flor	야생화	la flor silvestre
진달래	la azalea	양귀비	la amapola
백합	el lirio/la azucena	국화	el crisantemo/la margarita
장미	la rosa	해바라기	el girasol
카네이션	el clavel	튤립	el tulipán
알로에	el áloe	선인장	el cactus

잔디	el césped	향기로운	fragante
향기	la fragancia	악취	la peste
악취나는	mal oliente	나무	el árbol
둥걸	el tronco	나뭇가지	la rama/el ramo
나무 꼭대기	la cima	뿌리	la raíz
나이테	el cambium	잔뿌리	el pelo radical
잎	la hoja	베리	la baya
견과	la nuez	꽃잎	el pétalo
꽃가루	el polen	가시	la espina
씨	la semilla		

- **'fruta'(과일) 관련 다양한 표현**

과일	la fruta	사과	la manzana
딸기	la fresa	수박	la sandía
멜론	el melón	바나나	el plátano
오렌지	la naranja	체리	la cereza
포도	la uva	배	la pera
파인애플	la piña	복숭아	el durazno/el melocotón
귤	la mandarina		

단어 vocabulario

bonita	bonito 예쁜(형용사)	margarita	f. 국화
rosa	f. 장미	rojo	붉은(형용사)
clavel	m. 카네이션	amapola	f. 양귀비

연습문제 53 | ejercicios 53

1 레몬이 오렌지보다 더 십니까?

레몬 : el limón

2 예, 레몬이 오렌지보다 더 십니다.

오렌지 : la naranja

3 배가 사과보다 큽니까?

배 : la pera

4 예, 배가 사과보다 큽니다.

사과 : la manzana

형용사 열등비교

고양이가 개보다 큽니까?

¿Es más grande el gato que el perro?

아니요, 고양이는 개보다 작습니다.

No, el gato es menos grande que el perro.

나비가 새보다 빠릅니까?

¿Es más rápida la mariposa que el ave?

아니요, 나비는 새보다 느립니다.

No, la mariposa es menos rápida que el ave.

동사 변화

3 ser(~이다)

형용사의 열등비교(inferior)

'~ 보다 덜'이라는 표현을 할 때 'menos + 형용사 + que'를 사용한다. 이때 형용사는 주어에 성·수를 일치시킨다. 숫자를 비교할 때는 'menos de'가 된다.

● 'animal'(동물) 관련 다양한 표현 1

동물원	el zoo	동물	el animal
포유류	el mamífero	파충류	el reptil
육식류	el carnívoro	물고기	el pez
심해 물고기	el pez abismal	곤충	el insecto
날개	el ala(여성)	나비	la mariposa
비둘기	la paloma	참새	el gorrión
갈매기	la gaviota	제비	la golondrina
발(조류)	la pata	종달새	la alondra
뻐꾸기	el cuclillo	펭귄	el pingüino
둥지	el nido	펠리칸	el pelícano
까마귀	el cuervo	백조	el cisne
흑조	el cisne negro	칠면조	el pavo
공작	el pavo real	앵무새	el loro/el papagayo
뚜깐	el tucán/el tucano	독수리	el águila(여성)
부엉이	el búho	(흡혈)박쥐	el vampiro
거미	la araña	개미	la hormiga
파리	la mosca	모기	el mosquito/el cénzalo
메뚜기	el saltamontes/el saltón	벌	la abeja
여왕벌	la abeja reina	일벌	la abeja obrera
촉수	la antena	거미줄	la telaraña

바퀴벌레	la cucaracha	구더기	el gusano
무당벌레	la mariquita	전갈	el escorpión
풍뎅이	el escarabajo	백로	la garza
홍학	el flamenco	닭	el gallo/la gallina
오리	el pato	메기	el siluro
장어	la anguila	해마	el caballito de mar
송어	la trucha	연어	el salmón
지느러미	la aleta	비늘	la escama
문어	el pulpo	가재	la langosta
말미잘	el celentéreo	게	el cangrejo
딱따구리	el pico picapinos/el picamaderos		
잠자리	la libélula/el caballito del diablo		

단어 vocabulario

grande	큰(형용사)	gato	m. 고양이
perro	m. 개	menos	보다 덜(부사)
rápida	rápido 빠른(형용사)	mariposa	f. 나비
ave	f. 새		

연습문제 54 | ejercicios 54

1 까르멘이 에바보다 키가 큽니까?

키가 큰 : alto(a)

2 아니요, 까르멘이 에바보다 키가 작습니다.

키가 작은 : bajo(a)

3 자전거가 오토바이보다 빠릅니까?

오토바이: la motocicleta / la moto

4 아니요, 자전거는 오토바이보다 느립니다.

자전거: la bicicleta / la bici

형용사 동등비교

고양이는 개만큼 큽니까?

¿Es tan grande el gato como el perro?

천만에요. 고양이는 개보다 작습니다.

¡Qué va! El gato es menos grande que el perro.

호랑이는 사자만큼 무섭습니까?

¿Es tan miedoso el tigre como el león?

천만에요. 호랑이는 사자보다 덜 무섭습니다.

¡Qué va! El tigre es menos miedoso que el león.

동사 변화

3 ser(~이다)

∷ 형용사의 동등비교(de igualdad)

'~과 같은'이라는 표현을 할 때 'tan + 형용사 + como'를 사용한다. 이때 형용사는 주어에 성·수를 일치시킨다.

● 강조를 표현하는 'tanto'

형용사나 부사 앞에서 강조를 할 때 'tanto'는 어미 '-to'를 탈락시키게 된다. 그러나 'mayor, menor, mejor, peor' 앞에서는 'tanto'를 그냥 사용한다:

훨씬 더 나쁜	tanto peor
훨씬 더 좋은	tanto mejor

● 'tanto' 관련 다양한 표현

몇 퍼센트	tanto por ciento
얼마만큼	un tanto/algún tanto
그러는 동안	entre tanto
~하는 만큼 더 ~한	cuanto más ~ tanto más
그러므로/그래서	por lo tanto(por eso)/por tanto

● 'animal'(동물) 관련 다양한 표현 2

개	el perro	고양이	el gato
소	el toro/la vaca	말	el caballo/la yegua
돼지	el cerdo	양	el carnero/la oveja
염소	el cabrón/la cabra	사슴	el ciervo
토끼	el conejo	쥐	el ratón/la rata
코끼리	el elefante	호랑이	el tigre
용	el dragón	사자	el león/la leona

낙타	el camello	곰	el oso
원숭이	el mono	뱀	la serpiente/la culebra
개구리	la rana	고래	la ballena
상어	el tiburón	물개	la foca
악어	el cocodrilo	볏	la cresta
거북	la tortuga	두꺼비	el sapo
이구아나	la iguana	도마뱀	el lagarto
살모사	la víbora	캉가루	el canguro
고슴도치	el erizo	고릴라	el gorila
얼룩말	la cebra	하마	el hipopótamo
여우	el zorro/la zorra	침판지	el chimpancé
오랑우탄	el orangután	늑대	el lobo
표범	el leopardo	불가사리	la estrella de mar
오징어	el calamar		

호랑이 굴에 가야 호랑이 새끼를 잡는다.	Entrando en la cueva de tigre, se captura la cría del tigre.
호랑이도 제 말 하면 온다.	Hablando del tigre, éste aparece.
호랑이 없는 곳에선 늑대가 왕 노릇한다.	En la tierra donde no hay tigre, el lobo lo pretende.

단어 vocabulario

grande	큰(형용사)	gato	m. 고양이
perro	m. 개	menos	보다 덜(부사)
miedoso	무서운(형용사)	tigre	m. 호랑이
león	m. 사자		

연습문제 55 | ejercicios 55

1 앵무새는 뻐꾸기만큼 웁니까?

앵무새 : el loro

2 천만에요. 앵무새는 뻐꾸기보다 덜 웁니다.

뻐꾸기 : el cuclillo

3 도마뱀이 뱀만큼 깁니까?

도마뱀 : el lagarto

4 천만에요. 도마뱀은 뱀보다 짧습니다.

뱀 : la serpiente

'igual que'(~과 같은)/'distinto de'(~과 다른)

내 셔츠는 네 것과 같니?

¿Es igual mi camisa que la tuya?

아니, 네 셔츠는 내 것과 달라.

No, tu camisa es distinta de la mía.

당신의 목도리는 내 것과 같습니까?

¿Es igual su bufanda que la mía?

예, 내 목도리는 당신의 것과 같습니다.

Sí, mi bufanda es igual que la suya.

동사 변화

3 ser(~이다)

소유대명사(pronombre posesivo)

'특정관사 + 소유격 후치형'으로 만들어진다.

• igual que

'~과 같다'라는 뜻이다.

• distinto de

'~과 다르다'라는 뜻이다.

• 'igual'(같은) 관련 다양한 표현

그는 자기를 똑 닮은 아들이 있다. Tiene un hijo que es igual que él.

그 점에서 남편과 아내는 같다.

El marido y la mujer son iguales en ese aspecto.

마찬가지야./상관없어. Da igual.

네가 오늘 오든 내일 오든 나에겐 상관없어.

Me da igual que vengas hoy o mañana.

늘 똑같은 siempre igual

같은 것이 없는 sin igual

똑같이 만들다(동사) igualar

• 동사 'saber'(사실을 알다) 관련 다양한 표현

나는 몰라. No lo sé.

나는 그에 대해 전혀 몰라. No sé nada de él.

언제 끝날지 모르는 일이다. A saber cuándo termina.

내가 아는 바에 의하면 Según sepa

누가 알겠어!/알게 뭐야!	¡Quién sabe!
내가 알게 뭐야!	¡Qué sé yo!/¡Yo qué sé!
알고 있었어.	Ya lo sabía yo.
이것은 계피 맛이 난다.	Esto sabe a canela.

➡ 동사 'oler'(냄새가 나다)를 사용하면 '~냄새가 나다'란 뜻이다.

이것은 커피 냄새가 난다	Esto huele a café.
현자	el sabio
지혜	la sabiduría

● 동사 'conocer'(사람, 지리 등을 알다) 관련 다양한 표현

그는 거리를 아주 잘 안다.	Él conoce muy bien las calles.
나는 그녀를 모른다.	No la conozco.
개는 자기 주인을 알아본다.	El perro conoce a su dueño.
그는 나보다 포도주에 대해 더 많이 안다.	Él conoce los vinos mejor que yo.
그는 여자를 모른다.	Él no conoce mujer.
나는 바르셀로나를 상세히 안다.	Conozco la Barcelona palmo a palmo.
우리는 오래 전부터 아는 사이이다.	Nos conocemos desde hace mucho tiempo.
아는 사람	un conocido
지식	el conocimiento

단어 vocabulario

camisa	f. 셔츠	igual	같은(형용사)
distinta	distinto 다른(형용사)	bufanda	f. 목도리

연습문제 56 | ejercicios 56

1 네 TV는 우리의 것과 같니?

TV : el televisor

2 예, 내 TV는 당신들의 것과 같습니다.

같은 : igual

3 당신들의 연장은 우리의 것과 같습니까?

연장 : la herramienta

4 아니요, 우리의 연장은 당신들의 것과 다릅니다.

다른 : distinto(a)

문형 57

형용사 비교최상급

그들 중에서 누가 가장 키가 큽니까?

¿Quién es el más alto entre ellos?

하이메가 그들 중에서 가장 키가 큽니다.

Jaime es el más alto entre ellos.

그 여자들 중에서 누가 가장 뚱뚱합니까?

¿Quién es la más gorda entre ellas?

까르멘이 그 여자들 중에서 가장 뚱뚱합니다.

Carmen es la más gorda entre ellas.

동사 변화

3 ser(~이다)

∷ 형용사 비교최상급(superlativo relativo)

'특정관사 + 형용사 비교급'으로 이루어진다. 단, 다음과 같은 불규칙 형태가 있으며 불규칙 형태를 사용하면 뜻이 약간 다르다:

원 급	최상급
bueno	óptimo/sumo (최선의)
malo	pésimo (최악의)
alto	supremo (최상의)
bajo	ínfimo (최하의)
grande	máximo (최대의)
pequeño	mínimo (최소의)

반에서 까를로스가 가장 착하다.	Carlos es el mejor en la clase.
이번이 최선의 기회이다.	Esta vez es la ocasión óptima.
그는 최악의 상황에 처해 있다.	Él queda en la circunstancia pésima.
최고로 아름다운 여성이 나에게 질문했다.	Me preguntó una mujer de suprema belleza.
나는 그것을 최하의 가격에 샀다.	Lo he comprado por un precio ínfimo.
그들은 그를 최대한 정중하게 대접한다.	Le tratan con las máximas consideraciones.
이 상품은 최소한의 전력을 소비한다.	Este producto consume la mínima electricidad.
최대한	como máximo
최소한	como mínimo

'adjetivo'(자주 쓰는 형용사) 관련 다양한 표현 3

비만	la obesidad/la gordura		
뚱뚱한	gordo(a)/obeso(a)	마른	delgado(a)/flaco(a)
무지한	ignorante	무지	la ignorancia
현명한	sabio(a)	지혜	la sabiduría
똑똑한	inteligente	지성	la inteligencia
교활한	astuto(a)	교활함	la astucia
바보스러운	tonto(a)/bobo(a)/necio(a)	어리석음	la tontería
영리한	listo(a)	비겁한	cobarde
무모한	atrevido(a)/audaz/osado(a)		
열심인	trabajoso(a)	부지런한	diligente/trabajador
게으른	perezoso(a)/holgazán(a)	순진한/무죄의	inocente
유죄의	culpable	순결한	virgen
천진난만한	ingenuo(a)	천재적인	genial
엘리트	la élite	지식인	el intelectual

세르반떼스는 천재이다. Cervantes es un genio.

성모마리아 la Virgen

단어 vocabulario

entre	~사이에(전치사)	gorda	gordo 뚱뚱한(형용사)

연습문제 57 | ejercicios 57

1 반에서 누가 가장 똑똑합니까?

똑똑한 : inteligente

2 하이메가 반에서 가장 똑똑합니다.

똑똑한 : inteligente

3 가족 중에 누가 가장 나이가 많습니까?

나이가 많은 : mayor

4 우리 할머니가 가장 나이가 많습니다.

나이가 많은 : mayor

문형 58

형용사 절대최상급

너는 꿀을 아주 좋아하지?

¿Te gusta tanto la miel?

예, 아주 많이요.

Sí, muchísimo.

너는 아이스크림을 아주 좋아하지?

¿Te gusta tanto el helado?

예, 아주 많이요.

Sí, muchísimo.

동사 변화

5 gustar(마음에 들다)

형용사 절대최상급(superlativo absoluto)

형용사에 '-ísimo'를 붙이면 절대 최상급이 된다:

bueno(좋은)	bonísimo/muy bueno
nuevo(새로운)	novísimo/muy nuevo
grande(큰)	grandísimo/muy grande
feliz(행복한)	felicísimo/muy feliz
fresco(신선한)	fresquísimo/muy fresco

'mucho'와 'poco'는 부사로 쓰이는 경우에도 '-ísimo'를 붙여 최상급으로 표현할 수 있으나 다른 경우는 부사 앞에 'muy'를 붙여 표현한다. 그러므로 형용사에도 'muy'를 붙이면 최상급이 된다. 그러나 'más, menos, mayor, menor, mejor, peor'앞에는 'mucho'를 사용한다. 즉, 'mucho mejor'(훨씬 더 좋은)로 사용해야 하며 'muy mejor'로 사용하면 안 된다. 또한 생활에 자주 쓰이는 'cerca'(가까운) 또는 'lejos'(먼) 등은 부사라도 'cerquísima' 또는 'lejísimo'로 사용하기도 한다.

● 동사 'gustar'(마음에 들다) 관련 다양한 표현

매력이 있다	encantar	미각	el gusto
관심이 있다	interesar	내가 네 마음에 드니?	¿Te gusto yo?
나는 단것을 좋아한다.		Me gustan los dulces.	
나는 춤추기를 좋아한다.		Me gusta bailar	

➡ 내 맘에 맞게	a mi gusto
기꺼이	con gusto/con mucho gusto/gustosamente
아주	enormemente/extraordinariamente/profundamente/a rabiar/con locura/con delirio/horrores
편하게	a gusto

어떤 동사들은 인칭대명사 간접목적격과 함께 쓰이며 실제로 동사를 지배하는 것은 동사 뒤에 나오는 낱말이다.

내가 네 마음에 드니?	¿(A ti) Te gusto yo?
나는 사과를 좋아한다.	(A mí) Me gustan las manzanas.
나는 춤추기를 좋아한다.	(A mí) Me gusta bailar.

➡ 동사 원형은 명사로 사용될 때 남성 단수로 취급하여 특정관사 'el'을 사용하나 종종 생략된다: el bailar

▶ 이 외에도 어떤 동사들은 간접목적격과 함께 쓰여 다른 뜻을 표현하기도 한다.

ir	(가다)	→ 어울리다
sentar	(앉히다)	→ 소화 시키다
caer	(떨어지다, 넘어지다)	→ 마음에 들다
faltar	(부족하다, 어기다)	→ 부족하다
sobrar	(초과하다, 남다)	→ 남다
encantar	(현혹시키다, 좋아하다)	→ 좋아하다
fastidiar	(귀찮게 하다, 지루하게 하다)	→ 지루하게 하다
tocar	(연주하다, 당첨되다)	→ 당첨되다
apetecer	(탐내다, 구미가 당기다)	→ 구미가 당기다

단어 vocabulario

tanto	그 만큼(불특정사)	miel	f. 꿀
muchísimo	'mucho'(많이: 부사)의 절대최상급	helado	m. 아이스크림

연습문제 58 | ejercicios 58

1 당신들은 축구를 아주 좋아하십니까?

축구하다 : jugar al fútbol

2 아니요, 별로요.

별로 : no tanto

3 너는 쇼핑하기를 아주 좋아하지?

쇼핑하다 : ir de compras

4 아니요, 나는 쇼핑하기를 별로 좋아하지 않습니다.

쇼핑하다 : ir de compras

진행형

아이들은 정원에서 무엇을 합니까?

¿Qué hacen los chicos en el jardín?

축구를 하고 있습니다.

Están jugando al fútbol.

마리아는 부엌에서 무엇을 합니까?

¿Qué hace María en la cocina?

마리아는 음식을 준비하고 있습니다.

María está preparando la comida.

동사 변화

37 hacer(하다/만들다) 4 estar(~상태이다) 5 preparar(준비하다)
21 jugar(놀다)

진행형

'조동사 estar(~이다) + 현재분사'로 이루어지며 과거 진행의 경우, 불완료과거형 자체가 과거의 지속된 상황을 표현하므로 과거진행형을 특별히 강조하는 경우가 아니면 불완료과거형을 사용한다. 이때 조동사 'estar' 외에 'ir(가다), andar(걷다), seguir(계속되다), continuar(계속되다)' 등도 현재분사와 함께 진행형을 표현한다.

현재분사 gerundio

hablar	comer	vivir
hablando	comiendo	viviendo

조동사 'estar'와 함께 진행형을 만든다. 또는 부가적 상황을 표현할 때 사용하거나 독립적으로 현재분사 구문에 사용한다. 규칙 형태는 동사의 어미가 '-ar'로 끝나면 '-ando', 동사의 어미가 '-er/-ir'로 끝나면 '-iendo'가 되며 불규칙 형태가 있다. 불규칙 형태는 동사 변화표에 표기되어 있다.

1) 조동사 'estar'와 함께 진행형을 만든다.

나는 일하고 있다. Estoy trabajando.

비가 내리고 있다. Está lloviendo.

2) 부가적 상황을 표현할 때 사용한다.

에스떼반은 색을 섞어서 그림을 그린다. Esteban pinta mezclando los colores.

아이들이 뛰어 온다. Los chicos vienen corriendo.

3) 독립 현재분사 구문으로 사용한다.

정원을 산책하고 있을 때 마리아가 우는 것을 보았다. Paseando por el jardín la vi a María llorar.

4) 인칭대명사 목적격 또는 재귀대명사와 함께 쓰일 경우, 긍정 명령과 같이 현재분사 뒤에 그 목적격이나 재귀대명사를 붙여 쓰되 현재분사 본래의 강세의 위치가 변하게 되면 현재분사 본래의 강세 자리에 강세 표기를 해야 한다. 단, 그 목적격이나 재귀대명사를 긍정 명령과는 다르게 반드시 현재분사에 붙여 쓰지 않아도 된다.

나는 그것을 배우고 있다.	Estoy aprendiéndolo.
	Lo estoy aprendiendo.

단어 vocabulario

hacen	v. hacer(하다)	chicos	m. el chico 소년
jardín	m. 정원	están	v. estar(~상태이다)
jugando	v. jugar(놀다)	fútbol	m. 축구
hace	v. hacer(하다)	cocina	f. 부엌
preparando	v. preparar(준비하다)	comida	f. 음식

연습문제 59 | ejercicios 59

1 후안은 사무실에서 무엇을 합니까?

사무실 : la oficina

2 후안은 답장을 쓰고 있습니다.

편지 : la carta

3 마리아와 후안은 무엇을 하고 있습니까?

하다 : hacer

4 그들은 거실에서 TV를 보고 있습니다.

보다 : mirar

문형 60

목적격 대명사의 어순과 직설법 불특정과거

마리아가 너에게 책을 주었니?

¿Te dio María los libros?

예, 마리아가 나에게 그것들을 주었습니다.

Sí, María me los dio.

교수님이 너에게 역사책을 가져다주셨니?

¿Te trajo el profesor el libro de la historia?

예, 교수님이 그것을 나에게 가져다주셨습니다.

Sí, el profesor me lo trajo.

동사 변화

23 dar(주다) 47 traer(가져오다)

∷ 목적격 대명사의 어순(orden entre dativo y acusativo)

'간접목적격 대명사 + 직접목적격 대명사 + 동사'의 어순으로 변화된 동사 앞에 놓인다. 단, 긍정 명령일 때는 '간접 + 직접'의 순서로 동사의 뒤에 붙여 사용하며, 본래 동사의 강세위치에 강세표기를 해줌으로써 한 낱말이 아니라 합성된 것임을 보여준다. 그러나 우연하게도 본래 동사의 강세위치와 목적격 대명사가 합쳐진 후에 강세위치가 같으면 강세표기를 하지 않는다. 또한 동사 원형과 현재분사인 경우, 위의 두 경우가 모두 가능하다.

너는 말해라.	Di.
너는 나에게 말해라.	Díme.
너는 그것을 나에게 말해라.	Dímelo.
너희, 씻어라!	¡Lavaos!
나는 그것을 너에게 보내고 싶다.	Quiero mandártelo./Te lo quiero mandar.
나는 너에게 그것을 쓰고 있다.	Estoy escribiéndotelo./Te lo estoy escribiendo.

∷ 직설법 불특정과거(pretérito indefinido)

과거의 사실을 단회적으로 표현할 때 사용한다. 한국어 화자에게는 직설법 현재완료와 직설법 불특정과거의 구별이 쉽지 않으므로 hoy, esta semana, este mes 등 '이번 ~'의 시간표현과는 현재완료를 사용한다고 생각하면 도움이 된다:

오늘 호세를 보았다.	Hoy he visto a José.
어제 호세를 보았다.	Aver vi a José.
나는 어느 강아지를 보았다.	Vi un perro.
콜롬부스는 신대륙을 발견하였다.	Cristóbal Colón descubrió el Nuevo Mundo.
지난 주말에 너는 무엇을 했니?	¿Qué hiciste la semana pasada?

● 직설법 불특정 과거 규칙변화

	yo (나는)	tú (너는)	él(그는), ella(그녀는), usted (당신은)	nosotros (우리는)	vosotros (너희는)	ellos(그들은), ellas(그녀들은), ustedes (당신들은)
hablar(말하다)	hablé	hablaste	habló	hablamos	hablasteis	hablaron
comer(먹다)	comí	comiste	comió	comimos	comisteis	comieron
vivir(살다)	viví	viviste	vivió	vivimos	vivisteis	vivieron
hablarse	me hablé	te hablaste	se habló	nos hablamos	os hablasteis	se hablaron
comerse	me comí	te comiste	se comió	nos comimos	os comisteis	se comieron
vivirse	me viví	te viviste	se vivió	nos vivimos	os vivisteis	se vivieron

단어 vocabulario

dio	v. dar(주다)	libros	m. el libro 책
trajo	v. traer(가져오다)	profesor	m. 교수
historia	f. 역사		

연습문제 60 | ejercicios 60

1 마리아가 너희에게 수학을 가르쳐주었니?

가르치다 : enseñar

2 예, 마리아가 우리에게 그것을 가르쳐주었습니다.

가르치다 : enseñar

3 까를로스가 너에게 초콜릿을 사주었니?

사주다 : comprar

4 예, 까를로스가 나에게 그것들을 사주었습니다.

사주다 : comprar

문형 61

목적격 대명사의 어순과 직설법 불특정과거

마리아가 책들을 아이들에게 주었니?

¿Dio María los libros a los niños?

예, 마리아가 그들에게 그것들을 주었습니다.

Sí, María se los dio.

마리아가 인형을 자기 여동생에게 선물했습니까?

¿Regaló María la muñeca a su hermana?

예, 마리아가 그녀에게 그것을 선물했습니다.

Sí, María se la regaló.

동사 변화

23 dar(주다) 5 regalar(선물하다)

se

간접목적격 대명사와 직접목적격 대명사가 모두 3인칭일 때, 간접목적격 대명사는 'se'로 바꾸어준다.

● 동사 'dar'(주다) 관련 다양한 표현

알리다	dar un aviso	소리를 치다	dar un grito
축하하다	dar la enhorabuena	산책하다	dar un paseo
안부를 전하다	dar recuerdos	키스하다	dar un beso
환영하다	dar la bienvenida	제대하다	dar de baja
퇴원시키다	dar de alta	돌다	dar vueltas
강연하다	dar una conferencia	구두를 닦다	dar brillo a los zapatos
먹을 것을 주다	dar de comer	(아기를) 낳다	dar a luz/parir
서둘러!	¡Date prisa!	멋대로 해라!	¡Dale!/¡Dale que dale!
시계가 3시를 알린다.	Dan las tres.	햇빛이 벽을 비춘다.	El sol da en la pared.
바람이 얼굴에 스친다.	El aire me da en la cara.	뿌린 대로 거둔다.	Donde las dan las toman.

● 'parque de atracciones'(놀이공원) 관련 다양한 표현

놀이공원	el parque de atracciones	축제	la feria/la fiesta
목마	el tiovivo	서커스	el circo
풍선	el globo	상인	el vendedor
괴물	el monstruo	불 쇼	el tragafuegos
돌리기	las voladoras/la voltereta	쇼맨	el feriante
종이 피리	el matasuegras	관중	el espectador
미끄럼틀	el tobogán	상품	los premios
벽보	el cartel de anuncio	거울방	el barracón de risa

오목거울	el espejo cóncavo	볼록거울	el espejo convexo
범퍼카	el coche de choque	가면 무도회	el baile de máscaras
무도장	la sala de baile	가면	la máscara
방울	el cascabel	캐스터네츠	la castañuela
어릿광대	el payaso	거인 인형	el gigantón/la gigantona
축하용 종이 폭죽	la serpentina		

● 'refrán'(속담) 관련 다양한 표현 1

시장이 반찬이다:

A buena hambre no hay pan duro.(주린 사람에게는 딱딱한 빵이 없다.)

낮말은 새가 듣고 밤말은 쥐가 듣는다.

Las paredes tienen oídos.(벽에도 귀가 있다.)

제 꾀에 제가 빠진다.

Quien mala cama hace, en ella se yace.(나쁜 침대를 만든 자는 자기가 거기에 눕게 된다.)

뜻이 있는 곳에 길이 있다.

Donde hay voluntad, hay camino.

떡 줄 사람은 생각도 않는데 김칫국부터 마신다.

No vendas la piel del oso antes de haberlo muerto.(곰을 잡기도 전에 그 가죽을 팔지 마라.)

원숭이도 나무에서 떨어질 때가 있다.

No hay caballo por bueno que sea, que no tropiece.
(아무리 훌륭한 말이라도 넘어지지 않는 말은 없다.)

단어 vocabulario

dio	v. dar(주다)	niños	el niño(남자 아이)
regaló	v. regalar(선물하다)	muñeca	f. 인형

연습문제 61 | ejercicios 61

1 까를로스가 집을 자기 친구에게 팔았습니까?

팔다 : vender

2 예, 까를로스가 그에게 그것을 팔았습니다.

그에게 그것을 : se la

3 마리아가 사실을 변호사에게 고백했습니까?

고백하다 : confesar

4 예, 마리아는 그에게 그것을 고백했습니다.

그에게 그것을 : se la

직설법 현재완료

스페인에 있어 본 적이 있니?

¿Has estado en España?

아니요, 한 번도 스페인에 있어 본 적이 없습니다.

No, nunca he estado en España.

호세는 도착했니?

¿Ha llegado José?

아니요, 아직 도착하지 않았어요.

No, aún no ha llegado.

동사 변화

4 estar(~상태이다) 6 llegar(도착하다)

직설법 현재완료(pretérito perfecto)

모든 완료는 조동사 'haber'와 과거분사로 이루어진다.

과거분사 participio pasado

hablar	comer	vivir
hablado	comido	vivido

조동사 'haber'와 함께 완료형을 만든다. 또는 형용사처럼 사용하거나 독립적으로 과거분사 구문에 사용한다. 규칙 형태는 동사의 어미가 '-ar'로 끝나면 '-ado', 동사의 어미가 '-er/-ir'로 끝나면 '-ido'가 되며 불규칙 형태가 있다. 불규칙 형태는 동사 변화표에 표기되어 있다. 형용사처럼 사용할 때는 수식할 명사의 성·수에 일치시킨다. 즉, '버릇없는 남자 아이'는 'un niño maleducado'이고, '버릇없는 여자 아이'는 'una niña maleducada'이며, '버릇없는 남자 아이들'은 'unos niños maleducados'이고, '버릇없는 여자 아이들'은 'unas niñas maleducadas'이다.

1) 조동사 'haber'와 함께 완료형을 만든다.

우리는 아직 점심을 먹지 않았습니다.	Aún no hemos almorzado.
네가 전화했을 때 나는 이미 나가고 없었다.	Ya había salido de casa cuando me llamaste.
내가 내일 도착해 있을 거다.	Habré llegado mañana.

2) 형용사처럼 사용한다.

나는 길을 잃었다.	Estoy perdido.
그녀는 길을 잃었다.	Está perdida.

3) 독립적으로 과거분사 구문에 사용한다.

수업이 끝난 후에 나가겠다. Terminada la clase, saldré.

4) 동사 'tener'와 함께 완료의 뜻을 표현한다. 이때 과거분사는 형용사처럼 사용되는 경우와 마찬가지로 뒤에 나오는 목적어와 성·수의 일치를 하게 된다.

나는 편지를 써두었다. Tengo escritas las cartas.

5) 규칙과 불규칙, 두 개의 형태가 있는 과거분사는 일반적으로 조동사 'haber'와 함께 완료형을 만들 때는 규칙형을, 형용사적으로 사용될 때는 불규칙형을 사용한다. 동사 변화표에 있는 과거분사 불규칙형 외의 불규칙형은 다음과 같다 :

동사 원형	의미	규칙변화형	불규칙변화형	명사
abrir	열다		abierto	el abrimiento/la apertura
absolver	사면하다		absuelto	la absolución
absorber	흡수하다	absorbido	absorto	la absorción
abstraer	추출하다	abstraído	abstracto	la abstracción
afligir	슬프게 하다	afligido	aflicto	la aflicción
adscribir	임명하다		adscrito	la adscripción
ahitar	배탈이 나게 하다	ahitado	ahíto	el ahíto
atender	주의하다	atendido	atento	la atención
bendecir	축복하다	bendecido	bendito	la bendición
bienquerer	존경하다	bienquerido	bienquiso	la bienquerencia
circuncidar	할례를 하다	circuncidado	circunciso	la circuncisión
circunscribir	에워싸다		circunscrito	la circunscripción
compeler	강요하다	compelido	compulso	la compulsión
comprender	이해하다	comprendido	comprenso	la comprensión

동사 원형	의미	규칙변화형	불규칙변화형	명사
comprimir	압축하다	comprimido	compreso	la compresión
concluir	결론짓다	concluido	concluso	la conclusión
confesar	고백하다	confesado	confeso	la confesión
confundir	혼동하다	confundido	confuso	la confusión
consumir	소비하다	consumido	consunto	el consumo/la consumición
contundir	타박상을 입히다	contundido	contuso	la contusión
convencer	납득시키다	convencido	convicto	la convicción
convertir	변화시키다	convertido	converso	la conversión
corregir	교정하다	corregido	correcto	la corrección
corromper	썩히다	corrompido	corrupto	la corrupción
cubrir	덮다		cubierto	el cubrimiento
describir	묘사하다		descrito	la descripción
descubrir	발견하다		descubierto	el descubrimiento
desenvolver	전개시키다		desenvuelto	el desenvolvimiento
despertar	잠을 깨우다	despertado	despierto	el despertamiento
desproveer	빼앗다	desproveído	desprovisto	la desprovisión
devolver	돌려주다		devuelto	la devolución
difundir	유포하다	difundido	difuso	la difusión
disolver	녹이다		disuelto	la disolución
dividir	나누다	dividido	diviso	la división
elegir	선출하다	elegido	electo	la elección
encubrir	감추다		encubierto	el encubrimiento/la encubierta
enjugar	젖은 것을 말리다	enjugado	enjuto	la enjutez
entreabrir	반 쯤 열다		entreabierto	el entreabrimiento
envolver	포장하다		envuelto	el envolvimiento/la envoltura
escribir	필기하다		escrito	la escritura
excluir	배제하다	excluido	excluso	la exclusión

동사 원형	의미	규칙변화형	불규칙변화형	명사
eximir	면제하다	eximido	exento	la exención
expeler	추방하다	expelido	expulso	la expulsión
expresar	표현하다	expresado	expreso	la expresión
extender	넓히다	extendido	extenso	la extensión
extinguir	끄다	extinguido	extinto	la extinción
fijar	고정시키다	fijado	fijo	la fijeza/la fijación
freír	튀기다	freído	frito	la fritada/el frito
hartar	포식하다	hartado	harto	la hartada/el hartazgo
imprimir	인쇄하다	imprimido	impreso	la impresión
incluir	포함하다	incluido	incluso	la inclusión
incurrir	저지르다	incurrido	incurso	el incurrimiento
infundir	감응케 하다	infundido	infuso	la infusión
ingerir	섭취한다	ingerido	ingerto	la ingestión
injertar	접목하다	injertado	injerto	el injerto
inscribir	등록하다		inscrito	la inscripción
insertar	삽입하다	insertado	inserto	la inserción
invertir	투자하다	invertido	inverso	la inversión
juntar	모으다	juntado	junto	la junta
maldecir	저주하다	maldecido	maldito	la maldición
malquerer	원망하다	malquerido	malquiso	la malquerencia
manifestar	표명하다	manifestado	manifiesto	la manifestación
manumitir	해방하다	manumitido	manumiso	la manumisión
manuscribir	손으로 쓰다		manuscrito	el manuscrito
marchitar	시들게 하다	marchitado	marchito	el marchitamiento/la marchitez
morir	죽다		muerto	la muerte
nacer	태어나다	nacido	nato	el nacimiento
omitir	생략하다	omitido	omiso	la omisión

동사 원형	의미	규칙변화형	불규칙변화형	명사
oprimir	억압하다	oprimido	opreso	la opresión
pasar	지나가다/지내다	pasado	paso	el paso/el pasamiento
poseer	소유하다	poseído	poseso	la posesión
predecir	예언하다	predecido	predicho	la predicción
prender	붙잡다	prendido	preso	la prensión
prescribir	처방하다		prescrito	la prescripción
presumir	짐작하다	presumido	presunto	la presunción
pretender	~척하다	pretendido	pretenso	la pretensión
propender	경향이 있다	propendido	propenso	la propensión
proscribir	추방하다		proscrito	la proscripción
proveer	공급하다	proveído	provisto	la provisión
pudrir	썩히다/썩다		podrido	la podredura/el podrecimiento
radiodifundir	방송하다	radiodifundido	radiodifuso	la radiodifusión
raer	깎다	raído	raso	la raedura
reabrir	재개하다		reabierto	la reapertura
recluir	감금하다	recluido	recluso	la reclusión
recubrir	다시 씌우다		recubierto	el recubrimiento
refreír	다시 튀기다	refreído	refrito	la refritada/el refrito
regir	지배하다	regido	recto	el regimiento
reimprimir	인쇄를 재판하다	reimprimido	reimpreso	la reimpresión
reinscribir	재가입하다		reinscrito	la reinscripción
reinsertar	재삽입하다	reinsertado	reinserto	la reinserción
resolver	해결하다		resuelto	la resolución
retorcer	비틀다	retorcido	retuerto	la retorcedura
revolver	돌아오다		revuelto	el revolvimiento
romper	깨뜨리다		roto	el rompimiento
salpresar	간을 맞추다	salpresado	salpreso	la salpresión

동사 원형	의미	규칙변화형	불규칙변화형	명사
salvar	구출하다	salvado	salvo	la salvación
sepultar	매장하다	sepultado	sepulto	la sepultación
sobreimprimir	덧인쇄하다	sobreimprimido	sobreimpreso	la sobreimpresión
sofreír	기름에 살짝 튀기다	sofreído	sofrito	la sofritada/el sofrito
soltar	풀어주다	soltado	suelto	la soltura
sustituir	대체하다	sustituido	substituto	la sustitución
sujetar	단단히 붙들다	sujetado	sujeto	la sujeción
suprimir	폐지하다	suprimido	supreso	la supresión
suscribir	신청하다		suscrito	la suscripción
suspender	보류하다	suspendido	suspenso	la suspensión
teñir	물들이다	teñido	tinto	la teñidura/el tinte
torcer	비틀다	torcido	tuerto	la torcedura
torrefactar	커피를 볶다	torrefactado	torrefacto	la torrefacción
transcribir	옮겨 적다		transcrito	la transcripción
volver	돌아오다		vuelto	la vuelta

단어 vocabulario

nunca	결코(부사)	estado	v. estar(~상태이다)
ido	v. ir(가다)	aún	아직(부사)

연습문제 62 | ejercicios 62

1 너는 숙제를 끝냈니?

숙제 : la tarea

2 아니요, 그것을 끝내지 않았습니다.

끝내다 : terminar

3 당신은 소설을 다 읽었습니까?

읽다 : leer

4 아니요, 아직 다 읽지 않았습니다.

모두 : todo

수동문

누가 은행 문을 열었습니까?

¿Quién abrió la puerta del banco?

은행 문은 수위에 의해 열렸습니다.

La puerta del banco fue abierta por el portero.

누가 강도를 쫓아갔습니까?

¿Quién persiguió al ladrón?

강도는 경찰에 의해 쫓겼습니다.

El ladrón fue perseguido por el policía.

동사 변화

51 abrir(열다) 62 perseguir(쫓아가다)

수동문(oración pasiva)

'조동사 ser + 과거분사 + por/de/en 등'으로 이루어지며, 이때 과거분사는 주어의 성·수에 일치시켜야 한다. 이는 스페인어의 과거분사가 완료형을 제외하면 형용사적 기능을 하기 때문이다. 또한 'se'를 사용하여 수동문을 만들기도 한다. 'se' 수동문은 행위자가 불명확하거나 일반적일 때 사용한다.

● 동사 'abrir'(열다) 관련 다양한 표현

그들은 산에 도로를 냈다.	Han abierto una carretera en la montaña.
그들은 물(가스)을 통하게 한다.	Abren el agua(gas).
입을 열다(말문을 열다)	abrir la boca
은행 계좌를 열다.	abrir la cuenta
눈 깜빡할 사이에	en un abrir y cerrar de ojos

● 'abierto'(동사 'abrir'(열다)의 과거분사) 관련 다양한 표현

문이 열려 있는	la puerta abierta	광야	el campo abierto
자유항	el puerto abierto	개방적인 성격	el carácter abierto
숨김없이	a pecho abierto	입을 벌리고	con la boca abierta
진심으로	con los brazos abiertos	야외에서	a cielo abierto/al aire libre

● 'se'

능동문의 구조로 수동의 뜻을 표현할 때 사용한다. 스페인어에서 수동문은 '조동사 ser + 과거분사 + por/de/en'의 형식으로 이루어지나, 행위자가 불명확하거나 일반적일 때는 'se'를 사용하여 표현한다.

- **'permiso'(양해) 관련 다양한 표현**

괜찮겠어요?	¿Puedo?/¿Se puede?/¿Me permite?/Permítame./Con permiso./ ¿Le(Te) parece?/¿Le(Te) parece bien?/¿Le(Te) molesta?
물론이죠.	Claro que sí./Sí que puede./Claro que puede./ Naturalmente que sí./Sí, hombre, sí.
절대로 안됩니다.	¡Imposible!/De ninguna manera./Absolutamente que no.
허락할 수 없다.	No te lo permito./Te lo prohíbo.
괜찮지 않아요.	Sí, me molesta./Desde luego que me importa.
왜 안되겠어요.	¿Cómo no?/¿Por qué no?
괜찮아요.	No me molesta./No me importa.
안됩니다.	¡No, no!

단어 vocabulario

por	~를 통하여, ~때문에(전치사)	abrió	v. abrir(열다)
puerta	f. 문	banco	m. 은행, 의자
abierta	v. abrir(열다)	portero	m. 수위
persiguió	v. perseguir(쫓아가다)	ladrón	m. 강도
policía	m. f. 경찰		

연습문제 63 | ejercicios 63

1 신세계는 누가 발견했습니까?

신세계 : el Nuevo Mundo

2 신세계는 콜롬부스에 의해 발견되었습니다.

콜롬부스에 의해 : por Cristóbal Colón

3 누가 두 번째 골을 넣었습니까?

골을 넣다 : meter el gol

4 두 번째 골은 헨또에 의해 넣어졌습니다.

헨또에 의해 : por Gento

문형 64

직설법 불완료과거/과거진행형

호세가 들어왔을 때 너는 무엇을 하고 있었니?

¿Qué hacías cuando entró José?

TV를 보고 있었습니다.

Estaba mirando la tele.

일요일이면 교회에 가곤 하셨습니까?

¿Solía ir a la iglesia los domingos?

예, 그러나 지난 주일에는 가지 않았습니다.

Sí, pero el domingo pasado no fui.

동사 변화

37 hacer(하다) 5 entrar(들어가다) 77 ir(가다) 5 mirar(보다, 주시하다)
46 soler(종종 ~하곤 하다)

:: 불완료과거(pretérito imperfecto)

● 직설법 불완료과거 규칙변화

	yo (나는)	tú (너는)	él(그는), ella(그녀는), usted (당신은)	nosotros (우리는)	vosotros (너희는)	ellos(그들은), ellas(그녀들은), ustedes (당신들은)
hablar(말하다)	hablaba	hablabas	hablaba	hablábamos	hablabais	hablaban
comer(먹다)	comía	comías	comía	comíamos	comíais	comían
vivir(살다)	vivía	vivías	vivía	vivíamos	vivíais	vivían
hablarse	me hablaba	te hablabas	se hablaba	nos hablábamos	os hablabais	se hablaban
comerse	me comía	te comías	se comía	nos comíamos	os comíais	se comían
vivirse	me vivía	te vivías	se vivía	nos vivíamos	os vivíais	se vivían

1) 과거 어느 정도의 지속성을 가진 사실을 표현할 때 사용한다. 그러므로 과거에서의 진행을 표현하고자 할 때 굳이 과거진행형의 형식을 사용하지 않고 불완료과거로 대신할 수 있다. 진행형은 '조동사 estar + 현재분사'로 이루어진다.

나는 어느 강아지를 보고 있었다. Veía un perro.

너는 지난 주말에 무엇을 하고 지냈니? ¿Qué hacías la semana pasada?

2) 과거의 불규칙한 습관을 표현할 때 사용한다.

지난 여름 나는 자주 바닷가에 가곤 하였다. El verano pasado iba a menudo a la playa.

3) 'querer/desear'(원하다) 등은 현재에서 직설법 불완료과거를 사용하여 겸손을 표현한다.

무엇을 원하시는지요? ¿Qué deseaba?/¿Qué quería?

과거진행형(el durativo en el pasado)

조동사 'estar'의 과거형과 현재분사가 함께 과거진행형을 표현한다. 그러나 직설법 불완료 과거가 과거의 시간적 지속을 표현하므로 굳이 강조하는 경우가 아니면 'estar'를 사용한 과거진행형을 사용하지 않아도 된다.

불특정과거와 불완료과거(pretérito indefinido e imperfecto)

두 가지 형태가 한 문장 내에 함께 있어도 불특정과거는 순간적이고 일회적인 뜻을 표현하며 불완료과거는 지속적이거나 반복적인 뜻을 표현하게 된다.

● 동사 'tocar'(치다) 관련 다양한 표현

그는 기타를 치고 있었다.	Tocaba la guitarra.
사이렌이 울렸다.	Tocó la sirena.
성당의 시계가 12시를 쳤다.	El reloj de la catedral tocó las doce.
그가 팔꿈치로 나를 툭 쳤다.	Me tocó con el codo.
내가 2차를 살 차례다.	A mí me toca la siguiente ronda.

➡ 이런 뜻으로는 간접목적격과 함께 사용한다.

단어 vocabulario

cuando	~때(접속사)	estaba	v. estar(~상태이다)
mirando	v. mirar(눈여겨 보다)	solía	v. soler(~하곤 하다)
iglesia	f. 교회	domingos	m. el domingo 일요일
pero	그러나(접속사)	pasado	v. pasar(지나다)

연습문제 64 | ejercicios 64

1 우리가 여행을 가려고 할 때 너는 어디 있었니?

여행을 가다 : ir de viaje

2 차를 닦고 있었어.

닦다 : limpiar

3 내가 어제 전화했을 때 넌 무엇을 하고 있었니?

전화하다 : llamar(por teléfono)

4 피아노를 치고 있었어.

피아노를 치다 : tocar el piano

문형 65

직설법 미래/복합 현재분사 구문

언제 나갈까?

¿Cuándo saldremos?

간단한 것을 먹은 후에 춤추러 갈 거야.

Habiendo tomado un bocado, iremos a bailar.

언제 식탁을 차릴 거야?

¿Cuándo pondremos la mesa?

초대한 사람들이 도착한 후에 식탁을 차릴 거야.

Habiendo llegado los invitados, pondremos la mesa.

동사 변화

79 salir(나가다) 5 tomar(취하다) 77 ir(가다) 6 llegar(도착하다)
41 poner(놓다) 5 bailar(춤추다)

직설법 미래(futuro)

● 직설법 미래 규칙변화

	yo (나는)	tú (너는)	él(그는), ella(그녀는), usted (당신은)	nosotros (우리는)	vosotros (너희는)	ellos(그들은), ellas(그녀들 은), ustedes (당신들은)
hablar(말하다)	hablaré	hablarás	hablará	hablaremos	hablaréis	hablarán
comer(먹다)	comeré	comerás	comerá	comeremos	comeréis	comerán
vivir(살다)	viviré	vivirás	vivirá	viviremos	viviréis	vivirán
hablarse	me hablaré	te hablarás	se hablará	nos hablaremos	os hablaréis	se hablarán
comerse	me comeré	te comerás	se comerá	nos comeremos	os comeréis	se comerán
vivirse	me viviré	te vivirás	se vivirá	nos viviremos	os viviréis	se vivirán

1) 미래의 사실을 표현할 때 사용한다. 가까운 미래는 'ir+a+inf.'로 표현할 수 있다.

내일 가겠다. — Iré mañana.

Voy a ir mañana.

2) 현재에서의 가능성이나 추측을 표현할 때 사용한다. 반면에 가상미래형은 시제와 상관 없이 가능성이나 추측을 표현할 때 사용한다.

몇 시쯤 됐을까? — ¿Qué hora será?(직설법 미래)

¿Qué hora sería?(가상미래형)

3) 약한 명령을 표현한다.

집에 가겠지! — Irás a casa.

∷ 복합 현재분사 구문(gerundio en forma compuesta)

'조동사 haber의 현재분사형 + 과거분사'는 복합시제와 현재분사를 합쳐 만든 구문으로 '~한 후에'의 뜻을 갖는다. 그러므로 'después de haber llegado ~' 등으로 표현해도 무방하다. 또한 그 구문이 현재완료인지 과거완료인지 등은 주절의 시제와 관계가 있다.

● 동사 'poner'(놓다/차리다) 관련 다양한 표현

거울을 이쪽으로 놓아라.	Pon el espejo hacia aquí.
팔을 들어라.	Pon el brazo levantado.
나는 그에게 팩스를 보냈다.	Le puse un fax(telex).

'ponerse'는 '옷 등을 입다'는 뜻으로 사용된다:

나는 코트를 입는다.	Me pongo el abrigo.
얼굴이 빨개졌다.	Se puso rojo.
나는 공부하기 시작했다.	Me pongo a estudiar.

단어 vocabulario

saldremos	v. salir(나가다)	habiendo	v. haber(조동사, ~이 있다)
tomado	v. tomar(취하다)	bocado	m. 가벼운 식사
iremos	v. ir(가다)	a	~로, ~당(전치사)
bailar	v. 춤추다	pondremos	v. poner(놓다)
mesa	f. 테이블	llegado	v. llegar(도착하다)
invitados	v. invitar(초대하다)		

연습문제 65 | ejercicios 65

1 언제 집 청소를 할까?

청소하다 : limpiar

2 아침을 먹은 후에 집 청소를 할 거야.

아침 : el desayuno

3 언제 쇼핑하러 갈까?

쇼핑하다 : ir de compras

4 일을 마친 후에 쇼핑하러 갈 거야.

마치다 : terminar

문형 66

직설법 미래완료

그가 축구복권에 당첨됐을까?

¿Habrá ganado las quinielas?

아마도.

Posiblemente.

무엇 때문에 너희가 그 문제에 관여하게 될까?

¿Para qué habréis metido en ese asunto?

아무 이유 없는데.

Con ningún motivo.

동사 변화

5 ganar(이기다, 돈을 벌다, 획득하다) **24** meter(끼워 넣다, 개입하다)

∷ 직설법 미래완료(futuro perfecto)

미래완료는 미래의 어느 시점에서 행위가 종결되는 것을 표현하거나 현재완료를 사용하는 상황에서 불확실할 경우 사용한다.

● 직설법 미래완료 규칙변화

	yo (나는)	tú (너는)	él(그는), ella(그녀는), usted (당신은)	nosotros (우리는)	vosotros (너희는)	ellos(그들은), ellas(그녀들은), ustedes (당신들은)
hablar(말하다)	habré hablado	habrás hablado	habrá hablado	habremos hablado	habréis hablado	habrán hablado
comer(먹다)	habré comido	habrás comido	habrá comido	habremos comido	habréis comido	habrán comido
vivir(살다)	habré vivido	habrás vivido	habrá vivido	habremos vivido	habréis vivido	habrán vivido
hablarse	me habré hablado	te habrás hablado	se habrá hablado	nos habremos hablado	os habréis hablado	se habrán hablado
comerse	me habré comido	te habrás comido	se habrá comido	nos habremos comido	os habréis comido	se habrán comido
vivirse	me habré vivido	te habrás vivido	se habrá vivido	nos habremos vivido	os habréis vivido	se habrán vivido

1) 미래를 기준 시점으로 하여 그 때 동사의 행위가 종결될 때 사용한다.

나는 내년에 집에 돌아와 있을 것이다. Habré vuelto a casa el próximo año.

2) 현재완료를 사용하는 표현에 가능성이나 추측을 더해서 표현하게 되는 경우에 사용한다.

그가 돌아왔겠는데 나는 그를 보지 못했다. Él habrá vuelto, pero no le he visto.

● 동사 'ganar'(얻다, 이기다) 관련 다양한 표현

그는 번역을 해서 약간의 돈을 번다. Gana algún dinero haciendo traducciones.

그는 장기에서 나를 이긴다.	Él me gana al ajedrez.
네가 키로는 나를 이기지만 힘으로는 아니야.	Me ganas en estatura, pero no en fuerza.
한국이 2 : 0으로 이겼다.	Corea ganó por dos a cero.
누가 생활비를 법니까?	¿Quién gana la vida?

● 동사 'meter'(넣다) 관련 다양한 표현

그는 지갑에 돈을 넣는다.	Mete las monedas en la bolsita.
그는 마요네즈에 많은 기름을 넣었다.	Metió mucho aceite en la mayonesa.
그를 10년형에 처했다.	Le han metido diez años de cárcel.
그에게 주사를 쿡 찌른다.	Le ponen inyecciones a todo meter.
웬 참견이냐?	¿Por qué metes la pata?
뭐가 그리 궁금하니?	¿Por qué metes las narices?

● 'asunto'(문제) 관련 다양한 표현

별로 중요하지 않은 절차상(형식상)의 일	asunto de trámite
그럼 된거지!	¡Y asunto terminado!
외무부	el Ministerio de Asuntos Exteriores

단어 vocabulario

habrá	v. haber(조동사, ~이 있다)	ganado	v. ganar(벌다)
quinielas	f. la quiniela 축구 복권	posiblemente	아마도(부사)
para	~을 위하여, ~까지(전치사)	habréis	v. haber(조동사, ~이 있다)
metido	v. meter(넣다)	ese	그, 그것(지시사)
asunto	m. 안건	con	~과 함께(전치사)
ningún	아무 것도 아닌(불특정사)	motivo	m. 동기

연습문제 66 | ejercicios 66

1 언제 그들은 뉴욕에 도착하게 될까?

도착하다 : llegar

2 모레는 도착하게 될 것입니다.

모레 : pasado mañana

3 그 시간이면 너는 저녁을 먹었겠지?

저녁을 먹다 : cenar

4 틀림없이.

틀림없이 : sin duda

시간의 경과를 표현하는 'hace'

마리아는 언제부터 서울에 있니?

¿Desde cuándo está María en Seúl?

두 달 전부터 서울에 있습니다.

Está en Seúl desde hace dos meses.
Hace dos meses que está en Seúl.

당신은 언제부터 여기에 살고 계십니까?

¿Desde cuándo vive usted aquí?

2년 전부터 여기에 살고 있습니다.

Vivo aquí desde hace dos años.
Hace dos años que vivo aquí.

동사 변화

4 estar(~한 상태이다) **51** vivir(살다)

'hace'(시간의 경과)

'~ 한 지 ~가 된다'라는 표현은 'hace ~ que', 'desde hace ~' 또는 동사 'llevar'를 사용한다.

● 동사 'estar'(~상태이다) 관련 다양한 표현

나는 집에 있다.	Estoy en casa.
지나가는 길이다.	Estoy de paso.
나는 일일 요리사이다.	Estoy de cocinero hoy.
서 있다.	Estoy de pie.
농담이다.	Estoy de broma.
동의한다.	Estoy de acuerdo.
나는 당신 편입니다.	Estoy con usted.
아이는 잠자고 있다.	El niño está durmiendo.
가게는 문을 열었다.	La tienda está abierta.
잘 있었니?	¿Cómo estás?
실업상태다.	Estoy en paro.
맞지?/알겠지?	¿Estamos?
오늘은 며칠입니까?	¿A cuántos estamos hoy?
나는 돌아와 있다.	Estoy de vuelta.
문제는 날짜에 있다.	El problema está en la fecha.
기차가 떠나려고 준비한다.	El tren está por marchar.
기차가 막 떠나려고 한다.	El tren está para marchar.

● 동사 'hacer'(만들다, 시간·날씨의 표현) 관련 다양한 표현

뭐하니?	¿Qué haces?
여행하고 싶다.	Quiero hacer un viaje.
나무는 그늘을 만든다.	El árbol hace sombra.
춥다.	Hace frío.
그는 바보인 척한다.	Se hace el tonto.
내일이면 내가 여기 온 지 한 달이 된다.	Mañana hará un mes que llegué aquí.
그는 어쩔 도리가 없다.	¡Qué le vamos a hacer!
그는 내가 그것을 끝내도록 만들었다.	Me hizo terminarlo.
시간이 얼마 안 된	hace poco
할까 말까	hacer y deshacer
맹목적으로 하다	hacer por hacer
잡무/집안일	el quehacer

단어 vocabulario

desde	~로 부터(전치사)	en	~에(전치사)
meses	m. el mes 달	vive	v. vivir(살다)
años	m. el año 년	aquí	여기(부사)

연습문제 67 | ejercicios 67

1 당신은 언제부터 서 있습니까?

서 있다 : estar de pie

2 2시간 전부터 서 있습니다.

시간 : la hora

3 너는 마드리드에 산 지 얼마나 됐니?

마드리드 : Madrid

4 10년 됐습니다.

10 : diez

문형 68

'tú'에 대한 긍정 명령과 부정 명령

그녀에게 지금 전화해라.

Llámala ahora.

차라리 그녀에게 전화하지 마라.

A lo mejor, no la llames.

지금 이 차를 고쳐라.

Repara el coche ahora.

차라리 그것을 고치지 마라.

A lo mejor, no lo repares.

동사 변화

5 llamar(부르다, 소집하다) 5 reparar(수리하다)

'tú'에 대한 긍정 명령과 부정 명령(imperativo para 'tú')

긍정 명령인 경우, 모든 목적격은 동사 뒤에 붙여서 사용하며 재귀동사의 재귀대명사도 마찬가지로 동사 뒤에 붙이며, 재귀동사의 본래 강세 위치에 강세 부호를 표시한다. 또한 간접목적격 대명사, 직접목적격 대명사의 순으로 붙여 쓴다. 'tú'와 'vosotros'의 긍정 명령을 제외한 모든 명령형은 접속법 어미활용을 한다:

인칭 \ 동사	hablar	traer	traducir
tú	habla	trae	traduce
vosotros	hablad	traed	traducid

● 명령법 규칙변화

	tú (너는)	usted (당신은)	nosotros (우리는)	vosotros (너희는)	ustedes (당신들은)
hablar(말하다)	habla	hable	hablemos	hablad	hablen
comer(먹다)	come	coma	comamos	comed	coman
vivir(살다)	vive	viva	vivamos	vivid	vivan
hablarse	háblate	háblese	hablémonos	hablaos	háblense
comerse	cómete	cómase	comámonos	comeos	cómanse
vivirse	vívete	vívase	vivámonos	vivíos	vívanse

명령을 표현하므로 2인칭 단수와 2인칭 복수에만 사용한다. 긍정 명령과 부정 명령이 있으며, 'tú'와 'vosotros(vosotras)'의 긍정 명령을 제외한 모든 명령형은 접속법 어미 활용을 한다. 복수 1인칭은 '~합시다'가 되며, 이는 접속법 복수 1인칭으로 표현하거나 'vamos + a + inf.'로 표현한다. 긍정 명령에서 목적격 또는 재귀대명사와 함께 쓰일 경우, 목적격 또는 재귀대명사는 동사 바로 뒤에 붙여서 쓰되, 이로 인해 본래 동사에 오게 되는 강세의 위

치가 변하게 되면 본래 동사의 강세 위치에 강세 표기를 해야 한다. 이는 동사와 목적격이 합성된 것이지 본래 하나의 낱말이 아님을 표시하기 위함이다. 재귀동사류의 긍정 명령인 경우 2인칭 복수(너희 ~하라)에서는 어미 '-d'가 생략되며, 재귀동사류의 긍정 청유문인 1인칭 복수(우리 ~합시다)에서는 어미 '-s'가 생략된다.

여기서 주의할 점은 재귀형이 되면 뜻이 아주 이상하게 되는 경우가 있다는 것이다. 예를 들어 'comerse'는 일반적으로 '먹어버리다'라는 뜻을 가지나, '서로 먹어버리다'는 뜻을 배제할 수 없기 때문에, 'comámonos'의 경우, '우리 서로 먹어버리자.'는 엽기적인 해석이 가능하게 된다. 이는 '재귀'의 본래의 뜻이 동사의 행위가 자신에게 행해지는 것을 뜻하기 때문이다. 스페인어에서의 재귀형은 본래의 '재귀'의 뜻에서 강조, 행위의 완료, 수동, 상호, 등으로 확장되어 사용되므로 이렇게 혼란의 여지가 생기게 된다. 그러므로 '우리, 이것을 다 먹어버리자.'라는 뜻을 표현하고자 할 때는 'Vamos a comerlo todo.' 또는 'Comámoslo todo.'로 할 수 있다. 그럼에도 불구하고 단수에서는 이것이 가능하여 '강조'의 뜻을 갖는다. 예를 들어, 'Cómete'는 '너 자신을 먹어라.'가 아니라 '먹어버려라.'는 뜻으로 강조를 표현한다. 따라서 도표에서는 의미를 떠나 동사 변화의 형태를 제시한 것이므로 실제 상황에서는 문맥상의 뜻에 따라 사용하여야 한다.

단어 vocabulario

llámala	v. llamar(부르다)+'la'(그녀를)	ahora	지금(부사)
mejor	'bueno'(좋은: 형용사)의 비교급	llames	v. llamar(부르다)
repara	v. reparar(고치다)	coche	m. 자동차
repares	v. reparar(고치다)		

연습문제 68 | ejercicios 68

1 코트를 입어라.

입다 : ponerse

2 차라리 코트를 입지 마라.

코트 : el abrigo

3 여기 앉아라.

앉다 : sentarse

4 차라리 여기 앉지 마라.

여기 : aquí

문형 69

'vosotros'에 대한 긍정 명령과 부정 명령

너희, 일찍 일어나라.

Levantaos temprano.

차라리 일찍 일어나지 마라.

A lo mejor, no os levantéis temprano.

너희, 손을 씻어라.

Lavaos las manos.

차라리 손을 씻지 마라.

A lo mejor, no os lavéis las manos.

동사 변화

5 levantarse(일어나다, 기상하다) 5 lavar(씻어주다)

∷ 'vosotros'에 대한 긍정 명령과 부정 명령(imperativo para 'vosotros')

'tú'에 대한 명령(문형68)과 마찬가지이나 재귀동사형의 긍정 명령인 경우 어미 '-d'가 생략된다:

너희, 어린아이들을 일으켜라.	Levantad a los niños.
너희, 일어나라.	Levantaos.
너, 그녀에게 지금 전화해라.	Llámala ahora.
너, 그녀에게 지금 전화하지 마라.	No la llames ahora.
너희들, 조용히 해라.	Callaos.
너희들, 조용히 하지 마라.	No os calléis.
당신, 앉으십시오.	Siéntese.
당신, 앉지 마십시오.	No se siente.
당신들, 들어오십시오.	Entren.
당신들, 들어오지 마십시오.	No se entren.
나갑시다.	Vamos a salir.
	Salgamos.
나가지 맙시다.	No vamos a salir.
	No salgamos.
너희들, 일찍 일어나라.	Levantaos temprano.
너희들, 일찍 일어나지 말아라.	No os levantéis temprano.
우리, 일어납시다.	Vamos a levantarnos.
	Levantémonos
우리, 일어나지 맙시다.	No nos levantemos.

재귀동사와 재귀대명사(verbo reflexivo y su pronombre)

본래의 재귀동사와 타동사에 'se'를 붙여 재귀동사화 된 것이 있다. 재귀동사는 '-arse, -erse, -irse'로 되어 있으며 이때 어미 'se'는 별도로 떨어져 'me, te, se, nos, os, se'로 변화되어 사용되는데 이것을 재귀대명사라고 부른다:

수 / 인칭	단 수	복 수
1	me	nos
2	te	os
3	se	se

▶ usted(당신)과 ustedes(당신들)는 3인칭에 준한다.

● 'mejor'와 'peor' 관련 다양한 표현

가능한 한/차라리 a lo mejor

더 좋든 더 나쁘든 mejor o peor

훨씬 더 좋은 tanto mejor/mucho mejor

훨씬 더 나쁜 tanto peor/peor que peor

그게 더 낫다. Así es mejor.

듣기 싫어하는 사람보다 더 나쁜 귀머거리는 없다.

No hay peor sordo que el que no quiere oír.

단어 vocabulario

levantaos	v. levantarse(일어나다)	lavaos	v. lavarse(씻다)
manos	f. la mano 손		

연습문제 69 | ejercicios 69

1 너희, 조용히 해라.

조용히 하다 : callarse

2 차라리 조용히 하지 마라.

조용히 하지 않다 : no callarse

3 너희, 큰 소리로 웃어라.

웃다 : reír

4 차라리 큰 소리로 웃지 마라.

큰 소리로 : en voz alta

문형 70

'nosotros' 청유문의 긍정적 표현과 부정적 표현

먹읍시다.

Vamos a comer.

그럽시다. 먹읍시다.

¡Vale! Comamos.

나갑시다.

Vamos a salir.

그럽시다. 나갑시다.

¡Vale! Salgamos.

동사 변화

24 comer(먹다) **79** salir(떠나다, 나가다)

∷ 'nosotros' 청유문의 긍정적 표현과 부정적 표현(imperativo para 'nosotros')

'vamos a + 동사 원형'을 사용하여 '~합시다'는 청유의 뜻으로 사용하거나 접속법 어미를 사용하여 표현한다. 접속법 어미를 사용하여 긍정적 표현을 하는 경우, 재귀동사이면 어미 '-s'가 생략된다:

어린아이들을 일으킵시다.	Vamos a levantar a los niños.
	Levantemos a los niños.
일어납시다.	Vamos a levantarnos.
	Levantémonos.
일어나지 맙시다.	No nos levantemos.

● 동사 'salir'(나가다) 관련 다양한 표현

요즘 누구랑 데이트하니?	¿Con quién sales estos días?
이 길은 광장으로 통한다.	Esta calle sale a la plaza.
포도주는 포도에서 나온다.	El vino sale de la uva.
내 장갑이 어디서 나왔어?	¿Dónde han salido mis guantes?
너, 시험점수가 잘 나왔어?	¿Te salió bien el examen?
6시에 해가 뜬다.	El sol sale a las seis.
싼 게 비지떡이다.	Lo barato sale caro.
결과가 좋게 나오다	salir bien
결과가 나쁘게 나오다	salir mal
결과야 어떻든	salga lo que salga/salga lo que saliere

● 동사 'entrar'(들어가다) 관련 다양한 표현

입구	la entrada
도서관에 중앙문을 통해 들어갔다.	Entré en la biblioteca por la puerta mayor

언제 이 회사에 입사했습니까?	¿Cuándo entró en la compañía?
벌써 여름이 되었다.	Ya entra el verano.
그 생각이 이해되지 않는다.	No me entra esa idea.

➡ 문제 el asunto/la cuestión/la materia/el aspecto
쟁점 el debate/la discusión.
싸움 la pelea/la lucha
전쟁 la batalla/la guerra
행동 la acción/la actividad/el comportamiento

갑자기 잠이 왔다.	De repente me entró el sueño.

➡ 고통 el dolor/기침 la tos/땀 el sudor
두려움 el miedo/el temor
의심 la duda/el sospecho
생각 el pensamiento/la sensación/el sentimiento

출입이 금지되었다.	Se prohíbe la entrada y salida.
입구가 두 개이다.	Hay dos entradas.
입장권을 사야 한다.	Hay que comprar las entradas.

단어 vocabulario

vamos	v. ir(가다)	a	~로, ~당(전치사)
comer	v. 먹다		
vale	v. valer(가치가 나가다), 여기서는 감탄사		
salir	v. 나가다	salgamos	v. salir(나가다)

연습문제 70 | ejercicios 70

1 일어납시다.

일어나다 : levantarse

2 그럽시다. 일어납시다.

그럽시다 : vale/de acuerdo

3 헤어지자.

헤어지다 : despedirse

4 아니, 헤어지지 말자.

헤어지지 않다 : no despedirse

문형 71

'usted'과 'ustedes'에 대한 긍정 명령과 부정 명령

앉아도 되겠습니까?

¿Puedo sentarme?

물론입니다. 앉으십시오.

Claro, siéntese.

담배를 피워도 되겠습니까?

¿Puedo fumar?

물론입니다. 피우십시오.

Claro, fume.

동사 변화

40 poder(조동사:~할 수 있다) **13** sentar(앉히다) **5** fumar(담배를 피우다)

∷ 'usted'과 'ustedes'에 대한 긍정 명령과 부정 명령(imperativo para 'Ud.' y 'Uds.')

'usted'과 'ustedes'에 대한 긍정 명령과 부정 명령은 모두 접속법 어미를 사용하며, 모든 목적격은 다른 인칭의 명령문과 마찬가지로 긍정 명령에서 '간접목적격 대명사 + 직접목적격 대명사'의 순으로 동사 뒤에 붙여서 쓰되, 원래 동사의 강세자리에 강세표시를 해준다. 또한 이 두 목적격이 모두 3인칭인 경우는 간접목적격 대명사를 'se'로 바꾸어 준다. 이는 순전히 발음상의 이유로 재귀대명사의 'se'와는 무관하다:

말하다	decir
말씀하십시오.	Diga.
나에게 말씀하십시오.	Dígame.
나에게 그것을 말씀하십시오.	Dígamelo.
그에게 말씀하십시오.	Dígale.
그것을 말씀하십시오.	Dígalo.
그에게 그것을 말씀하십시오.	Dígaselo.
그에게 그것을 말씀하지 마십시오.	No se lo diga.

● 동사 'poder'(조동사: ~할 수 있다) 관련 다양한 표현

힘	el poder	힘있는	poderoso(a)

나는 나갈 수 없었다.	No podía salir.
들어가도 좋습니까?	¿Se puede?
내 능력으로 안됩니다.	No está en mi poder.

➡ 절대 권력	el poder absoluto/ilimitado/total/completo/supremo/sumo
구매력	el poder adquisitivo
행정권	el poder ejecutivo
사법권	el poder judicial
입법권	el poder legislativo

● 'temprano'(일찍)와 'tarde'(늦은) 관련 다양한 표현

제철보다 이른 과일	fruta temprana
우리는 일찍 일어난다.	Nos levantamos temprano.
그는 늦게 도착했다.	Llegó tarde. (부사)
안녕하세요? (오후 인사)	¡Buenas tardes! (명사)
가끔씩	de tarde en tarde
늦어도	a más tardar
한 번도 안 하는 것보다 늦게라도 하는 게 더 낫다.	Más vale tarde que nunca.
좀 더 늦든 좀 더 빠르든	más tarde o más temprano

단어 vocabulario

puedo	v. poder(할 수 있다: 조동사)	sentarme	v. sentarse(앉다)
siéntese	v. sentarse(앉다)	fumar	v. 담배피다
fume	v. fumar(담배피다)		

연습문제 71 | ejercicios 71

1 볼펜을 사용해도 되겠습니까?

사용하다 : usar

2 물론입니다, 그것을 사용하십시오.

사용하다 : usar

3 이 책을 마리아에게 주어도 되겠습니까?

주다 : dar

4 물론입니다. 그녀에게 그것을 주십시오.

주다 : dar

문형 72

'se' 수동문

책을 어디서 팝니까?

¿Dónde se venden los libros?

책은 책방에서 팝니다.

Se venden los libros en la librería.

감자를 어디서 팝니까?

¿Dónde se venden las patatas?

감자는 시장에서 팝니다.

Se venden las patatas en el mercado.

동사 변화

24 vender(팔다)

‘se’ 수동문(oración pasiva con 'se')

스페인어의 ‘se’는 재귀동사(jactarse), 타동사를 자동사로 만들 때(levantar → levantarse), 행위자가 불특정할 때의 수동문, 무인칭 ‘se’구문(항상 ‘se’ 단수), 상호의 의미를 가질 때 (서로서로) 등에 사용된다. 부정문에서 부정부사 ‘no’는 ‘se’ 앞에 위치한다:

***수동문의 예**

감자를 팝니다.	Se venden patatas.
아파트를 세 놓습니다.	Se alquila un piso.

***재귀동사의 예**

나는 너에 대해 불만이다.	Me quejo de ti. → 동사 quejarse(불평하다)

***타동사가 자동사가 되는 예**

나는 일찍 일어난다.	Me levanto temprano.

***‘se’ 무인칭 구문의 예**

사람들이 말하기를 그는 좋은 아이라고 한다.	Se dice que es un buen chico.
스페인에서는 스페인어를 말한다.	Se habla español en España.

***‘se’ 상호 구문의 예**

친구들은 서로 돕는다.	Los amigos se ayudan (unos a otros).
친구들은 서로 돕지 않는다.	Los amigos no se ayudan (mutuamente).

● 'tienda'(가게) 관련 다양한 표현

세탁소	la tintorería/la lavandería		
우유가게	la lechería	빵가게	la panadería
청과물가게	la verdurería	정육점	la carnicería
생선가게	la pescadería		
식료품점	la tienda de comestibles		
구두점	la zapatería	문방구	la papelería
철물점	la ferretería	서점	la librería
약국	la farmacia	이발소	la barbería
미용실	la peluquería/el salón de belleza		
피자가게	la pizzería	보석가게	la joyería
고물상	la prendería	전당포	la casa de empeño

단어 vocabulario

venden	v. vender(팔다)	libros	m. el libro 책
librería	f. 서점	patatas	f. la patata 감자
mercado	m. 시장		

연습문제 72 | ejercicios 72

1 고기는 어디서 삽니까?

고기 : la carne

2 고기는 정육점에서 삽니다.

정육점 : la carnicería

3 생선은 어디서 삽니까?

생선 : el pescado

4 생선은 생선가게에서 삽니다.

생선가게 : la pescadería

문형 73

간접목적격과 함께 쓰인 'se' 수동문

영화관에 들어갈 때 네게 무슨 일이 있었니?

¿Qué te ocurrió al entrar en el cine?

영화관에 들어갈 때 내 캐러멜이 떨어졌어.

Al entrar en el cine se me han caído los caramelos.

공항에 도착했을 때 그들에게 무슨 일이 있었습니까?

¿Qué les pasó al llegar al aeropuerto?

공항에 도착했을 때 그들의 여권을 잃어버렸습니다.

Al llegar al aeropuerto se les han perdido los pasaportes.

동사 변화

51 ocurrir(일이 발생하다) 5 entrar(들어가다) 36 caer(넘어지다)
5 pasar(통과시키다, 통과하다) 6 llegar(도착하다, ~에 이르다) 29 perder(잃다)

se me ha caído el pañuelo

이때 'se'는 'el pañuelo'가 주어가 됨으로 수동의 'se'이며, 'me'는 간접목적격 대명사로 '나로부터'의 뜻이다. 이렇게 신체 또는 신체와 밀접한 것을 표현할 때 간접목적격 대명사를 사용한다:

Él me cogió el cuello. 그는 나의 목을 잡았다.

➡ '나의 목'인데 'mi cuello'라고 하지 않고 간접 목적격 대명사인 'me'와 'el cuello'를 사용하여 표현한다.

se me había caído el pañuelo

'se me ha caído el pañuelo'는 문장 내에서의 시제일치를 고려하면 'se me había caído el pañuelo'가 된다. 그러나 과거에 일어난 일의 결과가 현재까지 남아 있으므로 현장감 있게 현재완료로 표현한 것이다.

al + 원형동사

'~할 때'의 뜻으로 동사 원형이 명사화되어 남성 특정관사 'el'이 붙은 형태이다. 동사 원형은 이외에도 관사 없이 전치사 'a'와 함께 인칭이 정확하지 않은 명령문에 사용한다.

● 동사 'perder'(잃어버리다) 관련 다양한 표현

나는 귀고리 한 짝을 잃어버렸다.	He perdido un pendiente.
너는 공짜로 여행할 기회를 잃어버렸다.	Has perdido la ocasión de hacer un viaje gratis.
이 종류는 세제에 넣어도 탈색이 되지 않는다.	Este género no pierde aunque se meta en lejía.
그는 한 달에 5kg이 빠졌다.	Ha perdido cinco quilos(kilos) en un mes.
우리 팀이 졌다.	Ha perdido nuestro equipo.
그는 항상 장기에 진다.	Pierde siempre al ajedrez.
나는 뭐 더 잃을 것도 없어.	No tengo nada que perder.
비가 수확을 망쳐버렸다.	La lluvia ha perdido la cosecha.
나는 길을 잃었다.	Estoy perdido.
그는 이성을 잃었다.	Ha perdido la cabeza.
나는 시간/돈을 낭비한다.	Pierdo el tiempo/el dinero.

남의 개에게 빵을 주면 빵도 잃고 개도 잃는다.

Quien da pan al perro ajeno pierde el pan y pierde el perro.

단어 vocabulario

ocurrió	v. ocurrir(일이 일어나다)	cine	m. 영화관
caído	v. caer(떨어지다)	caramelos	m. el caramelo 캐러멜
al	'a'(전치사)+'el'(특정관사 남성 단수)		
aeropuerto	m. 공항	pasaportes	m. el pasaporte 여권

연습문제 73 | ejercicios 73

1 거리를 걸어갈 때 당신에게 무슨 일이 있었습니까?

일이 일어나다 : ocurrir

2 거리를 걸어갈 때 내 손수건이 떨어졌습니다.

떨어지다 : caer

3 영화관에서 나올 때 너에게 무슨 일이 있었니?

나오다 : salir

4 영화관에서 나올 때 내 가방을 도둑맞았다.

훔치다 : robar

문형 74

타동사의 재귀동사화

환자들을 씻겨야 합니다.

Hay que lavar a los enfermos.

환자들은 씻습니다.

Los enfermos se lavan.

아이들을 일으켜야 한다.

Hay que levantar a los niños.

아이들은 7시에 일어난다.

Los niños se levantan a las siete.

동사 변화

1 hay(haber: ~이 ~에 있다) 5 lavar(씻어주다) 5 levantar(일으키다)
5 levantarse(일어나다, 기상하다)

● hay + que + 원형동사

주어 없이 사용하며 '~해야 한다'는 뜻이다. 즉, 누구라도 마땅히 해야 하는 것을 말한다. 주어가 있으면서 '~해야 한다'고 할 때는 '동사 deber + 원형동사' 또는 '동사 tener + que + 원형동사'을 사용한다:

공부해야 한다.	Hay que estudiar.
나는 공부해야 한다.	Tengo que estudiar.
	Debo estudiar.
	He de estudiar.

타동사의 재귀동사화('levantar' → 'levantarse')

일부 타동사(levantar: 일으키다)는 'se'와 함께 사용되어 자동사(levantarse: 일어나다)가 된다.

● 'los enfermos'(관사 + 형용사/과거분사)

형용사 또는 과거분사를 명사화할 때 그 앞에 관사를 붙인다.

● 동사 'levantar'(일으키다) 관련 다양한 표현

바람은 먼지를 일으킨다.	El viento levanta polvo.
목소리를 높여야겠다.	Hay que levantar la voz.
야영지를 만들었다.	Han levantado el campamento.
그 말이 항의를 불러 일으켰다.	Esas palabras levantaron protestas.

● 'enfermedades'(병) 관련 다양한 표현

병	la enfermedad	감기	el resfriado
독감	la gripe	빈혈	la anemia
멀미	la náusea	현기증	el vértigo

실신	el desmayo	구토	el vómito
중독	la intoxicación	암	el cáncer
상처	la herida	상처자국	la cicatriz
기침	la tos	열	la fiebre
콜레라	el cólera	에이즈	el SIDA
고혈압	la hipertensión	설사	la diarrea
맹장염	la apendicitis	유행병	la epidemia
전신마비	la parálisis total	심장마비	el ataque cardiaco
진료	el tratamiento médico	처방	la receta
치과	la odontología	치과의사	el dentista/el odontólogo
내과	el tratamiento interno	내과의사	el internista
외과	la cirugía	외과의사	el cirujano
이식	el trasplante	성형외과	la cirugía plástica
산부인과	la obstetricia/la ginecología	산부인과의사	el ginecólogo/el obstétrico

단어 vocabulario

lavar	v. 씻기다	enfermos	enfermo(아픈: 형용사)
se lavan	v. lavarse 씻다	levantar	v. 일으키다
niños	m. el niño 남자 아이	se levantan	v. levantarse 일어나다

연습문제 74 | ejercicios 74

1 장님들을 앉혀야 합니다.

앉히다 : sentar

2 장님들은 자리에 앉는다.

장님 : el ciego/la ciega

3 게으른 사람들을 깨워야 한다.

깨우다 : despertar

4 게으름뱅이들이 일어난다.

게으름뱅이 : el perezoso/la perezosa

재귀동사화된 타동사+목적어

욕실에 누가 있습니까?

¿Hay alguien en el baño?

예, 까르멘이 세수를 합니다.

Sí, Carmen se lava la cara.

욕실에 누가 있습니까?

¿Hay alguien en el baño?

예, 까르멘이 발을 씻습니다.

Sí, Carmen se lava los pies.

동사 변화

1 hay(haber: ~이 ~에 있다) 5 lavar(씻기다)

● lavarse los pies(발을 씻다)

타동사 'lavar'(씻기다)가 자동사 'lavarse'(씻다)가 되었으므로 더 이상 목적어가 올 수 없으나 신체의 일부를 씻는다고 할 때는 예외적으로 씻는 부분이 목적어가 된다.

● 'pie'(발) 관련 다양한 표현

산자락에 있는 집	una casa al pie del monte
침대 머리(la cabecera)의 반대편인 침대 끝	los pies de la cama
걸어서	a pie
서서	de pie
일어서다	ponerse de pie
네 발로 기어서	a cuatro pies/a gatas
발을 가지런히 하여	a pie juntillo/con los pies juntos
운 좋게	con buen pie
운 나쁘게	con mal pie
빌미를 주다	dar pie
빌미를 잡다	tomar pie
경의를 표하다	besar los pies
발을 땅에 붙이지 않고(바삐)	no poner los pies en el suelo
밑도 끝도 없이	no tener pies ni cabeza/sin pies ni cabeza

● 'cuerpo'(신체부위) 관련 다양한 표현 1

몸	el cuerpo	얼굴	la cara/el rostro
피부	la piel	털	el pelo
머리	la cabeza	머리카락	el pelo/el cabello
눈	los ojos	눈썹	la ceja

속눈썹	la pestaña	귀	las orejas
구레나룻	las patillas	코	la nariz
콧수염	el bigote	입	la boca
턱수염	la barba	입술	el labio
뺨	la mejilla	턱	la mandíbula
목	el cuello	어깨	el hombro
팔	el brazo	팔목	la muñeca
손	la mano	손바닥	la palma
손(발)가락	el dedo	손(발)톱	las uñas
유방	el seno	등	la espalda
배	el abdomen/el vientre	배꼽	el ombligo
허리	la cintura	척추	la columna vertebral
골수	la médula	엉덩이	la cadera/el culo
다리	la pierna	무릎	la rodilla
발목	el tobillo	발	el pie
피	la sangre	뼈	el hueso
살	la carne	세포	la célula
뇌	el cerebro/el seso	심장	el corazón
장	el intestino	소장	el intestino delgado

단어 vocabulario

alguien	누구(불특정사)	baño	m. 욕실
cara	f. 얼굴	pies	m. el pie 발

연습문제 75 | ejercicios 75

1 욕실에 누가 있습니까?

욕실 : el baño

2 예, 까르멘이 머리를 감습니다.

머리카락 : el pelo

3 욕실에 누가 있습니까?

욕실 : el baño

4 예, 까르멘이 손을 씻습니다.

손 : la mano

문형 76

'se' 상호 구문

남자아이와 여자아이가 서로 싸웁니까?

¿Se pelean el niño y la niña?

예, 서로 싸웁니다.

Sí, se pelean uno a otro.

후안과 마리아는 서로 편지합니까?

¿Se cartean Juan y María?

예, 서로 편지합니다.

Sí, se cartean uno a otro.

동사 변화

5 pelearse(서로 싸우다) 5 cartearse(편지를 주고받다)

상호의 'se'('se' recíproco)

'서로서로'라는 뜻을 표현하고자 할 때 'se'를 사용한다. 또한 '서로서로'의 뜻을 갖는 부사구로 'uno a otro', 'unos a otros', 'recíprocamente', 'mutuamente' 등을 부가시키기도 한다:

두 사람은 서로 미소를 짓는다.	Ambos se sonríen uno a otro.
너와 내가 서로 협력하자.	Tú y yo nos cooperemos.
같이 살면 서로 닮는다.	Viviendo juntos se parecen unos a otros.
그들은 서로 바라보고 있다.	Los dos se miran mutuamente.

● 'mano'(손) 관련 다양한 표현

손재주가 있는	buena mano	수공/인건비	mano de obra
효력이 있는	mano de santo	손으로	a mano
허기지다	comerse las manos	손에 손을 잡고	mano a mano
아낌없이	a mano abierta	막후 인물	la mano oculta
몰래	bajo mano	~의 수중에	en manos de
오른쪽에	a mano derecha	왼쪽에	a mano izquierda
중고로	de segunda mano	능력이 있다	tener mucha mano
청혼하다	pedir la mano	도움을 주다	dar la mano

● 'deporte'(운동) 관련 다양한 표현

운동경기	los deportes	스포츠	el deporte
배구	el vólibol	농구	el baloncesto
테니스	el tenis	핸드볼	el balonmano
배드민턴	el volante	탁구	el pingpong
골프	el golf	볼링	el juego de bolo

복싱	el boxeo	야구	el béisbol
축구	el fútbol	스키	el esquí
등산	el alpinismo	경마	la carrera de caballos
수영	la natación	스케이팅	el patinaje
체조	la gimnasia	마라톤	el maratón
에어로빅스	el aerobic		

단어 vocabulario

pelean	v. pelear 싸우다	otro	다른 것(불특정사)
cartean	v. cartear 편지하다		

연습문제 76 | ejercicios 76

1 까르멘과 호세는 서로 사랑합니까?

서로 사랑하다 : amarse

2 예, 서로 사랑합니다.

서로 사랑하다 : amarse

3 마리아와 까르멘은 서로 선물합니까?

서로 선물하다 : regalarse

4 예, 서로 선물합니다.

서로 선물하다 : regalarse

문형 77

'se' 무인칭 구문

스페인에서는 사는 것이 어떻습니까?

¿Qué tal se vive en España?

스페인에서는 잘 삽니다.

En España se vive bien.

식당에서는 서비스가 어떻습니까?

¿Cómo se sirve en el restaurante?

식당에서는 친절하게 서비스합니다.

En el restaurante se sirve amablemente.

동사 변화

51 vivir(살다) 60 servir(봉사하다, 대접하다)

:: 'se' 무인칭 구문('se' impersonal)

내용적으로는 주어가 일반적인 성격을 가지나 구문적으로는 주어가 표현되지 않으므로 무인칭으로 정의 내리는 구문에 'se'를 사용한다. 항상 3인칭 단수로 사용한다.
다르게는 주어가 표현되지 않는 3인칭 복수를 무인칭 구문으로 사용한다.

'전치사 + 명사/명사화된 낱말/형용사' 구조가 문장에서 부사적 기능을 하게 된다:

일반적으로	por lo general	즉시	en seguida
열정적으로	con entusiasmo	미리	de antemano
빈칸으로	en blanco	선두에	a la cabeza
간간히	de trecho en trecho	의심 없이	sin duda
뻔뻔스럽게	sin vergüenza	첫 눈에	a primera vista
보기에	por lo visto	맹목적으로	a ciegas
매일	a diario	반대로	a lo contrario
숨어서	a escondidas	넘치게	de mar a mar

● 동사 'vivir'(살다) 관련 다양한 표현

삶/인생	la vida
주거	la vivienda
어떻게 사니?	¿Cómo vives?
겨우 살아.	Vivo con lo justo.
➡ 겨우	a duras penas/con apuros/con dificultad/precariamente/modestamente
매일같이	día a día/diariamente/cotidianamente
행복하게	felizmente/contentamente
편하게	cómodamente
대단하게	a lo grande/a cuerpo de rey/a todo tren/como un rey/como una reina
건강하게	sanamente

영원히	para siempre/eternamente
길게	largamente
생사의 갈림길에서	a vida o muerte
살기 위해 노력하다	buscarse la vida
살림 살이	vida y milagros
방탕한 생활	vida airada
영원히	de por vida
일생 동안	de toda la vida
생명을 걸다	costar la vida
생명을 잃다	perder la vida
생계를 꾸리다	ganarse la vida
여보!	¡Vida mía!
제발!	¡Por vida!

생명체는 태어나고 죽는다. Los seres vivos nacen y mueren.

➡ 심한 고통	un dolor vivo
아픈 곳	lo vivo
생생하게	a lo vivo
산채로	en vivo

단어 vocabulario

tal	그러한(불특정사)	vive	v. vivir(살다)
bien	잘(부사)	en	~에(전치사)
sirve	v. servir(접대하다)	restaurante	m. 식당
amablemente	친절하게(부사)		

연습문제 77 | ejercicios 77

1 도서관에서는 공부하는 것이 어떻습니까?

도서관 : la biblioteca

2 도서관에서는 조용하게 공부합니다.

조용하게 : en silencio

3 호텔에서는 잠자는 것이 어떻습니까?

호텔 : el hotel

4 호텔에서는 편하게 잡니다.

편하게 : confortablemente

문형 78

복수 3인칭으로 된 무인칭 구문

관광국가라고 말합니까?

¿Dicen que es un país turístico?

예, 관광국가라고 말합니다.

Sí, se dice que es un país turístico.

명동은 서울의 중심이라고 말합니까?

¿Dicen que Meongdong es el centro de Seúl?

예, 명동은 서울의 중심이라고 말합니다.

Sí, se dice que Meongdong es el centro de Seúl.

동사 변화

74 decir(말하다) 3 ser(~이다)

∷ 복수 3인칭 무인칭 구문(impersonal con la tercera plural)

내용적으로는 주어가 일반적인 성격을 가지나 구문적으로는 주어가 표현되지 않으므로 무인칭으로 정의 내리는 구문에 복수 3인칭을 사용한다. 이는 'se 무인칭' 구문으로 바꾸어 표현할 수 있다.

'dicen que ~'(~라고 말하다)를 사용하는 경우, 이는 영어의 'they say that ~'와 같은 표현이다. 이때 'dicen'은 'se dice'로 바꾸어 표현할 수 있다:

스페인 사람들은 잘 산다.	Viven bien en España.
	Se vive bien en España.
스페인에서는 스페인어를 쓴다.	Hablan español en España.
	Se habla español en España.
한국 사람들은 매운 것을 먹는다.	Comen los picantes en Corea.
	Se come los picantes en Corea.

'se 무인칭'구문으로 바꿀 수 없는 '복수 3인칭 무인칭'구문도 있다:

시계가 8시를 알린다.	Dan las ocho.
문 앞에 누가 왔다.	Llaman a la puerta.

● 동사 'dejar'(남기다/놓아두다) 관련 다양한 표현

코트를 옷장에 두어라.	Deja el abrigo en el armario.
그는 그 아이를 혼자 남겨 두었다.	Él ha dejado al niño solo.
그는 부모님의 반대로 애인과 헤어졌다.	Él dejó a su novia por la oposición de sus padres.
우리는 상사를 만족시켰다.	Dejamos contento al jefe.
외출시켜 주십시오.	Déjeme salir.
그녀는 아기가 방에서 울게 내버려두었다.	Ella dejó llorando a su bebé.
그것을 적어두었다.	Lo dejé escrito.

그만 울어!	¡Deja de llorar!
내게 꼭 편지 보내라.	No dejes de escribirme.

• 'sangre'(피) 관련 다양한 표현

수혈	la transfusión de sangre	혈액 은행	el banco de sangre
정맥	la sangre negra	동맥	la sangre roja
귀족의 혈통	la sangre noble/azul	격정	la sangre caliente
온혈의	de sangre caliente	냉혈의	de sangre fría
침착하게	a sangre fría	인정사정 없이	a sangre y fuego
순 혈종의	de pura sangre	젊은 피가 들끓다	bullirle a uno la sangre
파멸시키다	chuparle a uno la sangre	피를 흘리다	hacer sangre
노력하다	sudar sangre	눈치 없다	tener sangre de chinches
용감하다	tener sangre en el ojo	굼뜨다	tener al sangre gorda
무척 게으르다	tener sangre de horchata	심술궂다	tener mala sangre

아주 새로운 일이다	echar chorreando la sangre
기분 나쁘다	freír/encender/quemar la sangre
잔인하게 원한을 풀다	lavar con sangre
몹시 흥분하다	subirse la sangre a la cabeza
냉정한 사람	la sangre fría/la sangre de horchata

단어 vocabulario

dicen	v. decir(말하다)	país	m. 국가
turístico	관광의(형용사)	dice	v. decir(말하다)
centro	m. 중심		

연습문제 78 | ejercicios 78

1 축구는 스페인의 국민운동이라고 말합니까?

축구 : el fútbol

2 예, 축구는 스페인의 국민운동이라고 말합니다.

국민운동 : el deporte nacional

3 꼬시도는 마드리드 고유의 음식이라고 말합니까?

꼬시도 : el cocido

4 예, 꼬시도는 마드리드 고유의 음식이라고 말합니다.

고유의 : típico(a)

문형 79

관계사 'que'

후안은 학과들을 공부한다.

Juan estudia las lecciones.

학과들은 어렵다.

Las lecciones son difíciles.

후안은 어려운 학과들을 공부한다.

Juan estudia las lecciones que son difíciles.

내 여동생은 옷을 만든다.

Mi hermana hace el traje.

그 옷은 실크이다.

El traje es de seda.

내 여동생이 만드는 옷은 실크이다.

El traje que mi hermana hace es de seda.

동사 변화

5 estudiar(공부하다) **3** ser(~이다) **37** hacer(하다, 만들다)

관계사 relativo

선행사가 표현되어 있는 것(con antecedente expreso)과 선행사가 표현되어 있지 않은 것(sin antecedente expreso)이 있다. 선행사가 표현되어 있지 않은 것은 관계사 자체가 선행사를 내포하는 것으로 본다.

que, el que, la que, los que, las que

선행사로 사물이나 사람을 받는다. 관계절의 문맥상 필요한 경우 'que'앞에 전치사를 쓸 수 있다. 또한 'que'앞에 쉼표를 찍으면 설명적(계속적)용법이 된다:

사람들은 멀리서 살고 있었는데 올 수가 없었다. Las personas, que vivían lejos, no podían venir.

멀리 살고 있던 사람들은 올 수가 없었다. Las personas que vivían lejos no podían venir.

● 동사 'seguir'(따르다/계속하다) 관련 다양한 표현

추종 el seguimiento 추종자 el seguidor

뒤따르는 seguido(a)

매사에 선생님을 따라라. Sigue a tu maestro en todo.

➡ 친구 el amigo, la amiga/그룹 el grupo/사람들 la gente, las personas

이 길을 따라 가세요. Siga esta calle.

➡ 도로 la carretera/길 el camino, la vía/방향 la dirección/여정 la ruta/방법 el método/la manera/el modo

경찰이 그를 추적하고 있다. El policía lo está siguiendo.

➡ 흔적 la pista/la huella/el rastro/el paso

모든 역경에도 불구하고 a toda costa/contra viento y marea/a ultranza/a trancas y barrancas

무조건적으로 ciegamente/incondicionalmente

낱낱이 al dedillo/al detalle/al pie de la letra/con detalle/punto por punto

조심하여 con atención/con cautela/atentamente/con preocupación

나는 너의 지시를 따를게.	Sigo tus instrucciones.
아직도 그는 계속 걱정하고 있다.	Aún sigue con sus preocupaciones.
똑바로 가십시오.	Siga todo derecho.
그 아이는 계속 욕을 하고 있다.	El niño sigue hablando groserías.
그는 아직 같은 회사에 근무하고 있다.	Él sigue con la misma empresa.
이해하겠니?	¿Me sigues?

● 동사 'tomar'(먹다/집다) 관련 다양한 표현

그는 팁 받기를 꺼려했다.	No quiso tomar la propina.
나는 일광욕 중이다.	Estoy tomando el sol.
나는 아이스크림을 먹는다.	Tomo un helado.
수프를 먹어라.	Toma la sopa.
기차를 탈 시간이다.	Es la hora de tomar el tren.
앉으십시오.	Tome asiento.
정말로 생각하지는 마십시오.	No lo tome en serio.
내 치수를 쟀다.	Me han tomado la medida.
날 놀리지 마.	No me tomes el pelo.
농담을 좋게 받으니 다행이다.	Menos mal que tomó a bien la broma.

➡ 반대어는 'tomar a mal'

단어 vocabulario

estudia	v. estudiar(배우다)	lecciones	f. la lección 학과
difíciles	difícil 어려운(형용사)	hace	v. hacer(하다)
traje	m. 의복	seda	f. 실크
hermana	f. 자매		

연습문제 79 | ejercicios 79

1 안드레스는 펜을 잃어버렸다.

펜 : la pluma

그 펜은 책상 위에 있다.

책상 : la mesa

안드레스가 잃어버린 펜은 책상 위에 있다.

잃어버리다 : perder

2 나는 연필로 글을 쓴다.

연필 : la lápiz

그 연필은 크리스탈로 되어 있다.

크리스탈 : el cristal

내가 글을 쓰는 연필은 크리스탈로 되어 있다.

쓰다 : escribir

관계사 'quien'

오늘 아침 삘라르를 보았다.

Esta mañana he visto a Pilar.

삘라르는 자기 동생을 찾고 있었다.

Pilar estaba buscando a su hermano.

오늘 아침 내가 본 삘라르는 자기 동생을 찾고 있었다.

Pilar a quien he visto esta mañana estaba buscando a su hermano.

내 친구 앙헬은 사업가이다.

Mi amigo Ángel es negociante.

그는 파리에서 온다.

Él viene de París.

파리에서 오는 내 친구 앙헬은 사업가이다.

Mi amigo Ángel quien viene de París es negociante.

동사 변화

49 ver(보다) 4 estar(~한 상태이다) 7 buscar(찾다, 구하다) 3 ser(~이다) 80 venir(오다)

관계사(relativos)

선행사가 표현되어 있는 것(con antecedente expreso)과 선행사가 표현되어 있지 않은 것(sin antecedente expreso)이 있다. 선행사가 표현되어 있지 않은 것은 관계사 자체가 선행사를 내포하는 것으로 본다.

quien, quienes

선행사로 사람을 받는다. 관계절의 문맥상 필요한 경우에 'quien'앞에 전치사를 사용할 수 있다. 선행사 없이 사용되기도 한다. 관계사 'quien'자체에 '사람'이라는 선행사가 포함되어 있는 것으로 간주되는 경우 'quien'은 '특정관사 + que'로 대체될 수 있다:

하늘은 스스로 돕는 자를 돕는다.	A quien madruga Dios le ayuda.
	Al que madruga Dios le ayuda.

● 'llamada'(전화통화) 관련 다양한 표현

여보세요	¡Aló!
여보세요.(건 사람)	¡Oiga!
여보세요.(받는 사람)	¡Diga! ¡Dígame! ¡Bueno!(México) ¡Oigo!(Cuba)
누구세요?	¿De parte de quién?
안또니오인데요.	De parte de Antonio./Aquí habla Antonio.
마리아를 바꿔주세요.	Póngame con María.
마리아와 통화하고 싶은데요.	Quisiera hablar con María.
전데요.	Con ella habla.
잠깐만요.	Un momento, por favor.
곧 바꿔드리겠습니다.	En seguida la pongo.
지금 없어요.	Ahora no está.
나중에 거세요.	Llame más tarde.

나중에 다시 거세요.	Vuelva a llamar otra vez.
나중에 다시 걸게요.	Volveré a llamarle.
잘 안 들려요.	No le oigo bien.
끊지 마세요.	No cuelgue.
기다릴까요?	¿Espero?
잘못 거셨어요.	Está equivocado./Se ha equivocado.
몇 번에 거셨어요?	¿A qué número llama?
통화중입니다.	Está comunicando./Está ocupada la línea.
다른 전화를 받고 있습니다.	Está al teléfono./Está en otra línea.

단어 vocabulario

mañana	f. 아침	he	v. haber(조동사, ~이 있다)
visto	v. ver(보다)	estaba	v. estar(~상태이다)
buscando	v. buscar(찾다)	hermano	m. 형제
amigo	m. 남자 친구	negociante	m. 사업가
viene	v. venir(오다)		

연습문제 80 | ejercicios 80

1 나는 후안을 초대하고 싶다.

초대하다 : invitar

후안은 나의 절친한 친구였다.

절친한 : íntimo(a)

내가 초대하고 싶은 후안은 나의 절친한 친구였다.

원하다 : querer / desear

2 이 사람이 그 부인입니다.

부인 : la señora

나는 그 부인과 어제 말하고 있었습니다.

어제 : ayer

이 사람이 내가 어제 말하고 있었던 그 부인입니다.

말하다 : hablar

문형 81

관계사 'cuanto'

나는 그에게 내가 가지고 있었던 모든 것을 주었다.

Le di todo lo que tenía.
Le di todo cuanto tenía.
Le di cuanto tenía.

그들은 보관하고 있던 모든 것을 버렸다.

Echaron todo lo que guardaban.
Echaron todo cuanto guardaban.
Echaron cuanto guardaban.

동사 변화

23 dar(주다) 5 echar(던지다, 버리다) 5 guardar(간직하다)

관계사(relatives)

선행사가 표현되어 있는 것(con antecedente expreso)과 선행사가 표현되어 있지 않은 것(sin antecedente expreso)이 있다. 선행사가 표현되어 있지 않은 것은 관계사 자체가 선행사를 내포하는 것으로 본다.

cuanto, cuantos, cuanta. cuantas

선행사로 'todo'를 받는다. 선행사 없이 사용되기도 한다:

나는 내가 가진 모든 것을 너에게 주었다.	Te he dado todo lo que tengo.
	Te he dado todo cuanto tengo.
	Te he dado cuanto tengo.
	Te he dado todos los que tengo.
	Te he dado todos cuantos tengo.
	Te he dado cuantos tengo.
그들은 원하는 모든 사람들을 초대하였다.	Invitaron todas las personas que querían.
	Invitaron todas cuantas querían.
	Invitaron cuantas querían.

● 동사 'echar'(던지다, 버리다) 관련 다양한 표현

나는 편지를 우체통에 넣는다.	Echo la carta al buzón.
사과나무가 올해는 사과를 내지 않았다.	El manzano no ha echado fruto este año.
그녀는 울음을 터뜨렸다.	Ella echó a llorar.
나는 네가 보고 싶다.	Te echo de menos.

• 동사 'echarse'(자기 자신을 던지다) 관련 다양한 표현

개가 도둑을 덮쳤다.	El perro se echó sobre el ladrón.
몸을 앞으로 굽히시오.	Échese hacia delante.
자라.	Échate en la cama./Túmbate en la cama.
크리스마스가 거의 다 되었다.	Se echan encima las Navidades.

• 동사 'sacar'(꺼내다) 관련 다양한 표현

나는 어금니 한 개를 뽑았다.	Me han sacado una muela.
그는 호주머니에서 부채를 꺼냈다.	Sacó un abanico del bolsillo.
머리 내미는 것을 금지한다.	Se prohibe sacar la cabeza.
난 그를 가난에서 구출했다.	Le he sacado del apuro.
나는 아이의 사진을 찍는다.	Le saco la foto al niño.
결국 그는 출두했다.	Por fin, sacó la cara.
인출하다	sacar el dinero(retirar el dinero)

단어 vocabulario

tenía	v. tener(가지다)	todo	모든, 모든 것(불특정사)
di	v. dar(주다)	echaron	v. echar(던지다, 버리다)
guardaban	v. guardar(간직하다)		

연습문제 81 | ejercicios 81

1 그들은 그들이 받은 모든 것을 나에게 가져왔다.

받다 : recibir / 가져오다 : traer

2 우리는 우리가 비교하는 모든 것을 말한다.

비교하다 : comparar / 말하다 : hablar

3 그들에게 필요한 모든 것을 표시했다.

표시하다 : marcar / 필요하다 : necesitar

관계사 'cuyo'

이것은 트랙터입니다.
Este es un tractor.

다루기가 쉽습니다.
Es de manejo fácil.

이것은 다루기 쉬운 트랙터입니다.
Este es un tractor cuyo manejo es fácil.

그녀는 새 한 마리를 가지고 있다.
Ella tiene un pájaro.

그 새는 아름다운 목소리를 가지고 있다.
Su voz es hermosa.

그녀에겐 아름다운 목소리를 가지고 있는 새 한 마리가 있다.
Ella tiene un pájaro cuya voz es hermosa.

동사 변화

3 ser(~이다) 2 tener(가지고 있다)

∷ 관계사(relativos)

선행사가 표현되어 있는 것(con antecedente expreso)과 선행사가 표현되어 있지 않은 것(sin antecedente expreso)이 있다. 선행사가 표현되어 있지 않은 것은 관계사 자체가 선행사를 내포하는 것으로 본다.

∷ cuyo, cuya, cuyos, cuyas

'~의'라는 뜻으로 선행사가 'cuyo'뒤에 나오며, 뒤에 나오는 선행사의 성·수에 'cuyo'를 일치시킨다(cuyos, cuya, cuyas):

나는 자기 아버지가 스페인 사람인 사람은 아무도 모른다.

No conozco nadie cuyo padre es de España.

• 'la voz'(목소리) 관련 다양한 표현

큰 목소리로	en voz alta
작은 목소리로	en voz baja
목소리를 높이다	levantar la voz
여론	la voz pública/la opinión pública
쉰 목소리	la voz ronca
한 목소리로	a una voz
소리쳐	a voces
육성으로	de viva voz
확성기/대변인	el portavoz

• 'verdad'(진실) 관련 다양한 표현

진정한 진실	la pura verdad
사실은 ...	a la verdad(realmente)/la verdad es cue ~

사실이야?	¿De verdad? (¿De veras?)
사실을 말하자면	a decir verdad
그렇지?	¿Verdad?
그렇지 않아?	¿No es verdad?

• 동사 'parar'(서다) 관련 다양한 표현

버스가 바로 우리 집 앞에 선다.	El autobús para justamente enfrente de mi casa.
교통 경찰이 차들을 세웠다.	El guardia paró el tráfico.
비가 그쳤다.	Ha parado de llover.
나는 마드리드에 오면 항상 이 호텔에 묵는다.	Paro en este hotel siempre que vengo a Madrid.
그는 일이 끝이 없어.	Él no para.
비교가 안 돼!	¡Dónde va a parar!
쉬지 않고/끝없이	sin parar

단어 vocabulario

tractor	m. 트랙터	manejo	m. 조작
fácil	쉬운(형용사)	voz	f. 목소리
hermosa	hermoso 아름다운(형용사)		

연습문제 82 | ejercicios 82

1 나는 책을 한 권 샀다.

사다 : comprar

그 책은 아름다운 시들로 되어 있다.

시 : el poema

나는 아름다운 시들로 되어 있는 책을 한 권 샀다.

아름다운 : bonito(a) / hermoso(a)

2 어느 부인이 있었다.

부인 : la señora

그 부인은 성격이 밝았다.

성격 : el carácter

성격이 밝은 어느 부인이 있었다.

성격이 밝은 : alegre

문형 83
관계사 'donde'

나는 커피숍에 간다.
Voy a la cafetería.

커피숍은 우리 집 근처에 있다.
La cafetería está cerca de mi casa.

내가 가는 커피숍은 우리 집 근처에 있다.
La cafetería a donde voy está cerca de mi casa.

나는 마리아의 집에 있다.
Estoy en la casa de María.

그 집은 아주 작다.
La casa es muy pequeña.

내가 있는 마리아의 집은 아주 작다.
La casa de María donde estoy es muy pequeña.

동사 변화

77 ir(가다) 4 estar(~한 상태이다) 3 ser(~이다)

관계사(relativos)

선행사가 표현되어 있는 것(con antecedente expreso)과 선행사가 표현되어 있지 않은 것(sin antecedente expreso)이 있다. 선행사가 표현되어 있지 않은 것은 관계사 자체가 선행사를 내포하는 것으로 본다.

donde

선행사로 장소를 받으며 'en que'로 대체할 수 있다. 관계절의 문맥상 필요한 경우 'donde' 앞에 전치사를 사용할 수 있다.

내가 저녁 먹으러 가는 식당은 중국집이야.	El restaurante a donde voy a cenar es de chino.

● 'tardar'(시간이 걸리다) 관련 다양한 표현

오후에	por la tarde/en la tarde
가끔	de tarde en tarde
조만간	más tarde o más temprano
하지 않는 것보다 늦은 것이 낫다.	Más vale tarde que nunca.
늦어도	a más tardar
지체없이	sin tardar
편지를 쓰는 데 5분이 걸렸다.	He tardado 5 minutos en escribir la carta.

우리 집에서 당신 집까지 가는 데 10분 걸립니다.

Se tarda 10 minutos en ir de mi casa a la suya.

마드리드에서 아빌라까지 2시간 걸렸다.

Tardamos 2 horas de Madrid a Ávila.

● 'cafetería'(커피숍) 관련 다양한 표현

커피숍	la cafetería(el café)	찻집	el salón de té
바	el bar	캐러멜	el caramelo
계산서	la cuenta	계산대	la caja
메뉴	el menú	계산하는 사람	la cajera
팁	la propina	진열대	el mostrador
구석 의자	el sofá de rinconera	커피 테이블	la mesa del café
쟁반	la bandeja	커피잔	la taza de café
설탕통	el azucarero	크림통	el jarrito de crema
블랙 커피	el café solo	밀크 커피	el café con leche
아이스 커피	el café helado	커피 끓이는 기계	la cafetera
케익	la tarta	과자	la galleta/el biscocho
단 것	la golosina	단것을 좋아하는	goloso
웨이터	el camarero/la camarera	카카오	el cacao
커피	el café	차	el té
커피 볶는 기계	la tostadora de café	가격표	la lista de precios
초콜릿	el chocolate	각종 초콜릿	el bombóm
노천카페	la cafetería con terraza/la cafetería al aire libre		
샌드위치	el sándwich/el bocadillo		

단어 vocabulario

voy	v. ir(가다)	cafetería	f. 커피숍
cerca	가까이(부사)	pequeña	pequeño 작은(형용사)
muy	매우(부사)	casa	f. 집

연습문제 83 | ejercicios 83

1 나는 마드리드로 여행했다.

여행하다 : viajar

마드리드는 스페인의 수도이다.

수도 : la capital

내가 여행한 마드리드는 스페인의 수도이다.

마드리드 : Madrid

2 나는 오후에 공원으로 산책을 하곤 하였다.

오후에 : por la tarde

그 공원은 아름다웠다.

공원 : el parque

내가 오후에 산책을 하곤 하였던 공원은 아름다웠다.

산책하다 : dar un paseo / pasear

관계사 'cuando'

나는 지난달에 내 동료를 보았다.
Vi a mi compañero el mes pasado.

그는 지난달 결혼했다.
Él se casó el mes pasado.

나는 내 동료가 결혼한 지난달에 그를 보았다.
Vi a mi compañero el mes pasado cuando se casó.

나는 어젯밤 우연히 까를로스를 만났다.
Me encontré con Carlos anoche.

까를로스는 어젯밤 여행에서 돌아왔다.
Carlos volvió de viaje anoche.

나는 까를로스가 여행에서 돌아온 어젯밤 그를 우연히 만났다.
Me encontré con Carlos anoche cuando volvió de viaje.

동사 변화

49 ver(보다) 5 casarse(결혼하다) 16 encontrarse con(~와 마주치다)
30 volver(돌아오다)

관계사(relatives)

선행사가 표현되어 있는 것(con antecedente expreso)과 선행사가 표현되어 있지 않은 것(sin antecedente expreso)이 있다. 선행사가 표현되어 있지 않은 것은 관계사 자체가 선행사를 내포하는 것으로 본다.

cuando

선행사로 시간을 나타내는 낱말을 받는다:

그녀가 돌아오는 날이 오늘이야.	Es hoy cuando regresa ella.

● 'casarse con ~'(~와 결혼하다) 관련 다양한 표현

누구도 상관하지 않다	no casarse con nadie
나는 그가 기혼자인지 미혼자인지 모른다.	No sé si es casado o soltero.
결혼을 잘(못)한	bien(mal) casado
신혼부부는 신혼여행을 갔다. (luna de miel: 밀월)	Los recién casados salieron en viaje de novios.
결혼하면 독립해서 살아야 한다.	El casado casa quiere.

● 동사 'volver'(돌아오다)/'volverse'(~하게 되다) 관련 다양한 표현

이불의 윗면을 밑으로 향하게 뒤집으세요.	Vuelva el colchón poniéndolo de arriba abajo.
그는 다시 그 편지를 읽었다.	Él volvió a leer la carta.
그는 너의 이름을 듣고 고개를 돌렸다.	Al oír tu nombre volvió la cabeza.
그녀가 나를 미치게 한다.	Ella me vuelve loco./Me vuelvo loco por ella.
에르네스또는 고집스러워졌다.	Ernesto se ha vuelto terco.

● 'la vuelta'(회전) 관련 다양한 표현

1회전/뒤집기	una vuelta
그녀는 공원에 산책하러 나갔다.	Salió a dar una vuelta por el parque.
거스름돈이 있습니까?	¿Tiene vuelta?
거스름돈은 가지세요.	Quédese con la vuelta.(Quédese con el cambio.)

그는 내게 사실을 말하기 전에 말을 빙빙 돌렸다.

Él dio vueltas antes de decirme la verdad.

단어 vocabulario

me encontré	v. encontrarse(우연히 만나다)	anoche	어젯밤에(부사)
volvió	v. volver(돌아오다)	viaje	m. 여행
compañero	m. 동료	pasado	v. pasar(지나다)
se casó	v. casarse(결혼하다)		

연습문제 84 | ejercicios 84

1 토요일이었다.

토요일 : el sábado

까를로스는 토요일에 왔다.

오다 : venir

까를로스가 온 것은 토요일이었다.

2 우리 어머니는 어제 마드리드로 떠났습니다.

떠나다 : marchar

나는 어제 여행에서 돌아왔다.

돌아오다: volver

우리 어머니는 내가 여행에서 돌아온 어제 마드리드로 떠났습니다.

문형 85

관계사 'como'

너는 나에게 가르친다.

Me enseñas.

나는 네가 가르치는 방법이 마음에 든다.

Me gusta tu manera de enseñarme.

Me gusta la manera como me enseñas.

그녀는 나에게 말대꾸를 한다.

Ella me replica.

나는 그녀가 나에게 말대꾸 하는 방법을 무시한다.

Ignoro su modo de replicarme.

Ignoro el modo como me replica.

동사 변화

5 enseñar(가르치다, 보여주다) 5 gustar(좋아하다)
7 replicar(말대답하다, 항변하다) 5 ignorar(모르다, 무시하다)

관계사(relativos)

선행사가 표현되어 있는 것(con antecedente expreso)과 선행사가 표현되어 있지 않은 것(sin antecedente expreso)이 있다. 선행사가 표현되어 있지 않은 것은 관계사 자체가 선행사를 내포하는 것으로 본다.

como

선행사로 방법에 관련된 낱말(el modo, el método, la manera 등)을 받는다. 그러나 선행사 없이도 사용된다.

나는 네가 가르치는 방법이 맘에 든다.

A mí me gusta la manera como me enseñas.

A mí me gusta como me enseñas.

● 'el modo'(방법) 관련 다양한 표현

생각하는 방법	el modo de pensar/la manera de pensar
성격	el modo de ser/la manera de ser
내 생각에는	a mi modo/a mi manera
~식으로	a modo de/a manera de
같은 방식으로	de igual modo/de igual manera/ del mismo modo/de la misma manera
절대로 아니다!	¡De ningún modo!/¡De ninguna manera!
어쨌든	de todos modos/de todas maneras
이렇게 저렇게	de un modo o de otro/de una manera o de otra
어떤 점에서는	en cierto modo/en cierta manera

● 'alto'(높은) 관련 다양한 표현

가장 높은 곳에서	en lo más alto	기복/고저	los altibajos
깃발을 드높이 달고	con la bandera en alto	서다/멈추다	hacer alto
빠뜨리다	pasar por alto	정지!	¡Alto!
전하	Su Alteza		

단어 vocabulario

enseñas	v. enseñar(가르치다)
enseñarme	v. 'enseñar'(가르치다)+'me'(나를)
gusta	v. gustar(마음에 들다)
manera	f. 방법
replica	v. replicar(말대꾸하다)
replicarme	v. 'replicar'(말대꾸하다)+'me'(나에게)
ignoro	v. ignorar(무시하다)
modo	m. 방법

연습문제 85 | ejercicios 85

1 까를로스는 나를 시킨다.

시키다 : mandar

나는 그가 나를 시키는 방법을 거부한다.

거부하다 : rechazar

나는 까를로스가 나를 시키는 방법을 거부한다.

2 그들은 서로 사랑한다.

사랑하다 : amar

그들이 사랑하는 방법은 아름답다.

아름다운 : bonito(a) / hermoso(a)

그들이 서로 사랑하는 방법은 아름답다.

선행사없이 사용되는 관계사 구문

크게 벌여 놓은 자는 실속이 없다.

Quien mucho abarca, poco aprieta.
El que mucho abarca, poco aprieta.

기다리는 자는 실망한다.

Quien espera, desespera.
El que espera, desespera.

동사 변화

7 abarcar(품다, 껴안다) 13 apretar(조이다, 누르다)
5 esperar(기다리다, 기대하다) 5 desesperar(실망시키다)

∷ 선행사 없이 사용되는 관계사 구문(sin antecedente expreso)

관계사 'quien'자체에 '사람'이라는 선행사가 포함되어 있는 것으로 간주되는 경우 'quien'은 '특정관사 + que'로 대체될 수 있다:

하늘은 스스로 돕는 자를 돕는다.	A quien madruga Dios le ayuda.
	Al que madruga Dios le ayuda.

● 동사 'presentar'(소개하다)/'presentarse'(나타나다) 관련 다양한 표현

너에게 마리아를 소개한다.	Te presento a María.
그는 나에게 자기 그림들을 보여줬다.	Me presentó sus dibujos.
상처가 보기 흉하다.	La herida presenta mal aspecto.
그는 나에게 빵 한 판을 대접했다.	Me presentó una bandeja de pasteles.
그가 우리 집에 나타났다.	Se presentó en mi casa.
그는 친구처럼 보인다.	Se presenta como amigo.

그는 최근 전시회에서 자기 작품들을 선보였다.

Ha presentado sus cuadros en la última exposición.

● 형용사 'presente'(현재의/나타난) 관련 다양한 표현

지금	al presente/ahora
지금까지	hasta el presente/hasta ahora
현재로는	por el presente/por ahora
여기 계신 분	el señor aquí presente
출석했어요.	Presente.(결석했어요. Ausente.)

● 'el cuerpo'(신체) 관련 다양한 표현 2

신체	el cuerpo humano	원소	el cuerpo simple
화합물	el cuerpo compuesto	기술단	el cuerpo facultativo
군단	el cuerpo de ejército	경비대	el cuerpo de guardia
타격대	el cuerpo volante	범죄의 증거	el cuerpo del delito
빌빌거리는 사람	el cuerpo sin alma	갑상선	el cuerpo tiroides
건강	bienes del cuerpo	외투 없이	a cuerpo
왕후처럼	a cuerpo de rey	무방비로	a cuerpo descubierto
서로 맞붙어서	cuerpo a cuerpo	전임의/전속의	de cuerpo
전신의	de cuerpo entero	상반신의	de medio cuerpo
몸도 마음도	en cuerpo y alma	독하게 하다	dar cuerpo
몸을 팔다	ganar con su cuerpo	똥을 누다	hacer del cuerpo
줄행랑 치다	huir/hurtar el cuerpo	먹고 싶다	pedir el cuerpo algo
커지다	tomar cuerpo	욕을 욕으로 답하다	volverla al cuerpo
넘어지다	dar con el cuerpo en tierra		
비켜서다	echar cuerpo fuera/falsear el cuerpo		
덮어두다	quedarse con una cosa en el cuerpo		

단어 vocabulario

espera	v. esperar(기다리다)	desespera	v. desesperar(실망하다)
abarca	v. abarcar(껴안다)	poco	조금(불특정사)
aprieta	v. apretar(조이다)		

연습문제 86 | ejercicios 86

1 하나님은 부지런한 사람을 돕는다.

일찍 일어나다 : madrugar
돕다 : ayudar

2 희망이 없는 자는 죽은 자다.

희망 : la esperanza

3 산 사람들은 먹어야 한다.

먹다 : comer

4 시작이 반이다.

소쿠리 : el cesto

문형 87

절을 선행사로 받는 'lo que'/'lo cual'

그는 항상 늦게 온다.

Él viene siempre tarde.

이것이 나를 화나게 한다.

Esto me fastidia.

그는 항상 늦게 오는데 이것이 나를 화나게 한다.

Él viene siempre tarde, lo que me fastidia.

마리아는 늘 아파서 누워 있다.

María siempre está guardando la cama.

이것이 내 맘을 아주 아프게 한다.

Esto me da mucha pena.

마리아는 늘 아파서 누워 있는데 이것이 내 맘을 아주 아프게 한다.

María siempre está guardando la cama,
lo que me da mucha pena.

동사 변화

80 venir(오다) **5** fastidiar(진저리 나게 만들다) **4** estar(~한 상태이다)
5 guardar(지키다, 망보다, 보존하다) **23** dar(주다)

lo que(lo cual)

선행사로 앞 문장 전체를 받는다:

그는 항상 늦는데 이것이 나를 화나게 한다.	El viene siempre tarde, lo que me fastidia.

● 'pena'(고통) 관련 다양한 표현

나는 거지들을 보면 안쓰럽다.	Me da mucha pena ver a los mendigos.
네가 음식을 먹을 수 없다니 안타깝다.	Es una pena que no puedas comer.
그것은 볼만한 가치가 있다.	Vale la pena de verlo.

● 'guardar'(지키다) 관련 다양한 표현

그들은 자기들의 전통을 지킨다.	Guardan sus tradiciones.
영화관에서 네 옆자리를 맡아 줘.	Guárdame sitio a tu lado en el cine.
그는 자기 동생을 위해 빵 한 조각을 남겨 두었다.	Guardó un trozo de pastel para su hermano.
침묵을 지키다	guardar silencio
자기 위치를 지키다	guardar puesto

● 'presentación'(소개) 관련 다양한 표현

반갑습니다.	¡Encantado(a)!
	¡Tanto gusto!
	¡Mucho gusto!
제가 반갑습니다.	El gusto es mío.
저도요.	Igualmente.
만나 뵈어 기쁩니다.	Me alegro de conocerle(a usted).
	Mucho gusto en conocerle(a usted).
	Es un placer conocerle(a usted).

만나 뵙고 싶었습니다.	Tenía ganas de conocerle.
제 이름은 김미래입니다.	Me llamo Mire Kim.
	Mi nombre es Mire Kim.
	Soy Mire Kim.
성함이 어떻게 되십니까?	¿Cómo se llama usted?
네 이름이 어떻게 되니?	¿Cómo te llamas?
제 친구 마리아를 소개합니다.	Le presento a mi amiga María.
여기는 마리아입니다.	Aquí es María.
너, 라울을 아니?	¿Conoces a Raúl?
너는 나를 모를 거야.	Creo que no me conoces.
너를 본 것 같아.	Tu cara me suena.
당신 얼굴이 낯이 익습니다.	Su cara me resulta familiar.

단어 vocabulario

siempre	항상(부사)	tarde	늦게(부사)
fastidia	v. fastidiar(화나게 하다)	viene	v. venir(오다)
guardando	v. guardar(간직하다)	cama	f. 침대
mucha	mucho(불특정사)	pena	f. 고통
da	v. dar(주다)		

연습문제 87 | ejercicios 87

1 후안은 하루 종일 피아노를 친다.

피아노를 치다 : tocar el piano

이것이 나를 괴롭힌다.

괴롭히다 : molestar

후안은 하루 종일 피아노를 치는데 이것이 나를 괴롭힌다.

2 내 남편은 늘 같은 말을 한다.

말하다 : decir

이것이 나를 지루하게 한다.

지루한 : aburrido(a)

내 남편은 늘 같은 말을 하는데 이것이 나를 지루하게 한다.

문형 88

'cuanto más~ tanto más~' (~하면 할수록 ~하다)

네 말을 들으면 듣는 만큼 내 머리가 아파진다.

Cuanto más te oigo, tanto más me duele la cabeza.

자면 잘수록 잠이 더 온다.

Cuanto más duermo, tanto más tengo sueño.

동사 변화

78 oír(듣다) 30 doler(~가 아프다) 68 dormir(자다) 2 tener(가지고 있다)

cuanto más ~ tanto más ~

여기서 'cuanto'는 문맥에 따라 대명사적 기능 또는 부사적 기능을 하며, 주로 'tanto'와 함께 '~하면 할수록 더욱 ~하다'는 뜻이 된다. '적게 ~할수록 더욱 적게 ~한다'는 뜻으로는 'cuanto menos ~ tanto menos ~'를 사용하면 된다.

• 'cuanto' 관련 다양한 표현

네가 일찍 갈수록 일찍 돌아올 것이다.	Cuanto antes te vayas, antes volverás.
우리가 많이 갈수록 더 잘 지낼 수 있다.	Cuanto más vayamos, mejor lo pasaremos.
~에 관하여	en cuanto a ~ (con respecto a)
나는 내 가족이 무척 자랑스럽다.	En cuanto a mi familia tengo mucho orgullo.
정치에 관해서는 더 이상 이야기하고 싶지 않다.	En cuanto a la política, no quiero hablar más.

• 'tanto' 관련 다양한 표현

그는 자기 동서만큼의 돈을 가지고 있지 않다.	No tiene tanto dinero como su cuñado.
너무 말하지 마라.	No hables tanto.
나는 그렇게 많은 양의 수프를 원하지 않습니다.	No quiero tanta sopa.
그를 비판 마라, 너도 그만큼 했으니까.	No le critiques, porque tú hiciste ctro tanto.
얼마만큼	un tanto/algún tanto/algo
~하는 동안	en tanto/mientras
~만큼 그만큼	tan(to) ~ como

• 'cita'(약속) 관련 다양한 표현

시간 있니?	¿Tienes tiempo?
그래, 한가해.	Sí, estoy libre.
아니, 바빠.	No, estoy ocupado(a).

어디에서 만날까?	¿Dónde nos quedamos?
시내에서 만나자.	Nos quedamos en el centro.
시청 앞에서 보자.	Nos vemos enfrente del Ayuntamiento.
몇 시에 볼까?	¿A qué hora nos vemos?
언제 볼까?	¿Cuándo nos vemos?
	¿Qué día quedamos?
내일 보자.	Nos vemos mañana.
20일이 어떻겠니?	¿Qué te parece el día 20?
괜찮겠니?	¿Te conviene?
언제라도 내게는 마찬가지야.	Me da igual sea cuando sea.
약속을 바꾸고 싶은데요.	Quisiera cambiar la cita.
괜찮을까요?	¿Se puede?
그 시간에는 안 되겠는데요.	A esa hora me es imposible.
그러면 몇 시가 좋으시겠습니까?	Entonces, ¿a qué hora le convendrá?
그 시간만 아니면요.	Si no fuera a esa hora.
정각에 와.	Vente puntual.

단어 vocabulario

oigo	v. oir(듣다)	duele	v. doler(아프다)
cabeza	f. 머리	duermo	v. dormir(자다)
sueño	m. 잠		

연습문제 88 | ejercicios 88

1 먹으면 먹을수록 살이 찐다.

살이 찌다 : engordar

2 일을 하면 할수록 피곤해진다.

피곤한 : cansado(a)

3 운동을 하면 할수록 건강해진다.

운동 : el ejercicio
건강한 : saludable

4 네가 말을 하면 할수록 나는 너를 더 못 믿겠다.

믿다 : confiarse

문형 89

'si' 부사절

내일은 비가 올 것이고, 그리고 우리는 집에 있을 것이다.

Lloverá mañana y quedaremos en casa.

만약 내일 비가 오면 우리는 집에 있을 것이다.

Si llueve mañana, quedaremos en casa.

넌 돈을 많이 갖게 될 것이고, 그리고 이사할 것이다.

Poseerás un montón de dinero y cambiarás de casa.

만약 네가 돈을 많이 갖게 되면 이사할 것이다.

Si posees un montón de dinero, cambiarás de casa.

동사 변화

30 llover(비가 내리다) **5** quedar(있다, 남다, 체류하다) **28** poseer(소유하다)
5 cambiar(바꾸다)

∷ 'si' 부사절(oración adverbial con 'si')

'si'(만약)와 함께 직설법을 사용하면 일반 부사절이 되고, 접속법을 사용하면 가정문을 만들게 된다.

● 'si'(만약에) 관련 다양한 표현

con tal de que + 접속법

네가 내일 다시 온다면 가도 좋다.	Puedes irte con tal de que vuelvas mañana.

a menos que + 접속법

날 좋아하는 것이 아니라면 오지 마라.	No vengas a menos que me quieras.

a no ser que + 접속법

별일 없으면 내가 오늘 오후에 올게.	Vendré esta tarde a no ser que ocurra algo imprevisto.

● 동사 'cambiar'(바꾸다) 관련 다양한 표현

교환	el cambio
뭘로 바꾸고 싶어?	¿Con qué quieres cambiar?
좀 더 싼 걸로 바꾸고 싶어요.	Quiero cambiarlo con uno más barato.
그는 생활을 완전히 바꿨다.	Cambió de vida radicalmente.
➡ 완전히	por completo/profundamente/drásticamente/diametralmente/de arriba abajo/de pies a cabeza/seriamente/ enormemente/considerablemente/notablemente
결정적으로	decisivamente
근본적으로	de raíz/sustancialmente/sustantivamente
질적으로	cualitativamente
갑자기	de un día para otro/de repente/bruscamente/abruptamente

조금씩	poco a poco/con el tiempo
좋게	positivamente/ventajosamente
나쁘게	a peor/negativamente/para mal
위험하게	peligrosamente
되돌릴 수 없게	irrevocablemente
반대로	en cambio/por el contrario

● 'vida'(삶/생명) 관련 다양한 표현

내 사랑!	¡Vida mía!	방탕한 생활	la vida airada
후생/내세	la otra vida	고된 생활	la vida de perros
사생활	la vida privada	한평생	de por vida
죽마고우	un amigo de toda la vida	내 평생에 결코	en mi vida
제발!	¡Por vida!	인생은 꿈이다.	La vida es sueño.

환자는 생사의 기로에 있다.	El enfermo está entre la vida y la muerte.
건물의 생명은 한계가 있다.	La vida de un edificio es limitada.
그는 힘든 삶을 산다.	Lleva una vida muy penosa.

단어 vocabulario

lloverá	v. llover(비가 내리다)	quedaremos	v. quedar(머물다)
llueve	v. llover(비가 내리다)	poseerás	v. poseer(소유하다)
montón	m. 무더기	dinero	m. 돈
cambiarás	v. cambiar(바꾸다)	posees	v. poseer(소유하다)

연습문제 89 | ejercicios 89

1 너는 그 과정의 학점을 딸 것이고, 그리고 여행을 갈 것이다.

합격하다 : aprobar

2 만약 네가 그 과정의 학점을 따면 여행을 갈 것이다.

여행 가다 : ir de vacaciones

3 나는 집에 있을 것이고, 그리고 낮잠을 잘 것이다.

낮잠 자다 : tomar la siesta

4 만약 내가 집에 있으면 낮잠을 잘 것이다.

있다 : estar

접속법 현재

그는 나를 보면 인사를 한다.

Él me saluda cuando me ve.

그가 나를 보면 인사를 할 것이다.

Él me saludará cuando me vea.

나는 그녀가 나를 안다고 확신한다.

Estoy seguro de que ella me conoce.

나는 그녀가 나를 안다고 확신하지 않는다.

No estoy seguro de que ella me conozca.

동사 변화

7 saludar(인사하다, 경의를 표하다) **49** ver(보다) **4** estar(~한 상태이다)
32 conocer(사람이나 지리 등을 알다)

'주절 + que + 종속절'의 구조에서 주절의 의미가 '확실하다'는 뜻일 경우 종속절에는 직설법을 쓰며, 주절의 의미가 '불확실하다'는 뜻일 경우엔 종속절에 접속법을 사용한다. 부사절에서도 불확실한 경우에는 접속법을 사용한다. 또한 부사절이나 종속절은 주절과 시제를 일치시킨다.

접속법 현재(presente)

직설법 현재의 용법과 접속법 용법이 동시에 요구될 때 사용한다.

● 접속법 현재 규칙변화

	yo (나는)	tú (너는)	él(그는), ella(그녀는), usted (당신은)	nosotros (우리는)	vosotros (너희는)	ellos(그들은), ellas(그녀들은), ustedes (당신들은)
hablar(말하다)	hable	hables	hable	hablemos	habléis	hablen
comer(먹다)	coma	comas	coma	comamos	comáis	coman
vivir(살다)	viva	vivas	viva	vivamos	viváis	vivan
hablarse	me hable	te hables	se hable	nos hablemos	os habléis	se hablen
comerse	me coma	te comas	se coma	nos comamos	os comáis	se coman
vivirse	me viva	te vivas	se viva	nos vivamos	os viváis	se vivan

1) 주절의 동사가 불확실한 뜻을 표현할 때 사용한다.

나는 그가 많은 돈을 갖고 있다고 믿지 않는다. No creo que él tenga mucho dinero.

나는 그녀가 나를 안다고 확신하지 않는다. No estoy seguro de que ella me conozca.

2) 주절의 동사가 아직 일어나지 않은 것을 표현할 때 사용한다.

그가 나를 보면 인사를 할 것이다. Él me saludará cuando me vea.

3) 주절의 동사가 '원하다'는 뜻을 표현할 때 사용한다.

나는 네가 스페인어를 공부하기를 원한다. Quiero que estudies español.

4) 주절의 동사가 '허락하다'는 뜻을 표현할 때 사용한다.

나는 네가 지금 나가는 것을 허락한다. Te permito que salgas ahora.

5) 주절의 동사가 감정을 표현할 때 사용한다.

네가 여기 없는 것이 유감이다. Siento que no estés aquí.

6) 주절의 동사가 명령을 표현할 때 사용한다.

나는 너에게 그를 도와주라고 말한다. Yo te digo que le ayudes.

나는 그에게 떠날 것을 명한다. Le mando que se marche.

7) 종속절이 목적을 표현할 때 사용한다.

나는 그들이 내 말을 잘 이해하도록 분명하게 말한다. Hablo claro para que me entiendan bien.

8) 종속절이 조건을 표현할 때 사용한다.

네가 행동을 잘 한다면 밤마다 나갈 수 있다. Con tal de que te portes bien puedes salir por las noches.

9) 종속절이 아직 일어나지 않은 것을 표현할 때 사용한다.

아무도 눈치채지 못한 채 빨리 나가자. Salgamos pronto sin que nadie se de cuenta.

10) 'ser~ que~'구문에서 'verdad/cierto' 등 '확실하다'는 표현을 제외하고 종속절에서 접속법을 사용한다.

그가 돈이 많다는 것은 사실이 아니다.	No es verdad que él tenga mucho dinero.

● 동사 'ver'(보다) 관련 다양한 표현

어디 봅시다.	A ver./Vamos a ver.	확인하다	estar visto
좋지 않게 보이다	estar mal visto	보러 가다	ir a ver/visitar
서둘러	ni visto ni oído	아니, 이게 뭐야?!	¡¿Pero qué veo?!

➡ 약간은 놀라고 약간은 모르는 느낌을 표현할 때 느낌표와 물음표를 겹쳐서 사용할 수 있다.

알게 되겠지.	Ya veremos./Veremos.	알겠지!/맞지!	¡Verás!
알겠어?	¿Ves?	알겠어.	Ya lo veo./Ya veo.

● 동사 'saludar'(인사하다) 관련 다양한 표현

인사/안부	el saludo	건강	la salud
건강한	saludable	정중히 인사 드립니다.	Le saludo atentamente.

➡ 정중히	cordialmente/amablemente/amistosamente/amigablemente/afablemente/afectuosamente
열렬히	calurosamente/con alborozo/clamorosamente
공식적으로	formalmente
사적으로	personalmente/informalmente
의전상	protocolariamente/diplomáticamente
아무렇게나	a diestro y siniestro

거의 건강한 생활을 못합니다.	Casi no llevo una vida saludable.

➡ 건강한 식단	la dieta saludable/el alimento saludable
건강한 환경	el medio saludable/el ambiente saludable/el entorno saludable
건강한 습관	el hábito saludable

나는 아주 건강이 좋다.	Llevo una salud de hierro.

➡ 좋은 buena/fuerte/robusta/a prueba de bomba/integral
나쁜 mala/enfermiza/débil/frágil/delicada/precaria/quebradiza/mermada/renqueante

육체의	física	정신의	mental/espiritual
악화되다	empeorar/declinar/quebrar(se)	호전되다	mejorar
검사하다	chequear/vigilar	돌보다	cuidar/atender

• 'oreja'(귀) 관련 다양한 표현

귀와 뿔이 있는 동물	de cuatro orejas	기가 꺾여	con las orejas caídas
호기심으로 귀를 모아	con las orejas tan largas	귀를 쫑긋 세우다	aguzar las orejas
말에서 떨어지다	apearse por las orejas	패배를 인정하다	bajar las orejas
싸움을 걸다/무찌르다	mojar la oreja	귀를 틀어막다	taparse las orejas
누구를 의논 상대로 하다	tener de las orejas	도박을 하다	tirar las orejas al lobo
엄하게 꾸짖다	calentar las orejas		
본색을 드러내다	enseñar/descubrir las orejas		
위험에 빠지다	ver las orejas al lobo		
큰 위험에서 빠져나오다	haberle visto las orejas al lobo		
들리지 않는 척하다	hacer orejas de mercader		

단어 vocabulario

seguro	확신하는(형용사)	ve	v. ver(보다)
conoce	v. conocer(사람이나 지리를 알다)		
conozca	v. conocer(사람이나 지리를 알다)		
saluda	v. saludar(인사하다)	saludará	v. saludar(인사하다)
vea	v. ver(보다)		

연습문제 90 | ejercicios 90

1 나는 그가 오늘 돌아온다고 믿는다.

돌아오다 : regresar

2 나는 그가 오늘 돌아온다고 믿지 않는다.

믿다 : creer

3 최근 물가가 오른 것은 사실입니다.

물가 : la vida

4 최근 물가가 오른 것은 사실이 아닙니다.

오르다 : subir

문형 91

종속절만 있는 접속법 구문

나는 네가 빨리 오기를 바란다.

Espero que vengas pronto.

빨리와!

¡Ven pronto!
¡Que vengas pronto!

나는 당신이 부츠를 벗으시기를 간청합니다.

Le ruego que se quite las botas.

부츠를 벗으십시오!

¡Quítese las botas!
¡Que se quite las botas!

동사 변화

5 esperar(기다리다, 기대하다) 80 venir(오다) 18 rogar(간청하다)
5 quitarse(벗다)

종속절만 있는 접속법구문(solo con oración subordinada)

'주절+que+종속절'의 구조에서 주절의 동사가 '기대하다', '명령하다' 등의 뜻을 가지면 종속절에서 접속법을 사용하게 되는데, 이때 주절을 생략하고 'que'이하의 종속절만 사용할 수 있다. 단순 명령문보다는 부드러운 표현이 된다.

● 동사 'quitar'(벗기다)/'quitarse'(벗다) 관련 다양한 표현

꺼져!	¡Quítate de ahí!
얼룩을 지워라.	¡Quita la mancha!
식탁을 치워라.	¡Quita la mesa!
나는 사과 껍질을 벗긴다.	Quito la piel a la manzana.
나는 어금니를 하나 뽑았다.	Se me ha quitado una muela.

서너 명을 제외하고 모두가 동의한다.

Quitando tres o cuatro, todos están conformes.

● 동사 'venir'(오다) 관련 다양한 표현

호세와 함께 오세요.	Venga con José.
➡ 함께	acompañado(a)
➡ 짐을 싣고	cargado(a)

어디 출신이니?	¿De dónde vienes?
옷이 깨끗해졌네.	La ropa ya viene limpia.
화내지 마, 내가 편한 마음으로 왔으니까.	No te enfades, que vengo en son de paz.
➡ 불편한 마음으로	en son de guerra

오늘 오후가 비었으니 나에겐 최고다. Me viene de perlas tener hoy la tarde libre.

➡ 최고로 estupendamente/extraordinariamente/magníficamente/fenomenal

이 옷이 네게 잘 어울린다. Este vestido te viene bien al pelo.

➡ 잘 안 어울리다 venir mal

또 똑같은 문제야? ¿Me vienes otra vez con el mismo problema?

➡ 똑같은 거짓말 con la misma mentira

➡ 똑같은 엉터리 말 con la misma tontería

말을 돌리지 말고 무슨 일인지 말해.

No me vengas con rodeos y dime qué pasa.

경제 위기는 오래된 일이라 해결하기 어렵다.

La crisis económica viene de lejos y ahora es difícil de resolver.

➡ 문제 asunto/tema

➡ 풍문 escándalo

단어 vocabulario

espero	v. esperar(기다리다)	vengas	v. venir(오다)
pronto	빨리(부사), 빠른(형용사)	ven	v. venir(오다)
ruego	v. rogar(간청하다)	se quite	v. quitarse(벗다)
botas	f. las botas 부츠	quítese	v. quitarse(벗다)

연습문제 91 | ejercicios 91

1 나는 네가 지금 나가는 것을 허락한다.

허락하다 : permitir

2 지금 나가라!

나가다 : salir

3 나는 네가 천천히 말하기를 요구한다.

요구하다 : pedir

4 천천히 말해!

천천히 : despacito

문형 92

접속법 과거

네가 여기 없는 것이 유감이다.

Siento que no estés aquí.

네가 여기 없었다는 것이 유감이었다.

Sentía que no estuvieras aquí.

네가 나를 그렇게 취급하면 내 마음이 아프다.

Me duele que me trates así.

네가 나를 그렇게 취급했던 것에 내 마음이 아팠다.

Me dolía que me trataras así.

동사 변화

65 sentir(느끼다) 4 estar(~한 상태이다) 30 doler(~가 아프다)
5 tratar(다루다, 취급하다)

∷ 접속법 시제 일치(concordancia de tiempo)

'주절 + que + 종속절'의 구조에서 주절의 동사가 감정 등을 표현할 때 종속절에서 접속법을 사용한다.

또한 주절이 'ser + 형용사'의 구조를 가지며 '확실하다'는 뜻이 아닌 경우 종속절에서 접속법을 사용한다. 이 모든 경우에 주절과 종속절의 시제 일치는 매우 중요하다. 즉, 주절이 현재이면 종속절도 접속법 현재로, 주절이 과거이면 종속절도 접속법 과거로 시제를 일치시켜야 한다.

∷ 접속법 과거(pretérito)

직설법 과거의 용법과 접속법 용법이 동시에 요구될 때 사용한다.

● 접속법 과거 규칙변화

	yo(나는)	tú(너는)	él(그는), ella(그녀는), usted (당신은)	nosotros (우리는)	vosotros (너희는)	ellos (그들은), ellas (그녀들은), ustedes (당신들은)
hablar(말하다)	hablara/ hablase	hablaras/ hablases	hablara/ hablase	habláramos/ hablásemos	hablarais/ hablaseis	hablaran/ hablasen
comer(먹다)	comiera/ comiese	comieras/ comieses	comiera/ comiese	comiéramos/ comiésemos	comierais/ comieseis	comieran/ comiesen
vivir(살다)	viviera/ viviese	vivieras/ vivieses	viviera/ viviese	viviéramos/ viviésemos	vivierais/ vivieseis	vivieran/ viviesen
hablarse	me hablara/ me hablase	te hablaras/ te hablases	se hablara/ se hablase	nos habláramos/ nos hablásemos	os hablarais/ os hablaseis	se hablaran/ se hablasen
comerse	me comiera/ me comiese	te comieras/ te comieses	se comiera/ se comiese	nos comiéramos/ nos comiésemos	os comierais/ os comieseis	se comieran/ se comiesen
vivirse	me viviera/ me viviese	te vivieras/ te vivieses	se viviera/ se viviese	nos viviéramos/ nos viviésemos	os vivierais/ os vivieseis	se vivieran/ se viviesen

1) 주절의 동사가 불확실한 뜻을 표현할 때 사용한다.

나는 그가 많은 돈을 갖고 있었다고 믿지 않았다. No creía que él tuviera(tuviese) mucho dinero.

나는 그녀가 나를 안다고 확신하지 않았다. No estaba seguro de que ella me conociera(conociese).

2) 주절의 동사가 '원하다'는 뜻을 표현할 때 사용한다.

나는 네가 스페인어를 공부하기를 원했었다. Quería que estudiaras(estudiases) español.

3) 주절의 동사가 '허락하다'는 뜻을 표현할 때 사용한다.

나는 네가 그 때 나가는 것을 허락했다. Te permití que salieras(salieses) aquel momento.

4) 주절의 동사가 감정을 표현할 때 사용한다.

네가 여기 없었던 것이 유감이었다. Sentía que no estuvieras(estuvieses) aquí.

5) 주절의 동사가 명령을 표현할 때 사용한다.

나는 너에게 그를 도와주라고 말했다. Yo te dije que le ayudaras(ayudases).

나는 그에게 떠날 것을 명했다. Le mandé que se marchara(marchase).

6) 종속절이 목적을 표현할 때 사용한다.

나는 그들이 내 말을 잘 이해하도록 분명하게 말했다. Hablaba claro para que me entendieran(entendiesen) bien.

7) 종속절이 조건을 표현할 때 사용한다.

네가 행동을 잘 했더라면 밤마다 나갈 수 있었다. Con tal de que te portaras(te portases) bien podías salir por las noches.

8) 종속절이 아직 일어나지 않은 것을 표현할 때 사용한다.

아무도 눈치채지 못한 채 빨리 나갔다. Salimos pronto sin que nadie se diera (se diese) cuenta.

9) 'si 가정문'(현재 사실의 반대)에 사용한다. 현재 사실의 반대를 표현하는 가정문의 구조는 'si + 접속법 과거, 접속법 과거/가상미래형'이다.

내가 돈이 있다면 스페인으로 여행을 가겠지만. Si tuviera(tuviese) dinero, viajara(viajase/viajaría) por España.

10) 'como si'(~처럼)의 표현은 보통 접속법 과거로 표현한다. 그러나 그 가능성의 정도가 매우 희박하며 주절이 과거일때 접속법 과거완료를 사용하기도 한다.

그녀는 마치 여자 아이처럼 운다. Ella llora como si fuera(fuese) una niña.

그녀는 마치 여자 아이처럼 울었다. Ella lloraba como si fuera(fuese) una niña. Ella lloraba como si hubiera(hubiese) sido una niña.

11) 접속법 과거는 주절에 사용하여 겸손을 표현한다.

마리아와 통화하고 싶습니다만. Quisiera(Quisiese) hablar con María.

● 동사 'tratar'(다루다) 관련 다양한 표현

이 책은 동물들을 다루고 있다. Es un libro que trata de los animales.

기술자들은 기계 작업을 한다. El ingeniero trata con máquinas.

그들은 그것을 별도로 다룬다. Lo tratan por separado.

그들은 나를 잘 대접한다. Me tratan bien.

● 'ojo'(눈) 관련 다양한 표현 1

매직 아이	ojo mágico	진단 능력	ojo médico
튀어나온 눈	ojo de besugo(sapo)	사팔뜨기	ojos de bitoque
회색 눈	ojos de gato	눈물은 머금은 눈	ojos blandos(tiernos)
째진 눈	ojos rasgados	부리부리한 눈	ojos reventones(saltones)
생기 있는 눈	ojos vivos	안경 낀 사람	cuatro ojos
프랑스 국화	ojo de buey	살짝/거의 숨어서	de medio ojo
호안석	ojo de gato	안마당의 공간	ojo de patio
심복	ojo derecho	교각 사이의 아치형	ojo de puente
눈을 뜨다	abrir el ojo	눈을 감다	cerrar el ojo
눈길을 주다	poner ojo en una cosa	조심하다	tener mucho ojo
옷에 비누칠을 하다	dar un ojo a la ropa	조심해서	ojo avizor
눈살을 찌푸리고	a ojos cegarritas	눈 앞에서	a los ojos de/en los ojos de
심하게	hasta los ojos	수월하게	por sus ojos bellidos
여기저기 살펴보다	un ojo a ~ y otro a ~	일의 실상을 알게 되다	abrir los ojos
눈을 번뜩이다	abrir tanto ojo	눈을 내리깔다	bajar los ojos
물고기 눈 같은 부스럼이 나는 피부병		ojo de gallo(pollo)	
순식간에	en un abrir y cerrar de ojos/en un volver de ojos		

단어 vocabulario

siento	v. sentir(느끼다, 유감이다)	estés	v. estar(~상태이다)
estuvieras	v. estar(~상태이다)	duele	v. doler(아프다)
trates	v. tratar(다루다)	así	그렇게(부사)
dolía	v. doler(아프다)	trataras	v. tratar(다루다)

연습문제 92 | ejercicios 92

1 나는 결과가 좋지 않을까 봐 두렵다.

두려워하다 : temer

2 나는 결과가 좋지 않을까 봐 두려웠다.

결과가 되다 : resultar

3 가장 재미있는 순간에 전깃불이 나가서 유감입니다.

유감 : lástima

4 가장 재미있던 순간에 전깃불이 나갔던 것은 유감이었습니다.

불을 끄다 : apagar

문형 93

접속법 시제일치

신부는 그들이 교회 마당을 사용하는 것을 거절한다.

El cura se niega que usen el patio de la iglesia.

신부는 그들이 교회 마당을 사용하는 것을 거절했다.

El cura se negó que usaran el patio de la iglesia.

나는 네가 과수원에 들어가는 것을 금한다.

Te prohíbo que entres en el huerto.

나는 네가 과수원에 들어가는 것을 금했다.

Te prohibí que entraras en el huerto.

동사 변화

14 negar(부인하다) 5 usar(사용하다) 55 prohibir(금지하다)
5 entrar(들어가다)

∷ 접속법 시제 일치(concordancia de tiempo)

'주절 + que + 종속절'의 구조에서 주절의 동사가 감정 등을 표현할 때 종속절에서 접속법을 사용한다.
또한 주절이 'ser + 형용사'의 구조를 가지며 '확실하다'는 뜻이 아닌 경우 종속절에서 접속법을 사용한다. 이 모든 경우에 주절과 종속절의 시제 일치는 매우 중요하다. 즉, 주절이 현재이면 종속절도 접속법 현재로, 주절이 과거이면 종속절도 접속법 과거로 시제를 일치시켜야 한다.

● 동사 'usar'(사용하다) 관련 다양한 표현

그 나라에서는 소금을 사용하지 않는다.	En aquel país no usan sal.
사용자	el usuario
사용	el uso
쓸모없는	fuera de uso
외용의	de uso externo
개인용의	de uso personal
사용 중인	en uso

● 'ojo'(눈) 관련 다양한 표현 2

주의 깊게 보다	clavar los ojos en
강한 욕망을 보이다	comerse con los ojos a
비싸다	costar los ojos/costar un ojo de la cara
정면으로 부딪히다/우연히 만나다	dar de ojos
눈 앞에서 들이대다	dar en ojos
서로 눈짓하다	darse(hacerse) de ojo
노여움을 풀다	desencapotar los ojos

경계하다	despabilar(se) los ojos/ ser todo ojo
다정함을 보이다	dormir los ojos
눈 앞에 어른거리다	echar tan en los ojos
저울이 고장 나다	hacer ojo
눈이 침침하다	hacer los ojos telarañas
목적 달성을 위해 노력하다	hacerse ojos
매우 만족시키다	henchir/llenar el ojo
매우 가지고 싶어하다	írsele a uno los ojos por(tras)
관심을 끌다	llevar(se) los ojos
심하게 울다	llorar con ambos ojos
거짓 눈물을 흘리다	llorar con un ojo
외모에 속다	mentir el ojo
억지로 사게 하다	meter por los ojos
끼어들다	meterse por el ojo de una aguja
호의(악의)에 찬 눈으로 보다	mirar con buenos(malos) ojos
다른 관점으로 보다	mirar con otros ojos
언짢은 눈으로 보다	mirar de mal ojo

단어 vocabulario

prohíbo	v. prohibir(금지하다)	entres	v. entrar(들어가다)
huerto	m. 과수원	prohibí	v. prohibir(금지하다)
entraras	v. entrar(들어가다)	cura	m. 성직자
niega	v. negar(부인하다)	usen	v. usar(사용하다)
patio	m. 마당	iglesia	f. 교회
negó	v. negar(부인하다)	usaran	v. usar(사용하다)

연습문제 93 | ejercicios 93

1 나는 너에게 세일에 가서 물건을 사라고 명한다.

사다 : comprar

2 나는 너에게 세일에 가서 물건을 사라고 명했다.

명하다 : mandar

3 나는 너에게 그를 도와주라고 말한다.

도와주다 : ayudar

4 나는 너에게 그를 도와주라고 말했다.

말하다 : decir

문형 94

부사절의 접속법

그가 진실을 말할 때까지 그에게 말을 걸지 않겠다.

Hasta que me diga la verdad, no le dirigiré la palabra.

그가 진실을 말할 때까지 그에게 말을 걸지 않았다.

Hasta que me dijera la verdad, no le dirigía la palabra.

당신이 행동만 잘한다면 밤에 나갈 수 있다.

Con tal de que se porte bien puede salir por las noches.

당신이 행동만 잘했다면 밤에 나갈 수 있었다.

Con tal de que se portara bien podía salir por las noches.

동사 변화

74 decir(말하다) **52** dirigir(~로 향하다, 다루다) **5** portarse(행동하다)
40 poder(조동사: ~할 수 있다) **79** salir(떠나다, 나가다)

부사절의 접속법(el modo subjuntivo en oraciones adverbiales)

종속절이 '목적·원인·조건·시행 전' 등의 상황을 표현하는 접속사구(para que, con tal que, a condición de que, sin que, antes de que 등)로 되어 있을 때 종속절에서 접속법을 사용한다. 시간의 부사절인 경우에도 아직 일어나지 않은 시행 전의 상황일 때 종속절에서 접속법을 사용한다:

그는 나를 보면 인사를 한다.	Me saluda cuando me ve.
그가 나를 본다면 인사를 하겠지.	Me saludará cuando me vea.
비가 오지만 나는 쇼핑을 가겠다.	Voy a ir de compras aunque llueve.
비가 온다고 하더라도 나는 쇼핑을 가겠다.	Voy a ir de compras aunque llueva.

'tal'(그러한/그것) 관련 다양한 표현

나는 그런 사람을 모른다.	No conozco a tal persona.
나는 그런 친척이 없다.	No tengo tales parientes.
그 아버지에 그 아들.	De tal padre, tal hijo.
어떻게 지내?	¿Qué tal?
아마도	tal vez
나는 그런 일은 하지 않을 것이다.	No haré tal cosa./No haré tal.
내가 본 그대로 두었다.	Lo dejé tal como lo encontré.
	Lo dejé tal cual lo encontré.
그는 이렇게 저렇게 말했다.	Dijo tal y cual./Dijo tal y tal.

동사 'dirigir/dirigirse'(향하다) 관련 다양한 표현

그는 문을 향해 시선을 돌렸다.	Dirigió la vista hacia la puerta.
택시기사가 나를 이곳으로 안내했다.	El taxista me dirigió por aquí.
이 편지는 사장단 앞으로 발송된 것이다.	Esta carta está dirigida para la presidencia.
그가 공장을 감독하고 있다.	Él está dirigiendo la fábrica.
그들은 해변으로 향했다.	Se dirigieron hacia la playa.

그는 가족을 구성하는 데 모든 노력을 기울인다.

Dirige todos sus esfuerzos a constituir una familia.

견적 요청을 위해 당신에게 편지를 보냅니다.

Me dirijo a Ud. para pedirle una cotización.

단어 vocabulario

se porte	v. portarse(처신하다)	puede	v. poder(할 수 있다)
salir	v. 나가다	noches	f. la noche 밤
se portara	v. portarse(처신하다)	podía	v. poder(할 수 있다)
diga	v. decir(말하다)	verdad	f. 진실
dirigiré	v. dirigir(향하다, 건네다)	palabra	f. 말
dijera	v. decir(말하다)	dirigía	v. dirigir(향하다, 건네다)

연습문제 94 | ejercicios 94

1 아무도 눈치 채지 못한 채 빨리 나가자.

눈치채다 : darse cuenta

2 우리는 아무도 눈치 채지 못한 채 빨리 나갔다.

아무도 : nadie

3 나는 그에게 너를 도와주라고 말한다.

도와주다 : ayudar

4 나는 그에게 너를 도와주라고 말했다.

말하다 : decir

'como si'+접속법 과거

그는 마치 택시기사처럼 운전한다.

Él conduce como si fuera un taxista.

그는 마치 택시기사처럼 운전했다.

Él conducía como si fuera un taxista.

그는 마치 판사처럼 선언한다.

Él declara como si fuera un juez.

그는 마치 판사처럼 선언했다.

Él declaró como si fuera un juez.

동사 변화

69 conducir(안내하다, 운전하다) 3 ser(~이다) 5 declalar(선언, 신고하다)

∷ 'como si'(마치 ~처럼)

'como si'(~처럼)의 표현은 보통 접속법 과거로 표현한다. 그러나 그 가능성의 정도가 매우 희박하며 주절이 과거일때 접속법 과거완료를 사용하기도 한다.

∷ 접속법 미래(futuro)

직설법 미래의 용법과 접속법 용법이 동시에 요구될 때 사용한다. 접속법 미래는 거의 사용하지 않는다.

● 접속법 미래 규칙변화

	yo(나는)	tú(너는)	él(그는), ella(그녀는), usted(당신은)	nosotros(우리는)	vosotros(너희는)	ellos(그들은), ellas(그녀들은), ustedes(당신들은)
hablar(말하다)	hablare	hablares	hablare	habláremos	hablareis	hablaren
comer(먹다)	comiere	comieres	comiere	comiéremos	comiereis	comieren
vivir(살다)	viviere	vivieres	viviere	viviéremos	viviereis	vivieren
hablarse	me hablare	te hablares	se hablare	nos habláremos	os hablareis	se hablaren
comerse	me comiere	te comieres	se comiere	nos comiéremos	os comiereis	se comieren
vivirse	me viviere	te vivieres	se viviere	nos viviéremos	os viviereis	se vivieren

네가 내년에 여기 없을 거라면 유감일 것이다. Sentiría que no estuvieres aquí el año próximo.

● 동사 'conducir'(운전하다/이끌다) 관련 다양한 표현

케이블로 전기가 지나간다. El cable conduce la electricidad.

그의 집요함이 그를 승리로 이끌 것이다. Su tenacidad le conducirá al triunfo.

운전 면허증 있니? ¿Tienes el carnet de conducir?

슬퍼하는 것이 지금 뭔 소용이 있어!	¡¿A qué conduce lamentarse ahora?!

동사 'declarar'(선언하다/신고하다) 관련 다양한 표현

신고할 것이 있습니까?	¿Tiene algo que declarar?
그는 자기가 번 것을 밝히려고 하지 않는다.	No quiere declarar lo que gana.
판사도 그가 죄가 있다고 판결했다.	El juez le ha declarado culpable.
그를 적군으로 선언한다.	Le declaramos por enemigo.

'ley'(법) 관련 다양한 표현

선언	la declaración	법원	el tribunal/la corte
재판	el juicio	판사	el juez
검사	el fiscal	변호사	el abogado
민사원고	el demandante	민사피고	el demandado
원고	el acusador	피고	el acusado
판결	la sentencia	소송	el pleito/el proceso
증인	el testigo		

단어 vocabulario

conduce	v. conducir(운전하다)	fuera	v. ser(~이다)
taxista	m. 택시기사	conducía	v. conducir(운전하다)
juez	m. 판사		
declara	v. declarar(선언하다, 신고하다)		
declaró	v. declarar(선언하다, 신고하다)		

연습문제 95 | ejercicios 95

1 그녀는 마치 여자아이처럼 운다.

울다 : llorar

2 그녀는 마치 여자아이처럼 울었다.

여자아이 : la niña

3 그는 마치 장군처럼 행동한다.

행동하다 : comportarse

4 그는 마치 장군처럼 행동했다.

장군 : el general

문형 96

가정문

내가 돈이 있다면 스페인으로 여행을 가겠지만.

Si tuviera dinero, viajaría por España.

내가 돈이 있었더라면 스페인으로 여행을 갔었겠지만.

Si hubiera tenido dinero, habría viajado por España.

내가 미리 알 수 있다면 의사에게 가겠지만.

Si supiera antes, iría al médico.

내가 미리 알 수 있었다면 의사에게 갔었겠지만.

Si hubiera sabido antes, habría ido al médico.

동사 변화

2 tener(가지고 있다) 5 viajar(여행하다) 44 saber(사실 등을 알다) 77 ir(가다)

:: 가정문(oración hipotética)

가정문은 사실과 반대되는 상황을 표현하는 것으로 현재사실의 반대인 경우는 'si + 접속법 과거, 접속법과거/가상미래형'으로, 과거 사실의 반대인 경우는 'si + 접속법 과거완료, 접속법 과거완료/가상미래형 복합형'으로 표현한다.

:: 접속법 과거완료(pretérito pluscuamperfecto)

직설법 과거완료의 용법과 접속법 용법이 동시에 요구될 때 사용한다.

● 접속법 과거완료 규칙변화

	yo (나는)	tú (너는)	él(그는), ella(그녀는), usted (당신은)	nosotros (우리는)	vosotros (너희는)	ellos(그들은), ellas(그녀들은), ustedes (당신들은)
hablar (말하다)	hubiera hablado/ hubiese hablado	hubieras hablado/ hubieses hablado	hubiera hablado/ hubiese hablado	hubiéramos hablado/ hubiésemos hablado	hubierais hablado/ hubieseis hablado	hubieran hablado/ hubiesen hablado
comer (먹다)	hubiera comido/ hubiese comido	hubieras comido/ hubieses comido	hubiera comido/ hubiese comido	hubiéramos comido/ hubiésemos comido	hubierais comido/ hubieseis comido	hubieran comido/ hubiesen comido
vivir (살다)	hubiera vivido/ hubiese vivido	hubieras vivido/ hubieses vivido	hubiera vivido/ hubiese vivido	hubiéramos vivido/ hubiésemos vivido	hubierais vivido/ hubieseis vivido	hubieran vivido/ hubiesen vivido
hablarse	me hubiera hablado/ me hubiese hablado	te hubieras hablado/ te hubieses hablado	se hubiera hablado/ se hubiese hablado	nos hubiéramos hablado/ nos hubiésemos hablado	os hubierais hablado/ os hubieseis hablado	se hubieran hablado/ se hubiesen hablado
comerse	me hubiera comido/ me hubiese comido	te hubieras comido/ te hubieses comido	se hubiera comido/ se hubiese comido	nos hubiéramos comido/ nos hubiésemos comido	os hubierais comido/ os hubieseis comido	se hubieran comido/ se hubiesen comido

	yo (나는)	tú (너는)	él(그는), ella(그녀는), usted (당신은)	nosotros (우리는)	vosotros (너희는)	ellos(그들은), ellas(그녀들은), ustedes (당신들은)
vivirse	me hubiera vivido/ me hubiese vivido	te hubieras vivido/ te hubieses vivido	se hubiera vivido/ se hubiese vivido	nos hubiéramos vivido/ nos hubiésemos vivido	os hubierais vivido/ os hubieseis vivido	se hubieran vivido/ se hubiesen vivido

1) 주절의 동사가 불확실한 뜻을 표현할 때 사용한다.

당시에 물가가 올랐었다는 것은 사실이 아니었다.	No era verdad que hubiera(hubiese) subido la vida aquel entonces.
나는 그녀가 돌아왔었다고 믿지 않았다.	No creía que ella hubiera(hubiese) vuelto.

2) 주절의 동사가 '원하다'는 뜻을 표현할 때 사용한다.

나는 그가 떠났었기를 원했었다.	Esperaba que se hubiera(hubiese) marchado.

3) 'si 가정문'(과거 사실의 반대)에 사용한다. 과거 사실의 반대를 표현하는 가정문의 구조는 'si + 접속법 과거완료, 접속법 과거완료/가상미래형 완료'이다.

내가 돈이 있었더라면 스페인으로 여행을 갔었겠지만.	Si hubiera(hubiese) tenido dinero, hubiera(hubiese/habría) viajado por España.

단어 vocabulario

tuviera	v. tener(가지다)	tenido	v. tener(가지다)
viajaría	v. viajar(여행하다)	viajado	v. viajar(여행하다)
supiera	v. saber(사실을 알다)	sabido	v. saber(사실을 알다)
iría	v. ir(가다)	ido	v. ir(가다)

연습문제 96 | ejercicios 96

1 당신이 낚시를 간다면 동행할 수 있겠지만.

낚시하다 : pescar

2 당신이 낚시를 갔었더라면 동행할 수 있었겠지만.

동행하다 : acompañar

3 당신이 강요한다면 투우장에 가겠지만.

강요하다 : insistir

4 당신이 강요했었더라면 투우장에 갔었겠지만.

투우장 : la corrida de toros

'ojalá+접속법'의 기원문

제발 비가 그쳤으면!

¡Ojalá deje de llover!

¡Ojalá dejara de llover!

제발 폭풍이 그쳤으면!

¡Ojalá cese la tempestad!

¡Ojalá cesara la tempestad!

동사 변화

5 dejar(놓아두다, 허락하다, 버리다) 30 llover(비가 내리다) 5 cesar(그만두다)

Ojalá 기원문(oración exhortativa)

'Ojalá'(제발)와 함께 접속법을 사용하여 기원문을 만든다. 이때 접속법 현재와 접속법 과거를 다 사용할 수 있는데, 그 실현 가능성이 좀 더 희박한 경우 접속법 과거를 사용한다

제발 네가 돈을 아끼기를!	¡Ojalá ahorres dinero!
제발 네가 돈을 아끼기를!	¡Ojalá ahorraras(ahorrases) dinero!

• 'tiempo'(날씨/시간) 관련 다양한 표현

날씨를 표현하는 동사들은 항상 3인칭 단수로만 사용된다. 그러므로 무인칭 또는 단인칭동사라 하기도 한다.

비가 내리다	llover → Llueve.
비가 억수처럼 내리다	llover a cántaros
눈이 내리다	nevar → Nieva.
눈 덮힌 산맥	la sierra nevada
번개 치다	relampaguear → Relampaguea.
천둥 치다	tronar → Truena.
이슬비가 내리다	lloviznar → Llovizna.
우박이 내리다	granizar → Graniza.
좋은 날씨이다.	Hace buen tiempo.
나는 시간이 없다.	No tengo tiempo.
역경을 이겨내야 한다.	A mal tiempo, buena cara.
매사에는 제때가 있다.	A su tiempo, maduran las uvas.
시대의 흐름에 맞추어	con el tiempo
제때에	a tiempo
동시에	al mismo tiempo
지체하지 않고	sin perder tiempo

항상	todo el tiempo
시간을 낭비하다	perder el tiempo/matar el tiempo
시간을 갖고	con tiempo
시간을 벌다	ganar tiempo

● 'falta'(부족) 관련 다양한 표현

반드시	sin falta
외환부족	falta de divisas
네가 보고 싶어.	Me haces falta.
그는 이 달에 세 번 결석했다.	Él ha tenido tres faltas en este mes.
네가 여기로 와야겠다.	Hace falta que vengas para aquí.
모든 사람은 결점이 있다.	Todos tienen su falta.

단어 vocabulario

ojalá	제발(감탄사)	deje	v. dejar(그만두다, 버리다)
dejara	v. dejar(그만두다, 버리다)	llover	v. 비가 내리다
cese	v. cesar(그만두다)	cesara	v. cesar(그만두다)
tempestad	f. 폭풍		

연습문제 97 | ejercicios 97

1 제발 안개가 사라졌으면!

안개 : la niebla

사라지다 : desaparecer

제발 해가 났으면!

해 : el sol

나타나다 : aparecer

2 제발 그가 만족했으면!

만족하다 : satisfacerse

3 제발 그가 견딜 수 있으면!

견디다 : aguantar

'por más/mucho+que+접속법'(아무리 ~해도)

네가 아무리 서둘러도 제 시간에 도착하지 못할 것이다.

Por más que te apures, no llegarás a tiempo.

네가 아무리 서둘렀어도 제 시간에 도착하지 못했을 것이다.

Por más que te apuraras, no llegarías a tiempo.

그가 아무리 교섭해도, 그들을 설득시키지는 못할 것이다.

Por mucho que negocie, no los convencerá.

그가 아무리 교섭했어도, 그들을 설득시키지는 못했을 것이다.

Por mucho que negociara, no los convencería.

동사 변화

5 apurarse(서두르다) **6** llegar(도착하다, ~에 이르다)
5 negociar(거래하다, 절충하다) **26** convencer(설득하다)

⁙ 'por mucho/más que' + 접속법

por muy 형용사·부사 + que + 접속법

por más 형용사·부사 + que + 접속법

'아무리 ~해도'라는 뜻이다. 이때 문맥상 주절은 미래가 된다. 즉 '아무리 ~해도 ~하지 못할 것이다'. 그러나 주절에 현재를 사용할 수 있다. 이런 경우 문장 전체를 과거로 표현하면 주절은 과거시제를 사용한다. 이 문장 전체를 과거로 표현하면 주절은 '과거에서 미래'를 표현하게 된다. 즉 현재의 시점에서 보면 과거지만, 과거의 말하는 시점보다는 미래가 되는 것이다. 이때 '가상미래형'을 사용한다:

아무리 싸다고 하더라도 나는 그것이 필요 없다.

Por muy barato que sea, no lo necesito.

아무리 쌌다고 하더라도 난 그것이 필요 없었다.

Por muy barato que fuera, no lo necesitaba.

Por muy barato que fuera, no lo necesitaría.

아무리 친절하게 보이더라도 믿지 마라.

Por muy amable que parezca, no te fíes.

아무리 일을 열심히 하더라도 휴가 갈 충분한 돈을 벌지 못한다.

Por más(mucho) que trabaje, no gana lo suficiente para poder irse de vacaciones.

• 'ojo'(눈) 관련 다양한 표현 3

잠을 잘 수 없다	no pegar el ojo
까맣게 모르다	no saber dónde tiene los ojos
어처구니 없게 만들다	ofender los ojos
대충 보다	pasar los ojos por
침몰시키다	pasar por ojos

꼼짝 않다	pegar el ojo(los ojos)
눈길을 모으다	poner los ojos en
눈을 부릅뜨다	poner los ojos en blanco
높이 평가하다	poner sobre(encima) de los ojos
최선을 다하다	quebrar el ojo al diablo
언짢게 굴다	quebrar los ojos
눈이 피로하다	quebrarse los ojos
눈을 떼지 않다	no quitar los ojos de
눈물을 머금다	rasarse los ojos de(en) agua
돈을 쓰게 만들다	sacar los ojos a
매우 화를 내다	sacarse los ojos
서운한 것이 얼굴에 나타나다	salirle a uno a los ojos una cosa
매우 분명하다	saltar a los ojos
눈을 못 뜨게 만들다	saltar un ojo
얼굴은 반쯤 가리다	taparse de medio ojo
아주 쓸모가 없는 사람이다	tener adónde volver los ojos
총명하다	tener buen ojo

단어 vocabulario

te apures	v. apurarse(서두르다)	te apuraras	v. apurarse(서두르다)
llegarás	v. llegar(도착하다)	llegarías	v. llegar(도착하다)
tiempo	m. 시간	negocie	v. negociar(교섭하다)
negociara	v. negociar(교섭하다)	convencerá	v. convencer(설득하다)
convencería	v. convencer(설득하다)		

연습문제 98 | ejercicios 98

1 그들이 아무리 소리를 질러도 아무도 오지 않을 거야.

소리지르다 : gritar

2 그들이 아무리 소리를 질렀어도 아무도 오지 않았을 것이다.

오다 : venir

3 네가 아무리 그를 추천해도 내가 그를 받아들이지 않을 것이다.

추천하다 : recomendar

4 네가 아무리 그를 추천했어도 내가 그를 받아들이지 않았을 것이다.

받아들이다 : aceptar

가상미래형

정부는 곧 국민투표가 있을 것이라고 발표했다.

El gobierno anunció que iba a haber referéndum dentro de poco.

El gobierno anunció que habría referéndum dentro de poco.

그는 술을 끊을 것이라고 말했다.

Él dijo que iba a dejar de beber alcohol.

Él dijo que dejaría de beber alcohol.

동사 변화

5 anunciar(광고하다) 1 haber(hay: ~에 ~이 있다) 74 decir(말하다)
5 dejar(놓아두다, 허락하다, 버리다) 24 beber(마시다)

가상미래형 futuro hipotético

과거시점에서 미래를 표현할 때나 시제와 상관없이 가능성을 표현할 때 사용한다. 또한 겸손한 표현을 할 때 사용한다:

그는 오늘 온다고 말했다.	Dijo que vendría hoy.
몇 시쯤 됐을까?	¿Qué hora sería?
몇 시쯤 됐었을까?	¿Qué hora sería?/¿Qué hora habría sido?
말해도 될까요?	¿Podría hablar?

● **단순형 규칙변화(forma simple)**

	yo(나는)	tú(너는)	él(그는), ella(그녀는), usted (당신은)	nosotros (우리는)	vosotros (너희는)	ellos(그들은), ellas(그녀들은), ustedes (당신들은)
hablar(말하다)	hablaría	hablarías	hablaría	hablaríamos	hablaríais	hablarían
comer(먹다)	comería	comerías	comería	comeríamos	comeríais	comerían
vivir(살다)	viviría	vivirías	viviría	viviríamos	viviríais	vivirían
hablarse	me hablaría	te hablarías	se hablaría	nos hablaríamos	os hablaríais	se hablarían
comerse	me comería	te comerías	se comería	nos comeríamos	os comeríais	se comerían
vivirse	me viviría	te vivirías	se viviría	nos viviríamos	os viviríais	se vivirían

1) 과거 시점에서 미래를 표현할 때 사용한다.

그는 나에게 그 다음날 돌아올 것이라고 말했다.	Él me dijo que regresaría al día siguiente.

2) 시제와 상관없이 가능성을 표현할 때 사용한다.

몇 시쯤 됐을까?	¿Qué hora sería?
몇 시쯤 됐었을까?	¿Qué hora sería?/¿Qué hora habría sido?

3) 겸손을 표현할 때 사용한다.

말해도 될까요?	¿Podría hablar?

4) 가정문에 사용할 수 있다.

내가 돈이 있다면 스페인으로 여행을 가겠지만.	Si tuviera(tuviese) dinero, viajara(viajase/viajaría) por España.
내가 돈이 있었더라면 스페인으로 여행을 갔었겠지만.	Si hubiera(hubiese) tenido dinero, hubiera(hubiese/habría) viajado por España.

● 복합형 규칙변화(forma compuesta)

	yo(나는)	tú(너는)	él(그는), ella(그녀는), usted (당신은)	nosotros (우리는)	vosotros (너희는)	ellos(그들은), ellas(그녀들은), ustedes (당신들은)
hablar(말하다)	habría hablado	habrías hablado	habría hablado	habríamos hablado	habríais hablado	habrían hablado
comer(먹다)	habría comido	habrías comido	habría comido	habríamos comido	habríais comido	habrían comido
vivir(살다)	habría vivido	habrías vivido	habría vivido	habríamos vivido	habríais vivido	habrían vivido
hablarse	me habría hablado	te habrías hablado	se habría hablado	nos habríamos hablado	os habríais hablado	se habrían hablado
comerse	me habría comido	te habrías comido	se habría comido	nos habríamos comido	os habríais comido	se habrían comido
vivirse	me habría vivido	te habrías vivido	se habría vivido	nos habríamos vivido	os habríais vivido	se habrían vivido

주로 'si 가정문'(과거 사실의 반대)에 사용한다.

내가 돈이 있었더라면 스페인으로 여행을 갔었겠지만.	Si hubiera(hubiese) tenido dinero, hubiera(hubiese/habría) viajado por España.

● 'elegir'(선거) 관련 다양한 표현

선거하다	elegir	선거	la elección
총선	la elección general	선거구	el distrito electoral
선거권	el derecho electoral	선거연설	el discurso electoral
신사숙녀 여러분!	¡Damas y caballeros!	투표하다	votar
투표	el voto/la votación	투표로 결정하다	decidir por la votación
투표에 부치다	poner a votación	만장일치로	unánimemente/por unanimidad

● 'día'(날) 관련 다양한 표현

야유회 날	día de campo
매월 첫째 날	el primer día de cada mes
근무일	día de trabajo
안녕하세요? (아침 인사)	¡Buenos días!
매일	cada día
매일같이	todos los días
하루 종일	todo el día
며칠	unos días
나날이	de día en día
(과거의) 언젠가	el otro día
(미래의) 어느 날	otro día
어느 날이든지	cualquier día/un día de estos

나의 생일	el día de mi santo
낮에	de día
날이 밝다	abrir el día
독립기념일	el Día de Independencia
한창 때	en mis días
최후의 심판일	el Día de Dios
축제일	día de fiesta
나날이	día a(por) día
하루 건너	cada tercer día
요즈음	(en) estos días/hoy día/hoy en día

단어 vocabulario

anunció	v. anunciar(발표하다)	gobierno	m. 정부
referéndum	m. 국민투표	dentro	안에(부사)
habría	v. haber(조동사, ~이 있다)		

연습문제 99 | ejercicios 99

1 그는 재경부 장관이 사임할 것이라고 발표했다.

재경부 장관 : el Ministro de Economía / 사임하다 : resignar / 발표하다 : anunciar

2 그는 항의할 것이라고 말했다.

항의하다 : protestar

3 그는 밤을 샐 것이라고 말했다.

밤 새우다 : velar

4 차기 대통령의 연설이 있을 것이라고 했다.

차기 대통령 : el Presidente electo / 연설 : el discurso

겸손한 표현

무엇을 원하십니까?

¿Qué quería?

내 물건을 가져가려고요.

Quisiera llevar mis cosas.

무엇을 원하십니까?

¿Qué deseaba?

돈을 인출하려고요.

Deseaba sacar el dinero.

동사 변화

42 querer(좋아하다) 5 llevar(가지고 가다, 운반하다, 보내다) 5 desear(원하다)
7 sacar(뽑다, 꺼내다, 인출하다, 표를 사다)

겸손한 표현(expresión con cortesía)

스페인어에서 겸손한 표현은 주로 동사의 가상 미래형으로 표현할 수 있으며, 동사 'querer/desear'(원하다)나 동사 'poder'(~할 수 있다)를 사용하여 표현하기도 한다. 특히 이 두 동사의 직설법 불완료과거형이나 접속법 과거를 사용하여 표현한다.

● 동사 'llevar/llevarse'(가지고 가다) 관련 다양한 표현

나는 그에게 짐을 가져다주었다.	Yo le llevé un paquete.
이 길은 강으로 통한다.	Este camino lleva al río.
나는 집사람을 영화관에 데려가야 한다.	Tengo que llevar a mi mujer al cine.
그는 자기 공부를 잘 해 나간다.	Lleva muy bien sus estudios.
그가 여기 안 온 지 석 달이 되었다.	Lleva tres meses sin venir por aquí.
바람이 내 모자를 가져갔다.	El viento llevó mi sombrero.
나는 우산을 가지고 있지 않다.	No llevo el paraguas.
내가 당신보다 두 살이 더 많습니다.	Yo le llevo a Ud. dos años.
우리는 2년째 사귀고 있습니다.	Llevamos dos años de noviazgo.
그녀들 둘은 서로 사이가 좋다.	Esas dos chicas se llevan muy bien.
내 아들이 나보다 2cm가 더 크다.	Mi hijo me lleva dos centímetros.

● 'sabor'(맛) 관련 다양한 표현

맛	el sabor	맛있는	rico/sabroso/delicioso/exquisito
맛없는/싱거운	soso	쓴	amargo/agrio
쓴맛	la amargura	신	ácido
신맛	la acidez	위산과다	la acidez de estómago
매운	picante	매운맛	la picadura
신랄한	picaresco	짠	salado

소금	la sal	단	dulce/goloso/azucarado
단맛	la dulzura	재치있는	sal y pimienta
담수	el agua dulce	해수	el agua salada

● 'ojo'(눈) 관련 다양한 표현 4

뚫어지게 관찰하다	tener los ojos en
미워하다/그리워하다	tener entre(sobre) ojos
외면하다	torcer los ojos
잊지 않고 관심을 두다	traer al ojo
의심을 품고 감시하다	traer entre(sobre) ojos
고집을 피우다	vendarse los ojos
두드러지게 눈에 띄다	venirse a los ojos
눈이 생기를 잃다/죽어 가다	vidriarse los ojos
시선을 딴 데로 돌리다	volver los ojos
백문이 불여일견이다.	Con el ojo y con la fe jamás me burlaré.
각자 할 일이 있다.	El ojo del amo engorda el caballo.
개 눈에는 똥만 보인다.	Ojos que no ven, corazón que no llora.
낮 말은 새가 듣고 밤 말은 쥐가 듣는다.	Las paredes tienen ojos.
당신을 만나 뵈어 기쁩니다.	¡Dichosos los ojos que ven a usted!
척 보니까 알겠다.	No hay más que abrir ojos y mirar.
눈에는 눈	ojo por ojo

단어 vocabulario

quería	v. querer(원하다)	deseaba	v. desear(원하다)
sacar	v. 꺼내다	llevar	v. 가져가다
quisiera	v. querer(원하다)		

연습문제 100 | ejercicios 100

1 무엇을 원하십니까?

원하다 : querer / desear

2 샤워를 좀 하고 싶은데요.

샤워하다 : ducharse

3 무엇을 원하십니까?

원하다 : querer / desear

4 일광욕을 좀 하고 싶은데요.

일광욕을 하다 : tomar el sol

감탄문

까를로스는 아주 이상한 셔츠를 입고 있다.

Carlos lleva una camisa muy rara.

아주 이상한 셔츠로구나!

¡Qué camisa tan rara!

기차가 아주 빨리 달린다.

El tren corre muy rápido.

얼마나 빨리 달리는지!

¡Cuán rápido corre!

동사 변화

5 llevar(가지고 가다, 운반하다, 보내다) 24 correr(달리다)

감탄문(oración exclamativa)

고유의 감탄사 외에 다른 낱말들도 감탄사로 사용되기도 하여 감탄문을 만들며 이외에 감탄문의 형식도 있다. '문형 19'에 자세히 설명되어 있다.

'boca'(입) 관련 다양한 표현

커다란 입		la boca de espuerta/la boca rasgada	
시가의 입구		la boca de calle(la bocacalle)	
대포의 구멍	la boca de cañón	강어귀	las bocas del río
수도꼭지	la boca de agua	양귀비	la boca de gaucho
명치	la boca del estómago	암흑	la boca del lobo
달변	la boca de oro	입이 가벼운	balando de boca
입이 무거운	duro de boca	엎드려서	boca abajo
바로 누워서	boca arriba	구두로	a boca
초순경에	a boca de	벌컥벌컥	a boca de costal
말뿐인	de boca	입에서 입으로	de boca en boca
해질 무렵에	a boca de noche/sorna	낱낱이	a boca llena
소원대로	a pedir/querer de boca	널리 퍼져 있다	andar de boca en boca
화를 내다	calentarse de boca	어떤 일을 논하다	calentársele a uno la boca
입을 열다	abrir la boca	입을 닫다	cerrar la boca
말을 막다	tapar bocas	위험에 처해 있다	meterse en la boca del lobo
누구의 생각과 같은 말을 하다		hablar por boca de	
말하라는 대로 말하다		hablar por boca de ganso	
침묵은 금이다.		En boca cerrada no entran moscas.	
달콤한 말에 위험이 있다.		Por la boca muere el pez.	
감탄하다		quedarse con la boca abierta	

● 'refrán'(속담) 관련 다양한 표현 2

유비무환	Poner la capa como viene el viento.
고양이 목에 방울 달기	Poner el cascabel al gato.
이미 엎지러진 물이다.	El daño hecho no tiene remedio.
시작이 반이다.	Más tarde que nunca.
죽은 이만 불쌍하지 산 사람은 제살이한다.	El muerto, al hoyo, y el vivo al bollo.
하늘은 스스로 돕는 자를 돕는다.	A quien madruga, Dios le ayuda.
잘못 끼운 첫 단추는 끝까지 간다.	Quien mal empieza, mal acaba.

단어 vocabulario

lleva	v. llevar(가져가다)	camisa	f. 셔츠
tan	tanto(그만큼의, 그만큼: 불특정사)의 어미탈락형		
rara	raro 이상한(형용사)	tren	m. 기차
corre	v. correr(달리다)	rápido	빠른(형용사)
cuán	cuánto(얼만큼: 의문사)의 어미탈락형		

연습문제 101 | ejercicios 101

1 학생들은 열심히 공부한다.

공부하다 : estudiar

2 얼마나 열심히 공부하는지!

3 마리아는 아주 노래를 잘한다.

노래하다 : cantar

4 얼마나 노래를 잘하는지!

문형 102

접속사 'ni A ni B'(A도 B도 아닌)

하늘에는 별이 없다.

No hay estrellas en el cielo.

하늘에는 달도 없다.

Tampoco hay luna en el cielo.

하늘에는 별도 달도 없다.

No hay ni estrellas ni luna en el cielo.

나는 그를 따라가지 않는다.

Yo no le sigo.

너도 그를 따라가지 않는다.

Tampoco le sigues.

나도 너도 그를 따라가지 않는다.

Ni tú ni yo le seguimos.

동사 변화

1 hay(haber: ~이 ~에 있다) 62 seguir(뒤따르다)

접속사 conjunción

문장과 문장을 연결짓는 기능을 한다. 접속사 하나로 사용되기도 하고, 다른 낱말들과 'que'가 합쳐진 많은 접속사구가 사용되기도 한다.

y	그리고
o	또는
si	만약
pero, mas	그러나
luego, pues	그러므로
cuando	~할 때
mientras	~동안, 반면에
no A sino B	A가 아니라 B
no solo A sino también B	A뿐만 아니라 B도
ni A ni B	A도 아니고 B도 아닌
como	~으로서, ~때문에
o A o B, ya A ya B, bien A bien B	A든지 B든지
porque	왜냐하면
aunque	비록 ~이지만
ya que, puesto que	~이기 때문에
para que, a fin de que	~위하여
siempre que, con tal que	~조건으로
en cuanto	~하자 마자

● ni ~ ni ~

'~도 아니고 ~도 아니다'는 뜻이다. '~조차도'의 뜻으로는 'ni siquiera'를 사용한다:

그는 보려고조차 하지 않았다.	No me miró siquiera.
	Ni siquiera me miró.

● 'estrella'(별) 관련 다양한 표현

별	la estrella	해	el sol
달	la luna	행성	el planeta
위성	el satélite	무지개	el arco iris
노을	el crepúsculo	은하수	la constelación
수성	el Mercurio	금성	el Venus
지구	la Tierra	화성	el Marte
목성	el Júpiter	토성	el Saturno
천왕성	el Urano	해왕성	el Neptuno
점성술	el horóscopo	별자리	los símbolos del Zodiaco
양자리	el Carnero(Aries)	황소자리	el Toro(Tauro)
쌍둥이자리	los Gemelos(Géminis)	게자리	el Cangrejo(Cáncer)
사자자리	el León(Leo)	처녀자리	la Virgen(Virgo)
천칭자리	la Balanza(Libra)	전갈자리	el Escorpión(Escorpio)
궁수자리	el Arquero(Sagitario)	염소자리	la Cabra(Capricornio)
물병자리	el Aguador(Acuario)	물고기자리	los Peces(Piscis)
미확인비행물체(UFO/OVNI)		el Objeto Volante No Identificado	

단어 vocabulario

sigo	v. seguir(따라가다)	sigues	v. seguir(따라가다)
seguimos	v. seguir(따라가다)	estrellas	f. estrella 별
cielo	m. 하늘	luna	f. 달

연습문제 102 | ejercicios 102

1 후안은 스페인어를 공부하지 않는다.

스페인어 : el español

후안은 프랑스어도 공부하지 않는다.

프랑스어 : el francés

후안은 스페인어도 프랑스어도 공부하지 않는다.

2 후안은 고기를 먹지 않는다.

고기 : la carne

후안은 생선도 먹지 않는다.

생선 : el pescado

후안은 고기도 생선도 먹지 않는다.

문형 103

접속사 'no solo A sino también B'(A뿐만 아니라 B도)

후안은 축구에 흥미를 갖고 있다.
Juan tiene interés en fútbol.

후안은 테니스에도 흥미를 갖고 있다.
Juan tiene interés en tenis también.

후안은 축구뿐만 아니라 테니스에도 흥미를 갖고 있다.
Juan tiene interés no solo en fútbol sino en tenis.

그들은 책을 판다.
Ellos venden libros.

그들은 신문도 판다.
Ellos venden periódicos también.

그들은 책뿐만 아니라 신문도 판다.
Ellos venden no solo libros sino(también) periódicos.

동사 변화

2 tener(가지고 있다) **24** vender(팔다)

no solo A sino también B

'A 뿐만 아니라 B 도 역시'의 뜻이다. 이때 'también'은 생략이 가능하다.

no A sino B

'A가 아니라 B다'의 뜻이다:

청색이 아니라 녹색이다. No es azul sino verde.

너 이외에는 아무도 모른다. Nadie lo sabe sino tú.

그는 알고 있는 것이 아니라 아는 척하고 있을 뿐이다.

No lo sabe sino que lo aparenta.

• 'solo'나 'sino' 관련 다양한 표현

단지 나를 내버려두라는 거야.

Tan solo te pido que me dejes en paz.

내가 공부해야 하는 것만 아니면 가면 좋겠지.

Me gustaría ir solo que tengo que estudiar.

그의 운명은 젊어서 죽는 거였어.

Su sino era morir joven.

너 외에 누가 그 일을 할 수 있겠어?

¿Quién sino tú es capaz de hacer eso?

그가 말하는 것 외에 다른 방법은 없다.

No cabe otra cosa sino que lo diga él.

• 'periódico'(신문) 관련 다양한 표현

잡지	la revista	신문	el periódico
팸플릿	el folleto	출판물	la publicación
발행하다	editar/publicar	출판사	la casa editorial
출판	la edición	초판	la primera edición
절판	la edición agotada	기자	el periodista
기자회견	la rueda de prensa	단독회견	la entrevista exclusiva
언론의 자유	la libertad de prensa	대중매체	los medios de comunicación
대중	la masa		

단어 vocabulario

venden	v. vender(팔다)	libros	m. el libro 책
periódicos	m. el periódico(신문)	también	역시(부사)
interés	m. 흥미/이자	fútbol	m. 축구
tenis	m. 테니스		

연습문제 103 | ejercicios 103

1 마리아는 웃고 있다.

웃다 : reír

마리아는 울고 있기도 한다.

울다 : llorar

마리아는 웃고 있을 뿐만 아니라 울고 있기도 한다.

2 나는 시험 때문에 걱정이다.

걱정하다 : preocuparse

나는 여행 때문에도 걱정이다.

여행 : el viaje

나는 시험 때문만 아니라 여행 때문에도 걱정이다.

문형 104

접속사 'ya A ya B', 'o A o B', 'bien A bien B'(A거나 B거나)

영화관에 가자.

Vamos al cine.

집에 있자.

Quedamos en casa.

영화관에 가든지 집에 있든지 하자.

O vamos al cine o quedamos en casa.

그는 라디오를 듣는다.

Él escucha la radio.

그는 동시에 TV를 본다.

Él mira la tele al mismo tiempo.

재는 라디오를 듣든지 TV를 보든지 하지.

o escucha la radio o mira la tele.

동사 변화

77 ir(가다) 5 quedar(있다, 남다, 체류하다) 5 escuchar(주의 깊게 듣다)
5 mirar(보다, 주시하다)

‘A거나 B거나’

‘ya A ya B’, ‘o A o B’, 또는 ‘bien A bien B’로 표현한다.

o A o B

‘A든지 B든지’의 뜻이다. ‘o’는 ‘o’나 ‘ho’로 시작하는 낱말 앞에서는 ‘u’로 바꾸어 쓴다. 단, 문장 처음에 나오면 그대로 ‘o’로 쓴다:

여자 또는 남자	mujer u hombre
또는 남자?	¿O hombre?

● 동사 ‘quedar/quedarse’(머물다) 관련 다양한 표현

그들은 호텔에 남았다.	Se quedaron en el hotel.
그림은 완성되지 못한 채로 남았다.	El cuadro quedó sin acabar.
내게는 10유로밖에 없다.	Solo me quedan 10 euros.
내일 만나기로 했다.	Quedamos en reunirnos mañana.
너에겐 이 바지가 더 잘 맞는다.	Este pantalón te queda mejor.
도착하려면 1시간 남았다.	Queda una hora para llegar.
아버지를 설득하는 일만 남았다.	Solo nos queda por convencer al padre.
뭐 할 차례지?	¿En qué quedamos?
그 말을 듣고 우리는 깜짝 놀랐다.	Nos quedamos asombrados al oírlo.
그들은 그를 보자 입이 딱 벌어졌다.	Se quedaron con la boca abierta al verlo.

● 'lado'(옆) 관련 다양한 표현

양쪽에	a ambos lados
한쪽으로	a un lado
나란히	lado a lado
~의 옆에	al lado de
맞은편에	al otro lado
여기저기	de un lado a otro
모든 곳에	por todos lados

단어 vocabulario

vamos	v. ir(가다)	cine	m. 영화관
o	또는(접속사)	escucha	v. escuchar(경청하다)
tele	f. 텔레비젼	radio	f. 라디오
mira	v. mirar(보다)	mismo	같은(형용사)
tiempo	m. 시간/날씨		

연습문제 104 | ejercicios 104

1 지금 바로 그에게 전화해라.

전화하다 : llamar

지금 바로 그를 방문해라.

방문하다 : visitar

지금 바로 그에게 전화하든지 방문하든지 해라.

2 난로를 켜라.

불을 켜다 : encender / 난로 : la estufa

문을 닫아라.

닫다 : cerrar / 문 : la puerta

난로를 켜든지 문을 닫든지 해라.

문형 105

접속사 'en cuanto'(~하자마자)

장관은 정시에 도착했다.
El ministro llegó a tiempo.

그는 회견을 하였다.
Él tuvo una entrevista.

장관은 정시에 도착하자 회견을 하였다.
En cuanto llegó el ministro a tiempo, tuvo una entrevista.

그가 내 손을 잡았다.
Él me cogió las manos.

경찰이 그를 체포했다.
El policía lo detuvo.

그가 내 손을 잡자 경찰이 그를 체포했다.
En cuanto él me cogió las manos, el policía lo detuvo.

동사 변화

6 llegar(도착하다, ~에 이르다) 2 tener(가지고 있다)
25 coger(잡다, 붙잡다, 병에 걸리다, 채취하다) 2 detener(저지하다, 체포하다)

en cuanto

이때 'cuanto'는 부사이며, 'en cuanto'는 '~하자마자'의 뜻이다.

'tan pronto como'와 같은 뜻이다.

● 'en cuanto'(~하자마자) 관련 다양한 표현

apenas

그는 도착하자마자 일하기 시작했다.

Apenas llegó, se puso a trabajar.

tan pronto como

네가 도착하자마자 저녁 외식을 나갈 것이다.

Tan pronto como llegues, saldremos a cenar.

● 동사 'coger'(잡다) 관련 다양한 표현

나는 그의 손을 잡았다.	Le cogí la mano.
그는 애인을 위해 꽃을 땄다.	Él cogió flores para su novia.
그는 대강의 뜻을 알아차렸다.	Él cogió la corriente.
그는 감기에 걸렸다.	Él cogió la gripe.
네가 그에게 말을 하기에는 때가 좋지 않았다.	Cogiste mal momento para decírselo.

● 'gobierno'(정부) 관련 다양한 표현

정부	el gobierno	정부의	gubernamental
정부조치	la medida gubernamental	여당	el partido gubernamental
야당	el partido de oposición/el partido opositor		
대통령	el Presidente	국무총리	el Primer Ministro

정부부처	el Ministerio	장관	el Ministro/la Ministra
국무부	el Ministerio de Estado	내무부	el Ministerio de Interior
재무부	el Ministerio de Hacienda	노동부	el Ministerio de Trabajo
교육부	el Ministerio de Educación	복지부	el Ministerio de Bienestar
국방부	el Ministerio de Defensa		
외무부	el Ministerio de Asuntos Exteriores		
상공부	el Ministerio de Industria y Comercio		

● 'cara'(얼굴) 관련 다양한 표현 1

타원형 얼굴	la cara ovalada	둥근 얼굴	la cara redonda
넓은 얼굴	la cara ancha	긴 얼굴	la cara larga
적의를 띤 얼굴	la cara de perro	앙큼스런 사람	la cara con dos haces
떨떠름한 표정	la cara de juez	풀이 죽은 표정	la cara de viernes
미소 띤 얼굴	la cara de risueña	바보 같은 표정	la cara de haba
무뚝뚝한 표정	la cara de pocos amigos	동전의 양면	la cara y la cruz

곰보	apedreada/empedrada/de rallo
웃는 얼굴	la cara de risa(aleluya/pasacua)
얼굴을 씻다	lavarse la cara
얼굴에 그렇게 쓰여 있다.	La cara se lo dice.
얼굴을 보면 안다.	En la cara se le conoce.

단어 vocabulario

cogió	v. coger(잡다)	manos	f. la mano 손
detuvo	v. detener(체포하다)	ministro	m. 장관
entrevista	f. 인터뷰	policía	m. f. 경찰

연습문제 105 | ejercicios 105

1 여자아이가 울기 시작했다.

시작하다 : empezar

남자아이가 웃기 시작했다.

웃다 : reír

여자아이가 울기 시작하자 남자아이가 웃기 시작했다.

울다 : llorar

2 까르멘이 창문을 열었다.

열다 : abrir

나는 추웠다.

추위 : el frío

까르멘이 창문을 열자 나는 추웠다.

창문 : la ventana

문형 106

문장 연결 접속사 'así que', 'por tanto' 등

고속도로가 젖어 있다.

La autopista está mojada.

그는 조심해서 운전한다.

Conduce con cuidado.

고속도로가 젖어 있으므로 그는 조심해서 운전한다.

La autopista está mojada, así que conduce con cuidado.

그는 게으르다.

Él es perezoso.

그는 가난하다.

Él es pobre.

그는 게으르기 때문에 가난하다.

Él es perezoso, por lo tanto él es pobre.

동사 변화

4 estar(~한 상태이다) 69 conducir(안내하다, 운전하다, 가격을 협상하다)

3 ser(~이다)

⁙ así que ~

'그래서'라는 뜻으로 앞 문장과 뒤 문장을 연결시킨다. 이렇게 서술적으로 두 문장을 연결시키는 접속사는 다양하다. '너무 ~해서 ~하다'는 뜻으로는 'tan(to) ~ que'를 사용한다:

사진을 찍었는데 아직 현상을 하지 않았다.	Saqué fotografías, pero no las he revelado.
네가 동의하는지 말해줘.	Dime si estás de acuerdo.
기다리는 동안 만화책을 볼 것이다.	Mientras espero, veré la caricatura.
연기가 있어서 창문을 열겠습니다.	Abriré la ventana, pues aquí hay humo.
비가 오기 때문에 우리는 나가지 않을 것이다.	Como llueve, no saldremos.
사과보다 배를 더 산다.	Compro más peras que manzanas.
그는 팔을 깁스하러 갔다.	Fue a que le enyesaran el brazo.

➡ 동사 enyesar(깁스하다)

그녀는 너무 피곤해서 요리를 할 수가 없다.	Ella está tan cansada que no puede cocinar.
그는 일을 너무해서 거의 잠을 못 잔다.	Él trabaja tanto que apenas duerme.
비록 눈이 잘 보이지는 않지만, 열심히 일한다.	Aunque no ve bien, trabaja mucho.

그는 결코 거짓말을 하지 않는다. 그러므로 그가 말하는 것은 확실하다.

Nunca miente, luego lo que dice es cierto.

● 'nariz'(코) 관련 다양한 표현

매부리코	la nariz aguilena	납작코	la nariz chata
콧날이 뚜렷한 코	la nariz perfilada	들창코	la nariz respingona
낌새를 알게 하다	darle a uno en la nariz	거대한	de narices
들통나게 하다	dejar a tantas narices	무안을 주다	dejarle con un palmo de narices
콧소리로 말하다	hablar por las narices	괴롭히다	hacerle a uno las narices

화내다	hinchársele a uno las narices	외면하다	torcer las narices
머리끝까지화가나다	estar en las narices	끼어들다	meter las narices en
코를 풀다	sonar(se) las narices	고분고분 따르다	tener agarrado por las narices
콧등을 부딪히다/일이 거꾸로 되다		hacerse las narices	
속이 좁다	no ver más allá de sus narices		
냄새를 잘 맡다	tener largas narices/tener narices de perro perdiguero		

● 'cara'(얼굴) 관련 다양한 표현 2

동전의 양면	la cara y la cruz	얼굴을 맞대고	cara a cara
외면하지 않고	cara adelante	당당하게	a cara descubierta
정면으로	de cara	얼굴을 때리다	cruzar la cara
꿋꿋이 맞서다	dar la cara	보증하다	dar la cara por
꿍심을 품다	hacer a dos caras	꽁무니를 빼다	huir la cara
아부하다	lavar la cara	얼굴에 나타나다	salir a la cara
얼굴에 그렇게 쓰여 있다.		La cara se lo dice.	
얼굴을 보면 안다.		En la cara se le conoce.	
죽자꾸나 하고 덤비다		echar a cara o cruz	
면전에서 조롱하다		escupirle en la cara	
그럴듯한 말이기는 하나		por su bella cara	
부끄러워 얼굴을 숙이다		caerse la cara de vergüenza	

단어 vocabulario

autopista	f. 고속도로	mojada	mojado 젖은(형용사)
conduce	v. conducir(운전하다)	cuidado	m. 조심
perezoso	게으른(형용사)	pobre	가난한(형용사)

연습문제 106 | ejercicios 106

1 오늘은 크리스마스이브이다.

크리스마스이브 : la nochebuena

나는 선물을 준비한다.

선물 : el regalo

오늘은 크리스마스이브이므로 나는 선물을 준비한다.

2 그들은 쌍둥이다.

쌍둥이의 : gemelo(a)

나는 그들을 구별하지 못한다.

구별하다 : distinguir

그들은 쌍둥이기 때문에 나는 그들을 구별하지 못한다.

직접화법과 간접화법

그는 명령했다: "주문서를 보내."

Ordenó: "Manda el pedido."

그는 주문서를 보내라고 명령했다.

Ordenó que mandara el pedido.

그는 나에게 대답했다:

Me contestó:

"나는 일할 의욕이 없다."

"No tengo ganas de trabajar."

그는 나에게 일할 의욕이 없다고 대답했다.

Me contestó que no tenía ganas de trabajar.

동사 변화

5 ordenar(정돈하다, 명령하다, 주문하다)

5 mandar(심부름을 보내다, 주문하다, 명령하다) 5 contestar(대답하다)

2 tener(가지고 있다) 5 trabajar(일하다, 공부하다)

직접 화법과 간접 화법(estilo directo e indirecto)

'직접 대놓고 하는 화법'을 '말을 전하는 화법'으로 표현하고자 할 때 접속사 'que'르 두 문장을 연결시키게 되며, 이때 주의할 점은 시제 일치와 시간의 부사 등이다. 즉, 직접화법에서 '지금'이라고 하면 간접화법에서는 '그 때'가 되기 때문이다.

내가 그를 부산에서 만났을 때, 나에게 물었다: "전에 여기 와 보신 적이 있으세요?"

Cuando lo vi en Busan, me dijo: "¿Ha estado aquí antes?"

내가 그를 부산에서 만났을 때 그는 내가 전에 그곳에 와 본 적이 있느냐고 물었다.

Cuando lo vi en Busan me preguntó si yo había estado allí antes.

그는 내게 말했다: "제 아버지는 5일 전에 홍콩에서 돌아오셔서 어제 다시 일본으로 떠나셨습니다."

Me dijo: "Mi padre volvió de Hong Kong hace cinco días y de nuevo partió ayer para Japón."

그는 자기 아버지가 5일 전에 홍콩에서 돌아와서 그 전날 다시 일본으로 떠났다고 내게 말했다.

Me dijo que su padre había vuelto de Hong Kong hace cinco días y de nuevo había partido para Japón un día antes.

선생님께서 말씀하셨다: "태양은 동쪽에서 떠서 서쪽으로 진다."

El maestro dijo: "El sol sale del Este y se pone en el Oeste."

선생님께서는 태양은 동쪽에서 떠서 서쪽으로 진다고 말씀하셨다.

El maestro dijo que el sol sale del Este y se pone en el Oeste.

● 'exportación e importación'(무역) 관련 다양한 표현

선하증권(B/L)	el conocimiento de embarque
상업송장	la factura comercial
영사공증필 송장	la factura consularizada/la factura legalizada por el cónsul
보험증권	la póliza de seguros
원산지 증명서	el certificado de origen
신용장(L/C)	la carta de crédito
분할선적	el embarque parcial
내륙운송	el transporte interno
해상(항공) 운임	el flete marítimo(aéreo)
항구용역비	el gasto portuario
위탁화물	la mercancía consignada/la consignación
선박회사	la (compañía) naviera
선적/발송하다	embarcar/despachar/remitir/expedir/enviar/entregar
하역하다	descargar/desembarcar

단어 vocabulario

ordenó	v. ordenar(명령하다, 정리하다)	manda	v. mandar(보내다)
mandara	v. mandar(보내다)	contestó	v. contestar(대답하다)
tengo	v. tener(가지다)	ganas	f. la gana 의욕
trabajar	v. 일하다		

연습문제 107 | ejercicios 107

1 나는 그에게 간청했습니다: "지불을 연기시켜 주십시오"

간청하다 : rogar

나는 그에게 지불을 연기시켜 줄 것을 간청했습니다.

연기하다 : aplazar

2 그는 나에게 물었다: "왜 때려?"

묻다 : preguntar

그는 나에게 왜 때리냐고 물었다.

때리다 : pegar

해답

clave

연습문제 1 ejercicios

1 Él es José.
2 Ella es María.
3 Ellos son José y Jaime.
4 Ellas son Carmen y Ana.

연습문제 2 ejercicios

1 ¿Es él José?
2 Sí, es José.
3 ¿Son ellos Jorge y Manuel?
4 No, son Jorge y Jaime.

연습문제 3 ejercicios

1 ¿No eres camarero?
No, soy estudiante.
2 ¿No es usted cantante?
No, soy cocinero.

연습문제 4 ejercicios

1 Una mesa y una silla, por favor.
2 ¿Y el sofá?
3 Sí, también, por favor.
4 ¿Es todo?

연습문제 5 ejercicios

1 ¿Es usted médico?
Sí, soy un buen médico.
2 ¿Eres tú camarero?
No, soy estudiante.

연습문제 6 ejercicios

1 ¿Es ella española?
Sí, ella es española.
2 ¿Son ustedes argentinos?
No, somos chilenos.

연습문제 7 ejercicios

1 ¿Qué es usted?
Soy maestra.
2 ¿Es usted secretaria?
No, soy presidenta.

연습문제 8 ejercicios

1 ¿Qué es eso?
Esto es un bolígrafo.
2 ¿Qué es aquello?
Aquello es una mesa.

연습문제 9 ejercicios

1 ¿Qué día es hoy?
Hoy es viernes.
2 ¿Qué día es mañana?
Mañana es sábado.

연습문제 10 ejercicios

1 ¿Qué fecha es hoy?
Hoy es el día tres de marzo.
2 ¿Qué fecha es mañana?
Mañana es el veintiuno de enero.

연습문제 11 ejercicios

1 ¿Qué horas son?
Son las dos en punto.

2 ¿Qué hora es?
Son las dos menos cuarto.

연습문제 12 ejercicios

1 ¿Qué hay en el cuarto?
Hay solo una cama.

2 ¿Qué hay en el mercado?
Hay tiendas.

연습문제 13 ejercicios

1 ¿Qué tal (estás)?
Nada de particular.

2 ¿Qué tienes?
Tengo resfriado.

연습문제 14 ejercicios

1 ¿Qué le parece?
Bien.

2 ¿Qué me dice?
Muy bien.

연습문제 15 ejercicios

1 ¿Qué estás pensando?/¿Qué piensas?
2 No sé qué preparar.
3 ¿Qué estás pensando?/¿Qué piensas?
4 No sé qué poner.

연습문제 16 ejercicios

1 ¿De qué color es este apartamento?
Es blanco.

2 ¿De qué color son aquellos chalés?
Son verdes.

연습문제 17 ejercicios

1 ¿Por qué estás de prisa?
Porque tengo cita.

2 ¿Por qué me lo dices?
Porque tienes que saberlo.

연습문제 18 ejercicios

1 ¿A qué te vas?

2 Voy para estudiar.

3 ¿A qué refiere usted?

4 Refiero a los políticos.

연습문제 19 ejercicios

1 María lleva una blusa tan cara.
¡Qué blusa tan cara!

2 Los niños son muy guapos.
¡Qué guapos!

연습문제 20 ejercicios

1 ¿Cómo es él?
Es delgado y feo.

2 ¿Cómo es ella?
Es egoísta.

연습문제 21 ejercicios

1 ¡Hola! ¿Cómo está?
Bien, gracias, ¿y usted?

2 Bien, gracias. ¡Adiós!
¡Adiós! ¡Hasta luego!

연습문제 22 ejercicios

1 ¿Cuál es tu nombre?/¿Cómo te llamas?
2 Mi nombre es Mijong Kim./Me llamo Mijong Kim.
3 ¿Cómo se dice esto en coreano?
4 Eso se dice 'namu' en coreano.

연습문제 23 ejercicios

1 ¿Quiere té?
2 No, gracias.
3 ¿Cómo lo quiere?
4 Lo quiero a la parilla.

연습문제 24 ejercicios

1 Muchas gracias.
2 A usted.
3 No sé cómo decirle.
4 No hay de qué.

연습문제 25 ejercicios

1 ¿A cómo está el kilo de tomates?
2 Son quinientos wones.
3 ¿A cómo está el tipo de cambio hoy?
4 A mil cien wones.

연습문제 26 ejercicios

1 ¡Cómo nieva!
2 ¡Cómo corre el tren!
3 ¿Cómo?
4 ¡Cómo que no!

연습문제 27 ejercicios

1 ¿Quién eres tú?
2 Yo soy hijo del señor Kim.
3 ¿Quién es María?
4 María es hermana de Carmen.

연습문제 28 ejercicios

1 ¿A quién esperas?
2 Te espero a ti.
3 ¿A quién espera tu hermano?
4 Espera a su compañero.

연습문제 29 ejercicios

1 ¿Con quién hablas?
2 Hablo conmigo mismo.
3 ¿Con quién vas?
4 Voy con mi amigo.

연습문제 30 ejercicios

1 ¡Oiga!
2 ¡Sí, diga! ¿Con quién hablo?
3 Soy Ana, ¿está Paloma?
4 Sí, ahora te la pongo.

연습문제 31 ejercicios

1 ¿Dónde está Margarita?
2 Ella está en el mercado.
3 ¿Dónde está el mercado?
4 El mercado está cerca de la casa.

연습문제 32 ejercicios

1 ¿De qué país es usted?
2 Soy de Chile. / Soy chileno.
3 ¿De qué nacionalidad es usted?
4 Soy de nacionalidad brasileña. / Soy de Brasil. / Soy brasileño.

연습문제 33 ejercicios

1 ¿Por dónde corre el río Han?
2 A ver, corre por la ciudad de Seúl.
3 ¿Por dónde quieres viajar?
4 Pues, quiero viajar por el Viejo Continente.

연습문제 34 ejercicios

1 Madrid está en el centro de España.
2 Y es el centro de España.
3 Está cansado.
4 Es cansado también.

연습문제 35 ejercicios

1 ¿Cuánto cuesta?
2 Son mil dólares.
3 ¿Cuánto vale?
4 Son doscientos euros.

연습문제 36 ejercicios

1 ¿Cuántos años tiene usted?
2 Cumplo cincuenta años.
3 ¿Cuantos clientes han venido?
4 ¡Huy!, han venido muchos./¡Huy!, muchos han venido.

연습문제 37 ejercicios

1 Mire, ¡Cuántas personas!
2 Sí, hay manifestaciones de estudiantes.
3 Fíjese, ¡Cuán rápido lo hace!
4 ¡Magnífico!

연습문제 38 ejercicios

1 ¿Cuál es tu pulsera?
2 La de plata es mía.
3 ¿Cuáles son nuestros paraguas?
4 Esos negros son nuestros.

연습문제 39 ejercicios

1 ¿Cuál película prefieres?
2 Prefiero la romántica.
3 Bien, te invito al cine.
4 ¡Vale!

연습문제 40 ejercicios

1 ¿Cuál diferencia hay entre la miel y el azúcar?
2 Hay diferencia en el grado de la dulzura.
3 Puede ser, y ¿qué más?
4 Pues, no sé.

연습문제 41 ejercicios

1 ¿Cuándo viene tu primo?
2 Mi primo viene este fin de semana.
3 ¿Cuándo vienen tus sobrinos?
4 Mis sobrinos vienen el próximo domingo.

연습문제 42 ejercicios

1 ¿Hay una peluquería por aquí cerca?
2 Sí, hay una atrás.
3 ¿Hay alguien?
4 No, no hay nadie./No, nadie hay.

연습문제 43 ejercicios

1 ¿Quiénes hay en el estadio?
2 Hay deportistas.
3 ¿Qué hay de nuevo?
4 Nada de nuevo.

연습문제 44 ejercicios

1 ¿Hay algo de pimienta en el pimentero?
2 No, no hay nada de pimienta en el pimentero.
3 ¿Hay algo de mandarinas en la cesta?
4 No, no hay nada de mandarinas en la cesta.

연습문제 45 ejercicios

1 ¿Cómo lo habla?
2 Lo hablo perfecto.
3 ¿Lo tiene usted?
4 Sí, lo tengo.

연습문제 46 ejercicios

1 ¿Lo fácil es lo útil?
2 Ya lo creo.
3 ¿Lo hermoso es lo bueno?
4 No lo creo.

연습문제 47 ejercicios

1 ¿Trabaja José con cuidado?
2 Sí, siempre trabaja cuidadosamente.
3 ¿Me lo dices en secreto?
4 Sí, entre tú y yo, secretamente.

연습문제 48 ejercicios

1 ¿Quieres beber algo?
2 Sí, prefiero té.
3 ¿Quieres comer algo?
4 Sí, prefiero un bocadillo.

연습문제 49 ejercicios

1 ¿De primero, qué quieres comer?
2 De primero, quiero merluza a la vasca.
3 ¿De segundo y de postre?
4 El cordero asado y un helado.

연습문제 50 ejercicios

1 ¿Qué tienes?
2 Tengo dolor en algunas de las muelas.
3 ¿Necesitas algunas de estas pinturas?
4 No, no necesito ninguna.

연습문제 51 ejercicios

1 Ustedes no pueden subir más.
2 Ni José tampoco.
3 Ya no puedo nadar más.
4 Ni yo tampoco.

연습문제 52 ejercicios

1 ¿Es de mucha importancia descansar un rato?
2 No lo creo.
3 ¿Es de mucho trabajo terminar pronto?
4 No lo creo.

연습문제 53 ejercicios

1 ¿Es más ácido el limón que la naranja?
2 Sí, el limón es más ácido que la naranja.
3 ¿Es más grande la pera que la manzana?
4 Sí, la pera es más grande que la manzana.

연습문제 54 ejercicios

1 ¿Es más alta Carmen que Eva?
2 No, Carmen es menos alta que Eva.
3 ¿Es más rápida la bicicleta que la motocicleta?
4 No, la bicicleta es menos rápida que la motocicleta.

연습문제 55 ejercicios

1 ¿Es tan llorón el loro como el cuclillo?
2 ¡Qué va! El loro es menos llorón que el cuclillo.
3 ¿Es tan largo el lagarto como la serpiente?
4 ¡Qué va! El lagarto es menos largo que la serpiente.

연습문제 56 ejercicios

1 ¿Es igual tu televisor que el nuestro?
2 Sí, mi televisor es igual que el suyo.
3 ¿Es igual su herramienta que la nuestra?
4 No, nuestra herramienta es distinta de la suya.

연습문제 57 ejercicios

1 ¿Quién es el más inteligente en la clase?
2 Jaime es el más inteligente en la clase.
3 ¿Quién es el mayor en la familia?
4 Mi abuela es la mayor.

연습문제 58 ejercicios

1 ¿Les gusta tanto jugar al fútbol?
2 No, no tanto.
3 ¿Te gusta tanto ir de compras?
4 No, no me gusta tanto ir de compras.

연습문제 59 ejercicios

1 ¿Qué hace Juan en la oficina?
2 Juan está contestando las cartas.
3 ¿Qué están haciendo María y Juan?
4 Ellos están mirando la tele en la sala.

연습문제 60 ejercicios

1 ¿Os enseñó María la matemática?
2 Sí, María nos la enseñó.
3 ¿Te compró Carlos los bombones?
4 Sí, Carlos me los compró.

연습문제 61 ejercicios

1 ¿Vendió Carlos su casa a su amigo?
2 Sí, Carlos se la vendió.
3 ¿Confesó María la verdad al abogado?
4 Sí, María se la confesó.

연습문제 62 ejercicios

1 ¿Has terminado la tarea?
2 No, no la he terminado.
3 ¿Ha leído toda la novela?
4 No, no he leído toda.

연습문제 63 ejercicios

1 ¿Quién descubrió el Nuevo Mundo?
2 El Nuevo Mundo fue descubierto por Cristóbal Colón.
3 ¿Quién metió el segundo gol?
4 El segundo gol fue metido por Gento.

연습문제 64 ejercicios

1 ¿Dónde estuviste cuando íbamos de viaje?
2 Estaba limpiando el coche.
3 ¿Qué hacías cuando te llamé ayer?
4 Estaba tocando el piano.

연습문제 65 ejercicios

1 ¿Cuándo limpiaremos la casa?
2 Habiendo tomado el desayuno, limpiaremos la casa.
3 ¿Cuándo iremos de compras?
4 Habiendo terminado el trabajo, iremos de compras.

연습문제 66 ejercicios

1 ¿Cuándo habrán llegado a Nueva York?
2 Habrán llegado pasado mañana.
3 ¿Habrás cenado a esa hora?
4 Sin duda alguna.

연습문제 67 ejercicios

1 ¿Desde cuándo está de pie?
2 Estoy de pie desde hace dos horas. / Hace dos horas que estoy de pie.
3 ¿Cuánto tiempo llevas en Madrid? / ¿Cuánto hace que estás en Madrid?
4 Llevo diez años en Madrid. / Hace diez años que estoy en Madrid.

연습문제 68 ejercicios

1 Ponte el abrigo.
2 A lo mejor, no te pongas el abrigo.
3 Siéntate aquí.
4 A lo mejor, no te sientes aquí.

연습문제 69 ejercicios

1 ¡Callaos!
2 A lo mejor, no os calléis.
3 ¡Reíd en voz alta!
4 A lo mejor, no riáis en voz alta.

연습문제 70 ejercicios

1 Vamos a levantarnos.
2 ¡Vale! Levantémonos.
3 Vamos a despedirnos.
4 No, no nos despidamos.

연습문제 71 ejercicios

1 ¿Puedo usar el bolígrafo?
2 Claro, úselo.
3 ¿Puedo dar este libro a María?
4 Claro, déselo.

연습문제 72 ejercicios

1 ¿Dónde se compra carne?
2 Se compra carne en la carnicería.
3 ¿Dónde se compran pescados?
4 Se compran pescados en la pescadería.

연습문제 73 ejercicios

1 ¿Qué le ocurrió al pasar por la calle?
2 Al pasar por la calle se me ha caído el pañuelo.
3 ¿Qué te ocurrió al salir del cine?
4 Al salir del cine se me ha robado el bolso.

연습문제 74 ejercicios

1 Hay que sentar a los ciegos.
2 Los ciegos se sientan.
3 Hay que despertar a los perezosos.
4 Los perezosos se despiertan.

연습문제 75 ejercicios

1 ¿Hay alguien en el baño?
2 Sí, Carmen se lava el pelo.
3 ¿Hay alguien en el baño?
4 Sí, Carmen se lava las manos.

연습문제 76 ejercicios

1 ¿Se aman Carmen y José?
2 Sí, se aman uno a otro.
3 ¿Se regalan María y Carmen?
4 Sí, se regalan mutuamente.

연습문제 77 ejercicios

1 ¿Qué tal se estudia en la biblioteca?
2 En la biblioteca se estudia en silencio.
3 ¿Qué tal se duerme en el hotel?
4 En el hotel se duerme confortablemente.

연습문제 78 ejercicios

1 ¿Dicen que el fútbol es el deporte nacional de España?
2 Sí, se dice que el fútbol es el deporte nacional de España.
3 ¿Dicen que el cocido es la comida típica de Madrid?
4 Sí, se dice que el cocido es la comida típica de Madrid.

연습문제 79 ejercicios

1 Andrés perdió la pluma.
La pluma está en la mesa.
La pluma que perdió Andrés está en la mesa.
2 Escribo con lápiz.
Es de cristal.
El lápiz con que escribo es de cristal.

연습문제 80 ejercicios

1 Quiero invitar a Juan.
Juan era mi amigo íntimo.
Juan a quien quiero invitar era mi amigo íntimo.

2 Esta es la señora.
Estaba hablando con la señora ayer.
Esta es la señora con quien estaba hablando ayer.

연습문제 81 ejercicios

1 Me trajeron todo lo que recibieron.
Me trajeron todo cuanto recibieron.
Me trajeron cuanto recibieron.

2 Hablamos todo lo que comparamos.
Hablamos todo cuanto comparamos.
Hablamos cuanto comparamos.

3 Marcaron todo lo que necesitaban.
Marcaron todo cuanto necesitaban.
Marcaron cuanto necesitaban.

연습문제 82 ejercicios

1 Compré un libro.
Es con poemas bonitos.
Compré un libro cuyos poemas son bonitos.

2 Había una señora.
Era de carácter alegre.
Había una señora cuyo carácter era alegre.

연습문제 83 ejercicios

1 He viajado por Madrid.
Madrid es la capital de España.
Madrid por donde he viajado es la capital de España.

2 Por la tarde solía pasear por el parque.
El parque era hermoso.
El parque por donde solía pasear por la tarde era hermoso.

연습문제 84 ejercicios

1 Fue el sábado.
Carlos vino el sábado.
Fue el sábado cuando vino Carlos.

2 Mi madre marchó para Madrid ayer.
Había vuelto de viaje ayer.
Mi madre marchó para Madrid ayer cuando había vuelto yo de viaje.

연습문제 85 ejercicios

1 Carlos me manda.
Rechazo su manera de mandarme.
Rechazo la manera como me manda Carlos.

2 Ellos se aman.
Es hermosa su manera de amarse.
Es hermosa la manera como se aman.

연습문제 86 ejercicios

1 A quien madruga, Dios le ayuda. /Al que madruga, Dios le ayuda.
2 Quien no tiene esperanza, es un muerto./El que no tiene esperanza es un muerto.
3 Quienes deben comer, son vivos./Los que deben comer son vivos.
4 Quien hace un cesto, hace ciento./El que hace un cesto hace ciento.

연습문제 87 ejercicios

1 Juan toca el piano todo el día.
Esto me molesta.
Juan toca el piano todo el día, lo que me molesta.

2 Mi marido siempre dice lo mismo.
Esto me hace aburrida.
Mi marido siempre dice lo mismo, lo cual me hace aburrida.

연습문제 88 ejercicios

1 Cuanto más se come, tanto más se engorda.
2 Cuanto más trabaja, tanto más se pone cansado.
3 Cuanto más hacen ejercicios, tanto más se hacen saludables.
4 Cuanto más hablas, tanto más no me confío en ti.

연습문제 89 ejercicios

1 Aprobarás el curso e irás de vacaciones.
2 Si apruebas el curso, irás de vacaciones.
3 Estaré en casa y tomaré la siesta.
4 Si estoy en casa, tomaré la siesta.

연습문제 90 ejercicios

1 Creo que él regresa hoy.
2 No creo que él regrese hoy.
3 Es verdad que ha subido la vida últimamente.
4 No es verdad que haya subido la vida últimamente.

연습문제 91 ejercicios

1 Te permito que salgas ahora.
2 ¡Sal ahora! / ¡Que salgas ahora!
3 Te pido que hables despacito.
4 ¡Habla despacito! / ¡Que hables despacito!

연습문제 92 ejercicios

1 Temo que no resulte bien.
2 Temía que no resultara bien.
3 Es lástima que se apague la luz en el momento más interesante.
4 Fue lástima que se apagara la luz en el momento más interesante.

연습문제 93 ejercicios

1 Te mando que compres las cosas en las rebajas.
2 Te mandé quecompraras las cosas en las rebajas.
3 Yo te digo que le ayudes.
4 Yo te dije que le ayudaras.

연습문제 94 ejercicios

1 Salgamos pronto sin que nadie se de cuenta.
2 Salimos pronto sin que nadie se diera cuenta.
3 Yo le digo para que te ayude.
4 Yo le decía para que te ayudara.

연습문제 95 ejercicios

1 Ella llora como si fuera una niña.
2 Ella lloraba como si fuera una niña.
3 Él se comporta como si fuera un general.
4 Él se comportaba como si fuera un general.

연습문제 96 ejercicios

1 Si fuera a pescar, le acompañaría.
2 Si hubiera ido a pescar, le habría acompañado.
3 Si me insistiera, iría a la corrida de toros.
4 Si me hubiera insistido, habría ido a la corrida de toros.

연습문제 97 ejercicios

1 ¡Ojalá desaparezca la niebla! / ¡Ojalá desapareciera la niebla!
2 ¡Ojalá aparezca el sol! / ¡Ojalá apareciera el sol!
3 ¡Ojalá se satisfaga él! / ¡Ojalá se satisfaciera él!
4 ¡Ojalá pueda aguantar! / ¡Ojalá pudiera aguantar!

연습문제 98 ejercicios

1 Por más que griten, no vendrá nadie.
2 Por más que gritaran, no vendría nadie.
3 Por mucho que lo recomiendes, no lo aceptaré.
4 Por mucho que lo recomendaras, no lo aceptaría.

연습문제 99 ejercicios

1 Él anunció que iba a resignar el Ministro de Economía./
Él anunció que resignaría el Ministro de Economía.
2 Él dijo que iba a protestar./
Él dijo que protestaría.
3 Él dijo que iba a velar la noche./
Él dijo que velaría la noche.
4 Dijeron que iba a dar discurso el Presidente electo./
Dijeron que daría discurso el Presidente electo.

연습문제 100 ejercicios

1 ¿Qué quería?
2 Quisiera ducharme.
3 ¿Qué deseaba?
4 Deseaba tomar el sol.

연습문제 101 ejercicios

1 Los alumnos estudian mucho.
2 ¡Cuánto estudian!
3 María canta muy bien.
4 ¡Cómo canta!

연습문제 102 ejercicios

1 Juan no estudia español.
Juan no estudia francés tampoco.
Juan no estudia ni español ni francés.
2 Juan no come carne.
Juan no come pescado tampoco.
Juan no come ni carne ni pescado.

연습문제 103 ejercicios

1 María está riendo.
María también está llorando.
María está no solo riendo sino llorando.
2 Me preocupo por el examen.
También me preocupo por el viaje.
Me preocupo no solo por el examen sino por el viaje.

연습문제 104 ejercicios

1 Llámale ahora mismo.
Visítale ahora mismo.
O llámale o visítale ahora mismo.

2 Enciendes la estufa.
Cierras la puerta.
O enciendes la estufa o cierras la puerta.

연습문제 105 ejercicios

1 La niña empezó a llorar.
El niño empezó a reír.
En cuanto la niña empezó a llorar, el niño empezó a reír.

2 Carmen abrió la ventana.
Yo sentía frío.
En cuanto Carmen abrió la ventana, yo sentía frío.

연습문제 106 ejercicios

1 Hoy es nochebuena.
Yo preparo los regalos.
Hoy es nochebuena, por lo tanto yo preparo los regalos.

2 Son gemelos.
No los distingo.
Son gemelos, de manera que no los distingo.

연습문제 107 ejercicios

1 Le rogué: "Aplace el pago."
Le rogué que aplazara el pago.

2 Me preguntó: "¿Por qué me pegas?"
Me preguntó por qué le pegaba.

LA CASA SPANISH

문형과 함께하는 스페인어
el español con módulos

초판 인쇄 2015년 2월 21일
초판 발행 2015년 2월 28일

지은이 민 선 재
발행인 김 인 철
발행처 한국외국어대학교 지식출판원
130-791 서울특별시 동대문구 이문로 107
전화 02)2173-2495~7
팩스 02)2173-3363
홈페이지 http://press.hufs.ac.kr
전자우편 press@hufs.ac.kr
출판등록 제6-6호(1969. 4. 30)
디자인 · 편집 (주)이환디앤비 02)2254-4301
인쇄 · 제본 현문자현 031)902-1424

ISBN 978-89-7464-969-2 14770 정가 25,000원
ISBN 978-89-7464-968-5 (세트)

*잘못된 책은 교환하여 드립니다.

HUiNE은 한국외국어대학교 지식출판원의 어학도서, 사회과학도서, 지역학 도서 Sub Brand이다. 한국외대의 영문명인 HUFS, 현명한 국제전문가 양성(International+Intelligent)의 의미를 담고 있으며, 휴인(携引)의 뜻인 '이끌다, 끌고 나가다'라는 의미처럼 출판계를 이끄는 리더로서, 혁신의 이미지를 담고 있다.

* 이 책의 음원(mp3)은 한국외국어대학교 지식출판원 홈페이지(press.hufs.ac.kr) - 게시판 - 자료실에서 다운받아 사용하시기 바랍니다.